제주여성들에게 전승되는 음식문화

섬사람들의 음식 연구

숭실대학교
한국문예연구소
학술총서 ㉑

제주여성들에게 전승되는 음식문화

섬사람들의 음식 연구

문 순 덕

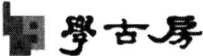

서 문

전통은 전승되는 것이다

전통은 오랜 세월에 걸쳐 집약되면서 전승되는 것으로 하루아침에 변하지 않는다. 그러기에 국적은 바꿀 수가 있지만 전통은 쉽게 바뀌지 않는다는 말이 생겨났다.

전승은 오래된 용어가 아니라 진행형이며, 그 주체는 현재를 살고 있는 우리들이다. 그런 의미에서 고전이 아닌 현대의 눈으로 여성들의 생애사를 중심으로 하여 『제주여성속담으로 바라본 통과의례』에서 언급되었던 주변 섬 지역의 통과의례(혼인, 출산, 상장례, 제례 등)와 여성문화의 전승 정도를 참고하여 섬 속의 섬 지역(재일동포 섬 지역 포함)의 전통 음식문화를 들여다보았다.

제보자로는 통과의례 중심, 여성문화 중심, 음식용어 중심 등에 대한 질문지를 작성하여 응답할 수 있는 사람을 선정하였다. 제보자들은 주로 1930~1940년대 출생자여서 조사 시기는 제보자의 경험에 따라 조금씩 다르지만 일제강점기(1910~1945)의 생활사는 일부만 가능했고 광복 이후(1945~2000년대)는 직접 경험한 내용들이어서 현실감이 뛰어나다 하겠다.

전통적인 음식 조리법과 식사예절은 가족의 유대에도 영향을 미쳤으며, 음식과 가족은 불가분의 관계여서 그 영역의 중심에는 여성이 자리 잡고 있다. 제주 섬사람들의 전통음식은 그들의 어린 시절 기억과 어머니의 전수 영향으로 1900년대부터 현대까지 이어지는 음식들로 근현대 100년간 제주여성들의 노력과 사람들의 입맛으로 살아남은 음식유물들이다.

이런 음식문화를 마라도, 비양도, 가파도, 우도, 추자도와 더불어 해외에 있는 일본섬 오사카(재일제주인)까지 포함하여 정리하였다. 특히 필자는 제보자들을 만나고 직접 이야기를 들으면서 음식용어에 남아있는 제주방언 생명력의 위대함을 알게 되었다.

이 책은 제주도의 주변 섬에서 전승되고 있는 음식이야기로 서술 공간이 정해져 있지만 제주도의 음식문화와 유사하다. 그동안 필자에게 연구 동기를 부여해 주고, 자신들의 이야기들을 솔직담백하게 전해준 많은 제보자들에게 고마운 마음을 전할 방법이 없었는데 이번 기회에 이들에게 진 빚을 갚는다는 심정을 전하고 싶다. 이름을 밝히는 제보자들은 약 10년간 필자의 작업에 도움을 준 문화보유자들이며 시간이 흘러서 이 세상에 없는 제보자에게는 송구스러운 마음을 갖는다.

이들의 생생한 기억력과 직접 체험한 음식문화를 기초로 하여 정리하였지만 해당 지역의 실제상황과 조금 차이가 있을 수 있음을 밝힌다. 한두 사람의 이야기로 해당 지역 전체의 음식문화를 대변할 수는 없지만 그래도 이들은 고향에서 한평생 살아온 사람들이고 어머니와 할머니의 풍습을 전수받고, 실천했고, 동네 대소사에도 동참해서 음식을 만들어 보았기 때문에 섬지역의 음식문화를 이해하는데 귀중한 가치가 있다고 판단하여 역사적 기록으로 남기고자 하는 소망으로 마무리하고자 한다.

끝으로 이 책이 세상의 빛을 볼 수 있는 기회를 준 숭실대학교 한국문예연구소와 이성훈 선생님, 그리고 출판사 學古房의 도움에 고마운 뜻을 전한다.

〈도움을 주신 분들〉

고 운 일(1935년생, 제주시)	김 순 선(1930년생, 비양도)
김 한 숙(1935년생, 제주시)	김 영 자(1949년생, 비양도)
문 순 옥(1950년생, 제주시)	강 순 화(1932년생, 가파도)
문 순 자(1942년생, 제주시)	강 화 근(1936년생, 가파도)
문 영 자(1931년생, 제주시)	김 병 화(1943년생, 가파도)
서 순 금(1946년생, 제주시)	백 순 자(1935년생, 가파도)
한 강 자(1945년생, 제주시)	고 복 연(1930년생, 우도)
홍　　윤(1928년생, 제주시)	김 철 수(1952년생, 우도)
강 순 자(1968년생, 서귀포시)	김 항 자(1942년생, 우도)
고 수 자(1944년생, 서귀포시)	양 석 봉(1930년생, 우도)
류 신 화(1970년생, 서귀포시)	차 임 화(1935년생, 우도)
오 무 남(1940년생, 서귀포시)	서 복 화(1946년생, 추자도)
오 성 률(1934년생, 서귀포시)	서 향 엽(1927년생, 추자도)
오 춘 화(1936년생, 서귀포시)	유 징 단(1954년생, 추자도)
이 찬 월(1935년생, 서귀포시)	유 징 세(1952년생, 추자도)
정 부 자(1938년생, 서귀포시)	윤 재 산(1943년생, 추자도)
현 진 숙(1958년생, 서귀포시)	이 강 업(1926년생, 추자도)
강 신 형(1945년생, 마라도)	지 승 일(1966년생, 추자도)
김 춘 금(1955년생, 마라도)	최 경 심(1952년생, 추자도)
변 춘 옥(1926년생, 마라도)	황　　미(1973년생, 추자도)

2010년 9월 1일

思遊空間에서　문 순 덕

목 차

■ 서 문 5

Ⅰ 제주 전통음식의 의미 ·· 13
   1. 개념 ···15
   2. 특징 ···16
   3. 용어 해설 ···19
   4. 문화적 배경 ···25
   5. 문화적 가치 ···26

Ⅱ 제주 전통음식의 역사 ·· 31
   1. 옛 문헌에 기록된 제주도 진상품 일람 ···33
   2. 옛 문헌에 기록된 제주 전통음식 ···70
   3. 현대문헌에 기록된 제주 전통음식 ··84
   4. 현대문학작품에 나오는 제주 전통음식 ··104

Ⅲ 섬사람들의 음식 113

마라도사람들의 음식•117

   1. 신화에 등장하는 음식 ··117
   2. 제사의례와 음식용어 ··123

8 섬사람들의 음식 연구

3. 당굿의례와 음식용어 ·········· 125

4. 세시의례와 음식용어 ·········· 128

5. 일상 음식용어 ·········· 128

6. 구황 음식용어 ·········· 130

7. 음식문화 환경 ·········· 131

8. 음식용어 분석 ·········· 132

비양도사람들의 음식•135

1. 당신 영접과 의례 음식용어 ·········· 135

2. 출산의례와 음식용어 ·········· 141

3. 혼인의례와 음식용어 ·········· 142

4. 상장례와 음식용어 ·········· 146

5. 제사·명절 의례와 음식용어 ·········· 149

6. 세시의례와 음식용어 ·········· 154

7. 일상 음식용어 ·········· 156

8. 구황 음식용어 ·········· 162

9. 민간요법에 쓰인 음식재료 ·········· 163

10. 음식문화 환경 ·········· 165

11. 음식용어 분석 ·········· 168

가파도사람들의 음식•173

1. 당굿의례와 음식용어 ·········· 173

2. 제사의례와 음식용어 ·········· 176

3. 혼인의례와 음식용어 ·········· 178

4. 상장례와 음식용어 ·········· 181

5. 세시의례와 음식용어 ·········· 185

6. 일상 음식용어 ·········· 186

7. 민간요법에 쓰인 음식재료 …………………………………………187
8. 음식문화 환경 ………………………………………………………187
9. 음식용어 분석 ………………………………………………………189

우도사람들의 음식•192

1. 출산의례와 음식용어 ………………………………………………192
2. 혼인의례와 음식용어 ………………………………………………196
3. 제사의례와 음식용어 ………………………………………………203
4. 상장례와 음식용어 …………………………………………………211
5. 마을공동체 의례와 음식용어 ………………………………………214
6. 세시의례와 음식용어 ………………………………………………216
7. 일상 음식용어 ………………………………………………………219
8. 구황 음식용어 ………………………………………………………230
9. 민간요법에 쓰인 음식재료 …………………………………………233
10. 음식문화 환경 ……………………………………………………234
11. 음식용어 분석 ……………………………………………………238

추자도사람들의 음식•244

1. 혼인의례와 음식용어 ………………………………………………244
2. 상장례와 음식용어 …………………………………………………246
3. 제사의례와 음식용어 ………………………………………………248
4. 출산의례와 음식용어 ………………………………………………250
5. 세시의례와 음식용어 ………………………………………………251
6. 마을공동체 의례와 음식용어 ………………………………………254
7. 일상 음식용어 ………………………………………………………258
8. 구황 음식용어 ………………………………………………………269
9. 음식용어 분석 ………………………………………………………270

오사카 재일동포들의 음식•275

1. 강○○의 음식이야기 …………………………………………………275
2. 김○○1의 음식이야기 …………………………………………………279
3. 김○○2의 음식이야기 …………………………………………………281
4. 김○○3의 음식이야기 …………………………………………………299
5. 현○○의 음식이야기 …………………………………………………308

Ⅳ 제주 전통음식의 전승 양상 317

1. 제주 전통음식의 전승 …………………………………………………319
2. 외국으로 전승 양상 ……………………………………………………325

Ⅴ 결 론 333

▌**참고문헌 339**

▌**찾아보기 343**

I
제주 전통음식의 의미

1. 개념

　제주 전통음식의 문화적・사회적 의미[1]를 특징지을 수 있는 역사적 배경을 전통문화에서 찾을 수 있다. 음식은 인간 생존의 필수 요소이므로 이러한 음식에 드러나는 문화적・사회적 의미를 확인하는 자료가 될 수 있다고 본다.

　여기서 논의하고자 하는 '제주 전통음식'[2]이란 제주에서 생산되는

---

1) 1장에서 다루려는 '제주전통음식의 의미'는 2005년 「제주전통음식」 분야로 공모했던 내용을 보완했다.
2) 이효지(1998 : 68)에서는 '향토음식'을 다음과 같이 정의하고 있다. ① 지방에서만 생산되는 특산 재료를 사용하며 그것에 적합한 조리법에 의해 발전시킨 음식, ② 그 지방에서 많이 생산되거나 타 지방으로부터 많이 공급받을 수 있는 재료를 사용하여 적합한 조리법에 의해 발전시킨 음식, ③ 각지 어디에나 있는 흔한 재료를 사용하더라도 조상들의 생활 형태, 기후 풍토 등 지역적 특성이 반영된 특유의 조리법이나 타 지방과 차별적으로 발전한 가공 기술을 이용하여 발전시킨 음식, ④ 옛날부터 그 지방 행사와 관련하여 만든 음식으로 오늘날까지 전해져 오는 음식이다.
　유경희(2002 : 155~156)에서는 보편적으로 '전통음식'이란 그 나라에서 100년 이상 먹어온 음식이며, 한국 전통음식은 우리 민족이 자연 및 사회 환경에 적응하면서 보존과 변화를 겪으면서 발전시킨 음식이라 하고 있다.
　한 억(1996 : 20)에서는 "한국전통음식문화란 한국에서 대략 1세기 이전부터 일상생활, 궁중의식, 통과의례, 세시풍속 등을 통한 고유의 역사적 배경과 문화적 특질을 지니면서 지역 특성에 맞게 전승되어 현존하는 음식문화로서 한국인의 식생활에 유익하도록 합리적으로 재창조해 오는 음식문화의 총칭이다."로 정의하고 있다.
　오영주(2004 : 35)에서는 '전통음식'의 특징을 다음과 같이 정리하고 있다. ① 제주지역에서만 생산되는 특산재료를 사용하고, 그것에 적합한 조리법을 이용해서 발전시킨 음식이다. ② 제주지역에서 많이 생산되거나 다른 지방에서 공급받을 수 있는 재료를 사용하여 적합한 조리법에 의해 발전시킨 음식이다. ③ 한국의 다른 지방에서 쉽게 구할 수 있는 재료를 사용하더라도 제주사람들의 생활 형태, 역사적 배경, 기후와 풍토 등 지역적 특성이 반영된 특유의 조리법이나 다른 지방과 차별적으로 발전한 가공 기술을 이용하여 발전시킨 음식이다. ④ 옛날부터 제주지역 행사와 관련하여 만든 음식으로 오늘날까지 전해오는 음식이다.

재료를 이용해서 제주식의 조리법으로 조리하여, 과거부터 지금까지 제주사람들이 먹어온 음식이라 할 수 있다. 그러나 대체로 1980년대부터 대중음식점에서는 전통음식이란 상호보다는 향토음식이란 상호를 사용하고 있다. 여기서 '향토'란 지방색을 강하게 드러내고 그 테두리가 분명하다는 이미지 때문일 것이다. '향토'란 다분히 국지적인 인식이 강하기 때문에 이 용어도 '전통음식'에 포함해서 논의를 전개하고자 한다. 따라서 제주 전통음식이란 과거부터 사용해온 재료와 조리방법, 양념의 기본 틀을 유지하면서 전해오는 음식이라 할 수 있다. 음식용어를 분석해 보면 알 수 있겠지만 주로 재료와 음식종류, 조리 방법에 의해서 명명되므로 이 부분이 전통적인 것이며, 시대의 흐름에 따라서 재료 사용의 확대나 양념의 변형이 가능하므로 이런 부분도 전통음식의 일부로 보고자 한다.

2. 특징

제주 전통음식의 특징을 알아보기 위한 전 단계로 한국음식의 특징을 정리하면 다음과 같다(류정아 1996 : 164~166 ; 장명숙・윤숙자 2003 : 22 ; 한 억 1996 : 9).

① 주식과 부식의 구분이 분명하다.

여러 학자들의 정의를 보면 '전통음식'이란 통시성과 공시성을 함의하는 개념으로 보고 있다. '향토음식'이란 공간을 중시하는 것이며, '전통음식'이란 적어도 3대 정도 전승되는 음식을 말한다. 그렇다면 '향토'란 공시적인 관점이며, '전통'이란 통시적인 관점을 의미하는 것인데 여기서 '전통음식'이란 통시적인 관점을 축으로 해서 공간적인 관점을 수용하는 범위로 정하고자 한다.

② 밥, 국, 반찬이 구분되어 있고 한 접시에 있는 음식을 공동으로 먹는다.
③ 탕과 찌개류가 많으며, 사철 뜨거운 음식을 구성원들이 한 그릇에서 공동으로 섭취하는 집단 식사문화가 보편적이다.
④ 자극적인 음식-뜨거운 것, 차가운 것, 맵고 짠 것, 단 것 등-이 많으며 재료의 고유한 맛을 음미하기보다는 양념으로 포장되는 경우가 많다.
⑤ 한국 음식의 특성상 가짓수가 많고, 먹다 남은 음식을 버리거나 보관해야 하는 등 매끼마다 신선한 음식을 먹기 어렵기도 하다.
⑥ 음식 준비 단계에 시간이 많이 든다.
⑦ 한국 음식은 먹기 전에 모든 종류가 나열된다.
⑧ 김치 등 발효음식과 건조 및 절임 등의 저장성 식품이 발달했다.
⑨ 의례 시 상차림이나 식사예법을 중하게 여긴다. 또한 일상생활에서도 아침과 저녁 등 식사시간을 중히 생각한다.
⑩ 겉모양보다는 주로 음식의 조화된 맛을 중요하게 여겨왔다.
⑪ 상차림에 따른 음식의 종류가 다양하게 개발되어 있다.
⑫ 궁중음식, 반가음식, 서민음식을 비롯하여 각 지역에 따른 향토음식이 발달되어 있다.
⑬ 조리법이 복잡하며 대부분 미리 썰어서 조리한다.
⑭ 잘게 썰거나 다지는 방법이 많이 쓰인다.

이것은 한국음식의 보편적인 특성이며 지방에 따라서 조금씩 달라질 수 있다고 본다. 그러나 제주도 역시 한국 본토에 속하며 동일한 민족이고, 역사가 같기 때문에 많은 차이는 없을 것이다. 요즘처럼 교통 통신이 발달하지 않던 시절부터 음식을 먹었기 때문에 음식재료는 당연히 각 지역에서 자체적으로 해결하고, 그에 따른 조리 방법과 그것을 부르는 용어가 만들어졌다고 본다. 음식용어는 주로 음식의 재료와 상관관계가 있으므로 여기에 소개하는 음식명이 지금은 먹지 않는 것도 있지만 제주의 주변섬에서 의례음식, 세시음식, 일상음식 용어로 살아남은 것들을 알 수 있을 것이다.

제주도의 자연환경은 제주도의 음식문화와 밀접한 관계가 있다. 농사를 짓기에는 맞지 않는 토질과 잦은 바람, 식수의 부족 등 어려움이 있었지만 이를 잘 이용해서 음식문화를 지혜롭게 발전시켜 왔다. 제주의 토양과 거친 자연환경을 배경삼아 들판과 바다는 먹을거리를 제공해 주는 중요한 터전이었고 그에 맞춰 조리법은 단순하다. 즉 생산량이 적어서 먹을거리가 귀하기도 했고, 일손이 부족해서 요리를 할 만한 여유도 없었다고 본다. 식품을 조리하고, 저장하는 일도 소홀하게 되고, 식량이 귀하니까 아껴서 조금씩 만들어 먹게 되었다. 또한 여성들도 밭일에 참여하면서 일손이 부족하므로 간단하고 빨리 만들어 먹는 음식이 나오게 되었다고 본다. 이런 것들이 오늘날 제주음식의 특징이 되었다고 볼 수 있다.

제주의 음식을 보면 자연 그대로의 맛과 멋이 느껴진다. 산, 바다, 들판에서 자생하는 재료를 채취해서 제철 음식을 만들어 먹었던 것은 아주 자연적인 방법이다. 즉 음식재료의 저장과 조리 방법에서 자연조건을 최대한 이용한 것이 제주 전통음식의 장점이라 할 수 있다.

이런 관점에서 제주 전통음식의 특징을 살펴보면 간단한 조리법, 채소류, 어패류, 해조류 등 영양소가 풍부하고 신선한 음식재료 구입의 용이함, 된장과 간장을 주 소스로 만드는 음식, 다양한 국종류(온국, 냉국) 등을 들 수 있다.

　제주의 전통음식은 가난한 음식으로 인식되었지만 20세기 후반부터 제주도가 장수촌으로 부각되면서 제주의 전통음식이 장수음식으로 각광받았다. 21세기 초반에는 참살이(웰빙)음식의 대용어가 되었다. 제주 전통음식이 '가난한 음식→ 장수음식→ 참살이음식'으로 사회적 지위가 높아진 것은 사회문화적 의미로 해석할 수 있다. 김광억(1994 : 13)에 의하면 불을 거의 사용하지 않은 생식에 가까운 음식이 자연적이며 순수한 음식이라 했는데, 이는 제주음식의 특성과 유사하다고 생각한다. 제주의 전통음식은 덜 인공적인 음식이어서 21세기 웰빙음식으로 조명받고 있는 것이다.

3. 용어 해설

　정보화사회로 들어오면서 각 지방의 전통음식(향토음식), 통과의례음식, 세시음식에서 전통적인 부분이 사라지고 있으며, 음식과 관련된 풍속도 변형되거나 소멸되어 가고 있다. 이러한 음식이 소멸된다는 것은 이를 부르는 명칭도 사라짐을 의미한다. 음식용어도 중요한 자원이며 무형의 문화유산이므로 이들이 사라지기 전에 보존해야 한다고 본다. 환경이 파괴되면서 우리들의 섭생에도 많은 변화가 대두했기 때문에 음식문화의 가치 또한 높아야 한다고 보는 것이다. 오늘날 지구촌 곳곳에서 환경보존을 위한 대안 제시에는 열정적이나 전통음식의 원형 파괴에 대해서는 무감각한 편이다. 이 무감각을 일깨우는 방법으로 음식용어를 선택했다. 사람들의 생존에 가장 중요한 먹을거리를 부르는 명칭의 변화에는 적극적으로 개입할 것 같다. 이런 뜻에서 제주의 전통음식용어를 정리하는 것은 의미가 있다고 본다.

제주 전통음식용어 목록을 중심으로 해서 제보자의 구술을 유도하고, 그가 기억할 수 있는 범위 내에서 정리했다. 제주의 섬들에서 전승되고 있는 음식을 통해서 해안마을의 음식을 일별할 수 있을 것이다. 이를 통하여 제주도의 음식문화 형성 요인에 따른 특징을 의례음식, 세시음식, 일상음식으로 구분해 보면, 음식과 관련된 풍속 등의 측면에서 음식의 문화적 의미를 파악할 수 있다.

일상음식, 의례음식, 세시음식, 구황음식 등을 중심으로 해서 시대별로 먹어왔던 음식과 그 당시 사회 배경을 짐작해 보며 지금까지 먹고 있는 음식용어를 파악할 수 있다. 자손들에게 전수해주고 싶은 음식용어를 통해서 제주사람들의 정체성과 가치관을 알 수 있고 사라진 음식용어가 있다면 그 이유를 확인할 수 있다. 또한 전통음식이라 생각하는 용어를 확인하고 그 이유를 파악할 수 있다.

이러한 연구 결과물을 토대로 해서 지금까지 막연하게 여겨왔던 '전통음식', '향토음식'에 대한 개념을 수정하고, 음식문화를 올바르게 인식할 수 있는 계기가 되기 바란다. 그러기 위해서는 먼저 제주사람들에게 제주전통음식의 특징과 우수성을 홍보하면서 제주도 이외의 지역(국내외 포함) 사람들에게는 제주의 문화로 자리매김할 수 있는 매개체가 되도록 해야 할 것이다.

지금까지 식품영양학 관련 연구자들이 제주 전통음식용어를 나름대로 분류하고 목록화 했다.[3] 이렇게 목록화된 음식용어를 보면 주로

---

3) 김지순(2001)에서는 음식재료, 조리 방법, 주식과 부식, 찬류 등으로 구분하면서 319가지의 음식을 소개하고 있다. 오영주(2004)에서는 음청류를 포함해서 485종

음식재료와 조리방법, 먹는 방법에 따라 명명되었다. 음식재료가 곧 명칭이 되고 있다. 따라서 제주 전통음식용어를 알려면 먼저 음식의 특성을 파악해야 할 것이다. 제주도의 자연환경이 척박했기 때문에 음식에도 영향을 미쳤으며, 구황(救荒)음식이 있다는 것은 제주의 특성이라 할 수 있다. 음식용어를 보면 바다에서 구할 수 있는 모든 것(해초, 생선 등)과 들판에서 구할 수 있는 모든 것(곡물, 풀 종류, 열매 등)이 재료가 되었음을 알 수 있다. 또한 제주방언에 대한 열등감 때문에 제주방언으로 명명된 음식용어를 사용하길 꺼려했는지도 알아보고자 한다. 문화에 우열이 없듯이 표준어와 방언에도 계급이 없지만 한국사회에서 표준어에 우월의 지위를 부여했었기 때문에 이 영향이 제주 전통음식용어에도 남아있는지 알아보고자 한다. 한국의 음식용어 목록[4]에 준해서 제주 전통음식용어를 정리해 보았다.

류를 제시했다. 제주도자연사박물관(1995)에서는 일상음식, 의례음식, 구황음식으로 구분해서 적어도 1960년대 이후에도 전승되는 음식을 제시하고 있다. 여러 자료의 특징은 제주의 전통음식을 '일상음식, 저장음식, 특별음식, 의례음식, 구황음식' 등 식용 시기로 대분류를 한 후에 주식과 부식 등 중요도에 따라서 음식용어를 나열하고 있다.

이 글에서는 여러 문헌에 소개된 음식용어를 중심으로 해서 각 용어들이 언제까지 사용되었는지, 실제로 제주사람들이 기억하고 있거나 지금도 만들어 먹는 음식 중에서 누락된 것은 없는지도 찾아보고자 한다. 이러한 기초조사를 통해서 제주의 식생과 자연환경을 파악할 수 있으며, 제주의 역사를 유추해 볼 수 있다고 본다. 그 결과 제주 전통음식의 명명법을 통해서 사회문화적 의미와 변화 과정도 기대할 수 있을 것이다.

4) 윤서석(1991)에서는 한국의 음식용어를 다음과 같이 분류해서 정리하였다. 밥류(91가지), 죽류(144가지), 미음・응이류(31가지), 국수・수제비류(74가지), 만두류(27가지), 국류(204가지), 전골・찌개류(93가지), 나물・생채류(152가지), 구이류(123가지), 조림・지짐이류(105가지), 볶음・초류(35가지), 누르미・누름전・전류(142가지), 선・찜류(110가지), 강회・무침・수란・회류(98가지), 마른 반찬류(94가지), 쌈류(23가지), 김치류(158가지), 장아찌류(103가지), 젓갈류(164가

1) 세시풍속 음식

이는 시절음식/계절음식 등으로 불린다. 속떡(쑥떡), 득(닭) 잡아 먹는 날, 풋죽(팥죽), 장 담그기 등이 있다.

2) 통과의례 음식

통과의례란 사람이 태어나서 혼인하여 살다가 죽고, 제사를 지내는 일련의 과정을 가리킨다. 이때 각 의례마다 특별한 음식을 먹는다. 제주의 의례 음식용어는 어떠한지 살펴보고자 한다(김지순, 2001. 참조).

(1) 생일 음식용어

시루떡, 오색시루떡, 개떡, 곤밥이 있는데 제주도에서는 아기가 태어나면 '할망상'(삼신할머니상)을 차려주었다. 이 상차림 음식에는 쌀, 물, 미역채가 있으며, 이는 오랫동안 전승되었다.

(2) 출산 음식용어

메밀가루와 옥돔미역국은 산모가 먹는 음식이다. 반면 임신을 하면 돼지고기와 닭고기는 먹지 말라는 금기사항도 전해진다.

(3) 혼례 음식용어

밥, 국, 돼지고지, 순대, 두부, 메밀전, 간전, 빙떡, 국수 등이 있으

지), 떡류(244가지), 한과류(122가지), 엿류(20가지), 음청류(101가지), 술류(267가지), 장류(127가지), 식초류(10가지), 묵류(15가지) 등 이 용어와 가짓수는 조선조시대부터 1980대까지의 문헌 자료에서 추출한 것이다. 이는 한국의 대표 음식용어이며, 제주의 음식용어와 비교해도 좋을 것이다. 여기서는 제주도자연사박물관(1995)와 김지순(2001)을 참고해서 제주 음식용어를 정리했다.

며 특별히 신부신랑상과 상객상이 준비된다.

① **신부신랑상** : 밥, 국, 통닭, 돼지고기, 두부, 순대, 삶은계란, 잡채, 표고전, 고사리전, 술, 튀김, 돼지갈비 등.

② **상객상** : 돼지고기, 닭고기, 생선튀김, 삶은계란, 돼지갈비, 생선, 잡채, 튀김, 두부, 순대, 술, 오색떡 등.

(4) 명절·제사 음식용어

솔편, 절편, 기름떡, 중괴, 약괴, 강정, 은절미, 요괴, 과질, 우찍, 메(쌀밥), 갱(옥돔미역국, 소고기무국, 돼지고지미역국), 적(소고기, 돼지고기, 꿩, 생선적, 두부적, 묵적), 채소(고사리, 콩나물, 녹두나물, 시금치, 호박, 양하, 무채), 전(계란, 고사리, 버섯, 소허파, 간전, 파전), 떡(기름떡, 시루떡, 절변, 침떡, 빙떡, 상왜떡), 술(소주, 청주, 탁주), 음청류(골감주, 식혜, 수정과), 순대, 마른두부, 회무침, 과일(감, 사과, 귤, 대추, 배) 등이 있다.

(5) 굿 음식용어

시리떡, 보시시리, 조매떡, 돌레떡, 오물떡, 방울떡, 고리동반, 월변, 벙개떡, 정정괴, 과일(사과, 배, 귤, 곶감, 밤, 대추, 비자), 채소(고사리, 콩나물, 미나리), 삶은계란, 생선 등이 있다.

3) 구황음식

범벅류(톳, 프래, 깅이, 보리, 쑥, 메밀 등), 감저떡(고구마떡), 톳밥, 프래밥(파래밥), 줴기떡(찌끼떡) 등 해조류와 식물을 국과 밥의 재료로 사용해서 먹었다.

이 음식은 가난하고 먹을 것이 없던 시절에 자연에서 채취한 풀, 열매, 해조류 등으로 만들어 먹었다. 구황음식을 보면 먹을 수 있는 것과 먹을 수 없는 음식을 어떻게 구별했는지 등 과거 사람들의 삶의 지혜를 통해서 현재 제주사람들의 정체성을 확인하는 방법이 될 수도 있다고 본다.

4) 일상음식

① 주식류에는 밥류와 죽류가 있다. 밥류와 죽류의 음식용어를 보면 제주도에서 생산되는 잡곡을 이용한 밥이 있고, 바다에서 쉽게 식재를 구할 수 있는 해조류와 밭에서 재배하는 채소를 이용한 밥이 있다. 죽류에는 어패류를 이용해서 만든 죽, 육류와 잡곡을 이용한 죽이 있다.
② 국류에는 온・냉국이 있다. 역시 제주의 전 지역에서 쉽게 구할 수 있는 재료를 이용한 음식이며, 그 재료의 명칭이 곧 전통음식용어이다.
③ 찬류에는 쌈류와 무침류, 조림, 구이, 튀김, 적류, 지짐, 볶음, 회 등이 있다.
④ 저장식품류에는 김치류, 젓갈류, 장아찌류가 있다
⑤ 별미음식류에는 떡류, 면류, 범벅류, 개역류, 주류, 차류 등이 있다.

4. 문화적 배경

제주도의 자연환경을 보면 다른 지방과 달리 밭농사를 주로 했기 때문에 보리, 조, 콩을 이용한 음식과 바다에서 생산되는 어류·패류 해조류·산과 들에서 쉽게 구할 수 있는 야생 열매와 식물(뿌리 포함)이 음식재료로 쓰였다. 제주도의 음식은 다른 지방과 멀리 떨어진 섬이어서 식량과 식수 등을 자급자족해야 했으므로 항상 식량이 부족했다고 본다.

각 지방의 식생활이나 음식문화는 그 지방에서 생산되는 음식재료에 많은 영향을 미친다. 자연환경과 경제적인 수준, 교통의 발달 정도, 사회적 환경 등이 음식문화와 불가분의 관계가 있다. 제주도도 이런 조건에서 예외일 수는 없다. 과거 제주사람들은 풍부한 해산물을 잘 이용해서 제주도의 고유한 음식문화를 형성했을 것이다.

제주도에서는 먹을 것이 없어서 들풀과 해초 등을 먹었던 시절이 있으며, 이러한 음식을 '구황음식'이라 부른다. 먹을거리가 풍부해진 지금도 구황음식(범벅류) 용어를 대하면 가난했던 시절이 떠오를 것이다. 그래서 그 음식용어를 잊어버리려고 애쓰거나 추억삼아 만들어 먹어볼 수도 있다. 이런 뜻에서 제주도의 전통음식 관련 문헌을 조사하고 정리하여 의미 있는 결과를 얻으려고 한다.

제주도의 문화적, 규범적 특성이 잘 반영된 음식에는 통과의례 음식과 세시풍속(시절음식) 음식이 있다. 먼저 통과의례 음식에는 출생의례, 백일, 돌, 생일, 수연례 때 먹는 음식과 혼례 음식, 상장례·제례 음식(제사, 민간신앙, 의례 등)을 말한다. 가장 보수성을 유지하는 것은 통과의례라 보며 그 중에서도 상례와 제례 음식은 거의 원형대로 전승된다고 본다. 따라서 이러한 음식용어를 통해서 제주방언의 실체를 파악해 보고자 한다. 세시풍속의례 음식은 정월부터 12월까지 절기에 따라서 특별히 먹는 특별식이므로 어떤 음식을 먹어왔는지 전통음식용어를 통해서 그 의미를 알 수 있다. 아울러 이러한 음식이 전승되는 이유를 제주사람들의 정체성과 연관지어 볼 수 있다. 또한 과거에 구황음식 목록에 들어있던 음식이 2000년대로 들어와서는 어떻게 사회적 의미를 부여하고, 지위를 획득했는가도 엿볼 수 있다.

의례음식 종류에 변화가 있다면 계절별 음식재료를 이용한 음식이 추가되는 정도이다. 즉 혼례, 상례, 제례, 생일상, 시절음식 중에서 반드시 전승되는 음식이 있으며, 시대의 변화에 따라서 추가되는 음식 종류가 있는데 전승되는 음식용어가 바로 언어의 보존이라 생각한다. 예를 들면 삶은계란과 통닭은 지금까지도 신부상에 올라가는 음식이며, 출산 후 산모는 메밀가루 음식과 옥돔미역국을 먹는다. 생일음식으로 먹는 시루떡이 오색시루떡으로 변했지만 떡 종류는 지금도 올린다. 또한 초상 때 팥죽 먹기, 국수 먹기 역시 전승되고 있다. 제사음식은 거의 변함이 없지만 마을에 따라서 소라적은 제상에 올리지 않는다. 소라가 돌돌돌 떨어지는 성질이 있기 때문에 이를 올리면 자손이 번성하지 못한다고 믿었다. 반면 문어는 잘 붙는 성질이 있어서 제물로 사용해야 좋다고 한다. 이런 것이 음식에 나타난 사회문화적 의미라 할 수 있다.

5. 문화적 가치

사람들은 각 지역의 산물을 이용한 음식을 만들어 먹었고, 그 음식재료의 명칭을 음식용어로 사용해 왔다면 음식용어의 분포도에 따라서 농수축산물의 생산지 분포를 알 수 있을 것이다. 이 논의를 좀더 확장한다면 음식용어의 분포 지역에 따른 언어지도를 통해서 제주사람들이 공통적으로 먹어왔던 음식과 각 마을별로 먹어왔던 음식의 종류도 분석할 수 있을 것이다. 예를 들어 제주의 해안마을에서는 '깅이/겡이죽(게죽)'를 먹는다면 중간마을에서는 '초기죽(버섯죽)'을 먹었음을 짐작할 수 있다. 또한 산간마을에서도 '게죽'을 먹었다면 이 재료를 어떻게 구했을까를 파악할 수 있으며, 주민들의 교류관계도 알 수 있다. 결국 제주의 전통음식용어를 이용해서 언어지도를 만들 수 있다. 이는 제주방언의 보존과 활용 측면에서 아주 가치 있는 연구가 될 것이다. 언어는 무형의 문화유산이고 음식은 유형의 문화유산이다. 유형의 문화인 제주의 전통음식이 살아남는다면 이를 부르는 음식용어 역시 살아남을 것이다. 이때 중요한 것은 제주의 전통음식용어가 대부분 제주방언일 때 언어의 생명력은 음식의 생명과 비례한다고 본다. 이를 잘 확인하기 위해서 음식명이나 식품재료는 현지에서 사용하는 방언을 그대로 적고 괄호 안에 표준어를 쓰며, 마을에 따라 특징적인 음식용어는 더욱더 그 마을에서 부르는 명칭을 그대로 사용하고자 한다.

이 글에서는 제주 음식용어를 중심으로 해서 2000년대인 지금까지 상용되는 음식과 사라진 음식을 분석하면 음식용어의 실재 정도를 알 수 있다. 음식용어가 사라진 이유와 남아있는 원인을 찾아보면 전통음식용어와 음식의 실재 관계를 파악할 수 있으며, 전통음식용어의 사회문화적 의미도 알 수 있을 것이다.

2002년에 제주도가 국제자유도시로 지정되면서 제주사람들의 정체성은 무엇인가에 관심이 높아지기 시작했고, 2006년 7월 1일로 특별자치도가 되면서 제주의 전통문화에 지대한 관심을 쏟았으며, 이때 역사, 민속, 음식, 언어(방언)가 등장했다. 음식 중에서도 오래전부터 전승되고 있는 전통음식에 중점을 두면서 이를 부르는 음식용어가 다행히도 제주방언으로 남아있지만 제주방언 사용자들이 점점 줄어드는 상황에서 전통음식의 부활은 언어의 소생을 의미하기도 한다.

제주도가 국제적인 관광지로 인식되면서 제주도를 찾는 내국인과 외국인이 늘어나는 추세이다. 이들에게 제주의 전통음식을 소개할 때 제주방언을 이용하면 음식의 상품화와 언어의 상품화가 동시에 가능하다고 본다. 즉 국제화시대에 관광문화라고 하면 자연 풍광이나 유형의 문화유산을 떠올리기 쉽지만 자국의 언어, 지역의 방언도 중요한 무형문화재다.

2006년에 국립국어원과 국립민속박물관에서는 '제주도방언'을 세계문화유산으로 지정하려는 의지를 표명하였다. 이는 방언도 중요한 문화재임을 인식한 결과라 본다. 따라서 일상어를 보존하는 방법에는 여러 가지가 있지만 제주 전통음식용어에 나타난 제주방언을 유지하고 보존하는 것도 문화재 보존정책에 해당된다.

1980년대부터 제주 전통음식이 대중성을 띠기 시작했지만 1990년대 들어와서 제주의 전통음식으로 인식되고 전국적으로 확산된 음식에는 옥돔구이, 옥돔국, 옥돔죽, 옥돔물회, 자리물회, 자리젓, 갈치국, 갈치구이, 갈치조림, 갈치회, 고등어구이, 고등어조림, 고등어회, 성게미역국, 전복죽, 전복회, 전복구이, 소라물회, 소라젓, 소라구이, 오분자기구이, 오분자기찜, 오분자기죽, 자리물회, 자리구이, 자리조림, 해삼냉국, 한치오물회, 콩국, 콩잎쌈, 멜젓, 멜국, 고사리무침,

버섯죽, 빙떡, 깅이죽, 깅이국, 보말국, 보말죽, 보말칼국수, 몸국(모자반국), 마농지(마늘장아찌) 등이 있다.

이 음식이 웰빙붐을 타고 더욱 각광을 받고 있는 이유는 제주도의 청정 이미지와 맞물려 있기 때문이다. 이러한 전통음식용어가 살아남은 것은 제주방언의 생명력과도 관계가 있다. 상품을 수출할 때 그것을 부르는 명칭이 따라간다.

한 예로 제주의 전통음식 중 '콩잎쌈'은 건강식품으로 알려지면서 다시 먹기 시작한 음식이며, '독 먹는 날'(닭 먹는 날, 음력 6월 20일)은 여름 보양식으로 꾸준히 이어지고 있다. 제물인 '묵적'은 가정에서 만들기가 불편해지면서 사서 쓰기도 하지만, 두부전이 상용화되면서 변화된 제물이라 볼 수 있다.

제주의 전통음식이 제주도 이외의 지역(국내외 포함)에서 자연스럽게 정착한다면 이 음식용어 역시 많은 사람들에게 기억될 것이다. 이런 의미에서 제주의 전통음식용어를 통해서 제주방언의 보존과 전승 방법을 찾아보고자 한다. 즉 제주 전통음식용어를 통해서 언어의 생성과 소멸 과정을 분석할 수 있다. 제주방언을 보존하고 활용하는 방법으로 음식용어를 선택했을 때 전망이 밝다. 아울러 제주의 음식문화 중 무엇이 세계적인가에 대한 답으로 제주의 전통음식을 발전시키고 보급하는 것이라 할 수 있다.

또한 제주 전통음식용어 전승 주체가 음식의 소비자인지 생산자인지를 알 수 있으며, 조리법을 전수하면서 용어도 전승하려는 의지가 어느 정도인지 등을 알아보고자 한다.

II

제주 전통음식의 역사

1. 옛 문헌에 기록된 제주도 진상품 일람

　문헌에 기록된 제주 음식재료의 역사[5]는 문화의 정체성, 민족의 정체성을 논의할 때는 통시적 방법을 따라가게 된다. 제주의 전통음식용어와 재료를 확인하는 방법으로 문헌을 탐색해 보고자 한다.
　사람은 음식을 통해서 자연과 하나가 되기에 음식은 사람과 자연을 연결시켜 주는 매개체 역할을 한다. 한국의 전통음식이 강인한 생명력이 있는 것은 한국인과 자연환경의 조화가 이루어졌기 때문이다. 따라서 제주의 전통음식은 제주의 자연환경과 어우러져야 제 맛을 발휘한다.
　인류역사를 돌이켜 보건데 의식주(衣食主)는 생존의 필수요건이며, 특히 '식(食)'은 더욱 중요하다. 세계화, 신자유주의 경제, 다국적 기업과 한국사회의 뜨거운 논란거리인 한-미자유무역협정(FTA)은

---

[5] 2장에서 논의하고자 하는 '제주 전통음식의 역사'는 「제주전통음식 관련 문헌조사 보고서」(문순덕, 『제주전통음식문화 콘텐츠를 통한 웰빙음식문화와 체험관광상품 개발』, 2006, 지식산업진흥원 연구프로젝트)에 제출한 자료를 보완한 것이다. 여기서는 제주음식의 역사를 찾아보기 위하여 문헌자료를 검토대상으로 삼았다. 고려시대와 조선시대에는 주로 진상품을 볼 수 있다. 이들은 값비싼 제품이며, 생산자인 제주사람들은 먹을 수 없었던 품목들이 많다. 이 자료를 더듬어 보려는 것은 제주의 역사에서 음식의 역사가 어떻게 형성되었는가를 짐작해 보기 위함이다. 현 시점에서 제주의 문화를 추적할 때마다 자료의 부재라는 벽에 부딪히게 된다. 아무리 올라가야 근대이다. 그나마 이 시기의 역사와 문화를 증언해 줄 경험자들이 건강하게 살아있을 때의 이야기이다. 이것도 여의치 않으면 적어도 광복 이후 현대를 살아온 선배들의 간접경험을 통해서 유추할 수밖에 없다.
정보화시대는 모든 것을 스토리텔링화하고 이것을 상품화한다고 한다. 우리는 지금 이런 시대에 살고 있으면서 스토리텔링의 원형을 찾아내려는 값진 일을 무시하고 있다. 극소수의 애정을 가진 연구자들이 묵묵히 축적해 주길 기대할 뿐이다. 옛 문헌을 광장으로 끄집어내려는 것은 이런 의도이다. 즉 서고에서 잠을 잘 것이 아니라 사람들의 손길로 어루만져 주어야 다양한 이야기로 탄생될 것이다. 그런 의미에서 제주의 음식문화는 주변섬에서 어떻게 살아있는지도 알게 될 것이다.

바로 '먹을거리전쟁'이라 할 수 있다. 역사는 나선형으로 순환하므로 사람들은 삶의 질이 높아질수록 전통을 찾아내고 복원하려고 한다. 그러기에 친환경 농산물이니 전통음식이니 하는 말이 나오는 것이다.

제주도는 사면이 바다여서 해산물을 제외하곤 먹을거리가 풍부하지 않았던 곳으로 먹을거리가 빈약할 수밖에 없었다. 따라서 척박한 환경에서 과거부터 무엇을 어떻게 이용해서 생존해 왔는지 음식문화를 통해서 살펴보고자 한다.

이 절에서는 제주도의 진상품이 기록되어 있는 문헌을 소개하고, 진상품의 종류도 제시하고자 한다. 진상품이란 그 지역의 특산물이므로 이를 통해서 제주도의 음식재료를 짐작할 수 있다. 고려시대부터 조선시대에 이르는 진상품을 중점 조사 대상으로 삼았다.

1) 『耽羅史資料集錄』(고찬화 편저, 제주문화, 2000)

① 문종 1년 임진 6년(1052) : 3월 임신일에 삼사(三司 : 재정을 맡아 보던 기관)에서 탐라(耽羅)로부터 해마다 바쳐오는 귤(橘子)의 정량을 1백포로 개정하여 항구한 규정으로 삼자고 제기하니 왕이 이 말을 좇았다. 〈「세가(世家) 제7권 고려사 7」, 40쪽〉

② 문종 1년 계사 7년(1053) : 2월 정축일에 탐라국 왕자 수운라(殊雲那)가 자기 아들 배융교위(陪戎校尉) 고물(古物) 등을 보내어 우각(牛角), 우황(牛黃), 우피(牛皮), 나육(螺肉), 비자(榧子), 해조(海藻), 구갑(龜甲) 등 물품을 바쳤다. 왕이 그 왕자에게 중호장군(中虎將軍) 벼슬을 임명하고 공복(公服), 은대(銀帶), 비단 약품, 등등을 주었다. 〈「세가(世家) 제7권 고려사 7」, 40~41쪽〉

2) 『옛 제주인의 표해록』(김봉옥·김지홍 뒤침, 전국문화원연합 제주도지회, 2001)

(1) 김배회의 중국 표류기(1471년)

1470년(성종 1) 8월 김배회(金杯廻) 등 7명이 제주에서 진상물을 싣고 서울까지 수송하고서 되돌아오는 길에 큰바람을 만나 표류하다가 13일만에 중국 절강성에 도착하였다. 중국의 음식을 엿볼 수 있다.

① 승정원에서 김배회 등의 표류했던 일의 정상을 물어 그 내용을 임금께 아뢰었다. 김배회 등이 작년 1470년 제주로부터 공물을 싣고 서울에 도착하였고, 일을 마치고 제주로 돌아가다가 큰바람을 만나 무릇 13일을 표류하여 중국 절강성 땅에 도착하였는데, 마침 배 두 척이 해변에 정박해 있었습니다. 김배회 등이 '조선국'이라고 세 글자를 적어 배 위에 있는 사람에게 보이자, 그 사람들이 우리 배로 와서 차와 죽을 먹여 주었습니다.(3쪽)

② 다음날 사람을 시켜 늙은 내시에게 압송하였는데, 김배회 등의 신원 사항을 자세히 물어보고 나서 밥을 먹여 주었고 또 쌀 10말을 지급해 주었습니다. 어느 큰 관리에게 데려가게 하였는데, 8명에게 모두 각각 털모자·푸른 무명·철릭·겹치마·바지와 신발을 지급하여 주었습니다.(4쪽)

(2) 김비의의 유구 표류기(1479년)

1477년(성종 8) 2월 김비의(金非衣) 등 8명이 제주에서 진상하는 감귤을 싣고 출항하였는데 풍랑을 만나 표류하게 된다. 표류 경로는

'제주도→윤이섬→유구국→일본→제주도'로 되어 있다.

① 저희들이 1477년(정유년) 2월 초1일에 현세수(玄世修), 김득산(金得山), 이청민(李淸敏), 양성돌(梁成突), 조귀봉(曹貴奉)과 더불어 진상할 감귤을 받고서 함께 한 거룻배에 올라타고 너른 바다로 나아가 추자도로 향하였습니다.(5쪽)

② 우리들이 제주에서 출발한 뒤 [추자도에서] 큰바람이 파도를 사납게 하여 (…) 김비의와 이 정은 표주박으로 물을 퍼내었고 강무가 노를 저었지만, 나머지 사람들은 모두 눈앞이 어지러워 누워 있었습니다. 능히 불을 때어 밥을 지을 수 없었으므로 한 술 밥이 입에 들어가지 않은 지 무릇 14일이었습니다. 이에 이르러 윤이섬 사람들이 흰쌀죽과 탁주와 마른 바닷고기를 먹여 주었는데, 바닷고기는 이름을 알 수 없는 것이었습니다.(6쪽)

③ 유구국 사람들과 통역관이 와서 우리보고 "너희는 어느 나라 사람이냐?"라고 묻자 우리는 "조선 사람이오."라고 대답하였습니다. 또 묻기를 "너희가 고기를 잡다가 이 곳에 표류하였느냐?"라고 하자, 우리들이 서로 의논하여 대답하기를 "모두 조선 해남 사람인데, 진상하는 쌀을 싣고 서울로 가다가 바람을 만나 이곳에 이르렀다."라고 하였습니다. 통역관은 우리들의 대답을 글로 적고 가서 임금께 아뢰었습니다.(12쪽)

(3) 김기손의 중국 표류기(1534년)

1534년(중종 29) 2월 김기손(金紀孫) 등 12명이 진상물을 싣고 출륙하였는데, 바다에서 바람을 잘못 만나 중국 회안부(淮安府)에 표도하였다가 남경과 북경을 거쳐 같은 해 11월에 고국으로 돌아왔다.

① 제주 표류인 만주(萬珠, 만주는 스스로 첨지 서후(徐厚)의 노복이라고 함) 등은 1534년 2월 20일 제주로부터 신공(身貢)을 싣고서 배를 출발시켜 추자도에 이르렀을 때 바람을 만나 표류하였습니다. 윤2월 초1일 남경의 회안위(淮安衛) 땅에 정박하여 (…) 우리들이 뒤좇아 가서 표주박으로 바닷물을 뜨면서 엎드려 먹는 모양을 하자 그 사람들이 물을 찾는 것을 알고 밥물을 끓여 주었습니다.(186쪽)

② 회안위에는 육사(六司, 여섯 부서)가 있었는데, 육사에서 우리들을 살펴보는 일을 끝내자 우리를 사창(司倉)에 머물러 있게 하였습니다. 세 끼니를 먹여 주는 일을 거르지 않았는데, 한 끼니마다 한 사람에게 쌀 2되・돼지고기 1근・간장・식초・생강・마늘이 모두 들어 있었습니다.(187쪽)

(4) 강연공의 일본 표류기(1540년)

1539년(중종 34) 10월 강연공(姜衍恭) 등 19명이 임금께 진상하는 감귤을 수송하기 위해 출항했다가 표류한다.

○ 강연공 등이 공사를 올려 말하기를 "작년(기해년) 10월 감귤을 진상하는 일을 맡아 바다로 나갔는데 큰바람을 만나 [일본 쪽으로] 표류하여 밤낮 바다에만 떠 있다가 제5일째 밤중에 오도(五島) 근처에 있는 간자라섬(干自羅島)에 이르렀을 때 배가 암초에 파손되어 암초에 의지하여 겨우 살아남았습니다.(189쪽)

(5) 김대황의 (안남) 표해 일록(1689년)

1687년(숙종 13) 9월 3일 제주 진무(濟州鎭撫) 김대황(金大璜) 등

24명은 목사가 진상하는 3필의 말을 싣고 출항했다가 표류하게 된다.

① 1687년(정묘년) 8월 그믐에 제주 진무 김대황과 사공 이덕인(李德仁) 등 따라가는 사람과 곁에서 노를 젓는 사람들을 합하여 모두 24명이 함께 한 배에 타고, 제주 목사 직책을 교대할 때 진상하는 말 3필을 싣고서 화북진 항구에서 바람을 기다렸다. (…) 추자도 앞 바다에서 풍랑을 만났다. (…) 그러나 진상하는 말은 사람과 죽고 삶을 같이 하는 동물이므로 다시 우리 속에다 묶어 놓았다. 바람 부는 대로 표류하면서 천명을 기다렸다.(192쪽)

② 이덕인이 짠물을 길어 불을 지펴 이승방울을 취하여 나눠 마시면서, 인하여 생쌀을 씹고 목구멍으로 내리도록 하며 주린 배를 채웠다.(192쪽)

③ 9월 19일부터 9월 25일까지 연이어 서북풍이 불었는데, 혹 비가 오거나 혹 개었다. 진상하는 말 3필이 서로 이어 죽었으므로 바다 속에 내던져 버렸다.(192쪽)

(6) 장한철의 (유구) 표해록(1771년)

장한철(張漢哲)은 조선 영조 때 사람으로, 제주도 애월리에서 태어났다. 어릴 때부터 글공부를 좋아하여 향시에 여러 번 합격하였으나 집이 가난하여 전시를 나아가지 못하였다. 그러나 주위에서 노자를 마련해 주어 1771년(영조 47) 전시에 응시하기 위해 육지로 나가던 중 폭풍을 만나 나흘만에 유구국 호산도(虎山島)에 표류하였다.

① 12월 26일, 흐림

오후에 한라산이 사라져 버리고 볼 수 없었다. 바람의 세기도 사나워졌고 파도도 다시 일어 물과 하늘이 서로 붙어 망망하게 끝이 없었다. 오늘 아침에 취사부로 하여금 죽을 쑤게 하여 뱃사람들을 먹이려고 하였는데, 여러 사람들의 폐와 위장이 건조하므로 이를 윤택하게 하여 병이 생기지 않게 하려는 의도였다. 그러나 뱃사람들이 모두 말하기를 "배 안에 죽을 쑤는 것이 단지 풍속에 꺼리는 것일 뿐만 아니라 또한 밥을 잘 지을 수 있는지 여부로써 가히 항해의 길흉을 점칠 수 있소."라고 하였다. 이에 밥을 짓도록 하였는데, 밥이 과연 잘 지어졌으므로 여러 사람들을 모두 기뻐하게 만들었고, 밥을 물에 말아 들이마셨다. 배 안에 저장해 놓은 마실 물이 이미 다 없어졌다. (211쪽)

② 12월 28일, 맑음

뱃사람들이 땔나무를 캐고 물을 길어 죽을 쑤어 마셨다. 사람들이 모두 피곤하고 고달파서 해안가 모래 가장자리에서 서로 뒤엉키어 널브러져 잤다. 내가 말하기를 "이 섬에 이미 사람이 살지 않으면 갯가에 필시 전복과 조개 종류가 많을 것이고, 산 속에 또 필시 들쥐들이 가히 먹을 수 있는 풀뿌리가 있을 것이다. 우리가 만약 들쥐가 먹는 풀뿌리를 채고 또 전복과 조개로 반찬을 한다면 족히 가히 지탱하여 살 수 있을 따름이다. 다만 배 안에 저축해 둔 소금과 간장이 없어져 가니 어떻게 할까? 그러나 내가 바닷물을 구워 소금 만드는 방법을 알고 있으니 식사에 간장이 없음을 왜 꼭 걱정할 것인가?"라고 하였다. 아직 여러 사람이 갖고 온 쌀이 얼마나 남아 있는지 알 수 없었으므로 모두 모아 합치게 하였는데, 흰쌀 1말이 있고 나머지 좁쌀이 가히 5~6말쯤이었다. 이는 29인이 수삼 일의 양식에 지나지 않았고, 이제부터 죽을 쒀서 목숨을 잇는 것을 법칙으로 하여도 또한 6~7일치 양식에 불과하였다. (218쪽)

③ 12월 29일, 흐림

저녁 때 모두 초막에 모여 산 약초를 잘게 도막내어 쌀과 섞고 조금 뒤에 불을 지피어 밥을 짓게 하였는데 맛이 아주 이에 알맞았다. 날전복은 굽기도 하고 회를 치기도 하였는데, 사람들이 모두 양껏 배불리 먹었다.(220쪽)

(7) 이병익의 (중국) 남유록(1797년)

이방익(李邦翼, 1756~?)은 만경(萬頃) 현령을 지낸 이광빈(李光彬)의 아들로 제주도 조천읍 북촌리에서 태어났다. 1796년(정조 20) 아버지를 뵙기 위해 다른 7명과 함께 배를 타고 바다를 건너다가 바람을 잘못 만나 중국 팽호(澎湖)로 표류하였는데, 대만·복건·절강·강소·산동·북경 등을 거쳐 다음해 1797년 윤6월 서울에 되돌아왔다(당시 나이가 41세임).

① 이방익이 아뢰기를, 배가 모진 바람에 밀려 혹 동쪽으로도 혹 서쪽으로도 혹 남북으로 떠밀리며 무릇 16일만에 장차 일본에 가까워지려다가 바람이 바뀌어 중국 쪽으로 향하였습니다. 갖고 있는 쌀이 떨어져 밥을 여러 날 먹지 못하였는데, 홀연 큰 고기가 뛰어 올라 배 안으로 들어오자 8명이 함께 먹었고, 마실 물이 이미 떨어졌는데 하늘에서 또 큰비가 내리자 손으로 받아 마시며 목마름을 풀었습니다.(264쪽)
② 매일 미음 1그릇과 닭을 고아 만든 국 1그릇을 주었고, 또 두 번 향사 육군자탕(香砂六君子湯)을 주었습니다.(264쪽)

(8) 표해록에 드러난 항로와 국가

표해록을 보면 여러 민족의 특징과 풍속, 토산품을 알 수 있다.

① 김배회의 중국 표류기 : 1470년(성종 1) 8월 진상물을 싣고 제주 출발→서울→제주 항해 도중 표류→13일만에 중국 절강성 도착→북경→제주

② 김비의의 유구 표류기 : 1477년(성종 8) 2월 진상물을 싣고 제주 출발→서울로 향하던 중 14일간 표류→유구의 어느 섬 도착/윤이섬-소내섬-포월로마이섬-포랄이섬-홀이섬-타라마섬-이라부섬-멱고섬-유구국-일본→2년 4개월 후 일본 경유-살마주-타가서 포구-식가섬-일기도-대마도 초나포-사포-도이사지포-염포(울산광역시 방어진과 장생포 사이에 있었음)→서울→제주 도착

③ 김기손의 중국 표류기 : 1534년(중종 29) 2월 진상물을 싣고 제주 출발→풍랑으로 중국 회안부로 표류→남경→통주강→북경→서울→제주 도착

④ 강연공의 일본 표류기 : 1539년(중종 34) 10월 감귤 진상을 위해서 제주 화북진 출발→일본 쪽 오도 근처 간자라섬에서 배가 파손됨→일본인 도움으로 제주 조천포로 입항함.

⑤ 김대황의 안남 표해 일록 : 1687년(숙종 13) 9월 진상품 말 3필을 싣고 제주 출발→추자도 앞에서 풍랑 만남. 표류→안남국 회안부 도착→중국 상선으로 서귀포에 상륙함.

⑥ 장한철의 유구 표해록 : 1771년(영조 47) 전시 응시 위해 서울로 가던 중 폭풍으로 표류함→유구국 호산도 도착→일본 가는 안남 상선에 승선→제주 근해에서 도중 하선→표류 후 전남 완도군 청산도에 표류→제주 상인 배에 승선→서울 도착 시험 후 제주 도착함.

⑦ **이방익의 중국 남유록** : 1796년(정조 20) 아버지를 만나기 위해서 제주 출발→서울로 가다가 풍랑으로 표류함→중국 팽호로 표류→대만·복건·절강·강소·산동·북경 경유→서울 도착.

3) 『제주풍토록』(濟州風土錄)(김정 저, 최 철 편역, 『東國山水記』, 명문당, 1983)

이 문헌은 김정(金 淨 : 1486~1521)이 제주 유배기간인 1520년 8월(중종 15)~1521년 10월(중종 16)에 지은 책이다.

① 토산물은 적어 특별한 것이 없다. 짐승으로 다만 노루, 사슴, 돼지가 제일 많고, 오소리도 역시 많다. 그러나 이외에 여우나 토끼, 호랑이, 그리고 곰은 전혀 없다. 새들로는 꿩, 까마귀, 독수리, 참새들은 있으나, 황새나 까치는 없다. 산채(山菜)로는 멸(蔑), 고사리(蕨)가 가장 많고, 곰추(香蔬), 삽주(朮), 인삼, 당귀, 길경 등은 없다. 육어(陸魚)로는 단지 銀口 종류가 있을 뿐 바닷산물로는 전복, 오징어, 갈치, 고등어 등 몇 가지 종류 외에 낙지, 굴, 조개, 게, 새우, 청어, 은어, 조기 등 雜魚는 없다.(271~272쪽)

② 土産物로는 표고버섯이 제일 많고, 그리고 五味子도 역시 많다. 산의 과실로는 멍(末應)이란 것이 있는데 열매의 크기는 모과와 같으나 껍질은 검붉으며 쪼개면 씨는 으름나무 열매 같다.(273쪽)

③ 이 밖에 진기한 것은 별로 없지만 육지에 있는 배, 대추, 감, 밤 등은 매우 드물며 간혹 있다 하더라도 좋지 못하다.(273쪽)

④ 특산물은 귤, 유자, 치자, 비자, 無患子, 山柚子, 二年木, 無灰木, 앵무, 소라, 야자, 가시율, 赤栗, 좋은 말 등이다. 귤과 유

자는 9종이 있다. 금귤, 유감, 동정귤, 靑橘, 산귤, 柑子, 柚子, 唐柚子, 왜귤 등이다.(274~275쪽)

4) 『제주풍토기』(李健 저, 고창석 옮김, 『제주학』 제4호, 1999)

이 문헌은 이건(1614~1662)이 1628년(인조 6)~1641년(인조 19)에 유배지인 제주도의 풍속, 생업활동, 신앙, 동물 등을 기록한 것이다.

① 섬 안의 토지는 모두 모래와 자갈이어서 밭이 매우 척박하다. 黃豆는 小豆의 모양과 같으나 그 색깔이 검고, 小豆는 녹두(菉豆)의 크기와 같으나 그 색깔은 희다. 黃豆와 같은 赤豆는 전혀 없다. 밀과 보리는 여물지 않아서 피(梯稗) 모양과 같다. 논은 원래 없다. 그러므로 섬 안에서 가장 귀히 여기는 것은 쌀이다. (…) 섬 안의 넉넉한 사람들은 밭벼를 갈아서 쌀 대신 사용하고 있다.(25~26쪽)

② 해산으로는 단지 생복, 오징어, 미역, 생선(玉頭魚) 등 몇 종류가 있다. (…) 섬 안의 내에는 銀口魚가 있을 뿐이다.(27쪽)

③ 가장 괴로운 것은 조밥[栗飯]이며, 가장 두려운 것은 뱀과 지네이며, 가장 슬픈 것은 파도소리이다.(29쪽)

5) 『역주 탐라지』(이원진 저, 김찬흡 외 옮김, 푸른역사, 2002)

이원진(1594~1665)이 제주목사 재임(1651~1655) 때인 1653년(효종 4)에 편찬한 문헌으로 제주도의 자연환경과 토산물 등을 알 수 있다.

① 돌을 모아서 담을 쌓았다. : 『동문감』에 "제주 땅에 돌이 많고 본래 논이 없어서 오직 보리, 콩, 조만이 생산된다.(27쪽)

② [토산] : 올벼, 메기장, 찰기장, 기장, 콩, 팥(大·小豆), 녹두, 보리, 밀(大·小麥), 메밀.(51쪽)

이 외에도 이 문헌에는 '제주목, 정의현, 대정현'의 진상품이 자세히 기록되어 있다.

(1) 제주목의 공헌(貢獻)

① 공물(貢物) : 2월에는 추복(槌鰒 : 두드려가면서 말린 전복) 265접(접 : 전복 100개가 한 접임), 조복(條鰒 : '오리' 같이 가늘고 길게 썰어 말린 전복) 265접, 인복(引鰒 : 납작하게 펴서 말린 전복) 95뭇[束], 청귤 1,250개를 진상한다. 3월에는 추복 240접, 인복 85뭇, 미역[粉藿] 40뭇, 미역귀[藿耳] 2섬[石] 5말(斗)을 진상한다. 4·5월에는 추복 각각 760접, 인복 각각 170뭇, 표고버섯 각각 2섬 1말 5되[升]를 진상한다. 6월에는 추복 1,108접, 오징어 215접, 인복 170뭇을 진상한다. 7월에는 추복 680접, 오징어 430접, 인복은 6월과 같이 진상한다. 8월에는 추복·인복은 6월과 같이 하고, 오징어 258접, 비자 14되, 반하(半夏 : 약초) 31근, 석결명자(石決明 : 전복의 껍질을 약재로 이르는 말. 안약으로 씀) 2근, 엄나무 껍질[海桐皮] 6근을 진상한다. 9월에는 추복 425접, 오징어 172접, 인복 85뭇, 유자 1,850개, 유안식향(안식향의 나무진) 33근을 진상한다.(164쪽)

② 산물(酸物 : 신 물품이란 뜻으로 귤유(橘柚)를 가리킴) : 초운(初運 : '운'은 많은 사람이나 동물, 짐 따위를 여러 차례에 걸쳐 운송할 때, 차례를 지어서 배정한 수효나 분량을 이름)에는 금귤 880개, 감자 1,550개를 진상한다. 2운에서 7운까지는 감

자 각 3,450개, 금귤 각 300개를 진상한다. 8운에는 유감 1,400개, 동정귤 980개, 감자 1,290개를 진상한다. 9운에서 18운까지는 감자 각 3,300개, 유감 각 300개, 동정귤 각 340개를 진상한다. 19운, 20운에는 감자, 유감, 동정귤의 수량을 18운과 같게 하고, 산귤은 760개, 당유자는 결실 수에 따라 진상한다.(165쪽)

③ **세초**(歲抄 : 해마다 12월에 공헌하는 물품 또는 그러한 일) : 백랍 24편, 새 표고버섯 1말 2되, 궤자(麂子 ; 고라니)의 장포(長脯 ; 길게 말린 고기)·원포(圓脯) 각각 32오리[條], 노루가죽 11령(令 ; 털이 있는 가죽을 세는 단위), 치자 160근, 이른 미역[早藿] 132접, 진피 48근, 청피(청귤의 껍질) 30근, 귤씨 7냥, 귤잎 6근, 기각(탱자를 썰어 말린 약재) 22근, 향부자(香附子) 78근, 무환자 8냥, 석곡(石斛 ; 산중의 바위나 늙은 나무에 붙어사는 풀의 한 가지) 11냥, 기실[枳實 : 탱자씨] 6근, 연근(練根 : 대나무 뿌리) 1근 4냥, 연실(練實 : 대나무 열매) 4냥, 후박 32근, 목환자(무환자 나무의 잿물) 4,400개(목환자는 5년에 한 번씩 봉진한다)를 진상한다.(165쪽)

④ **목공물**(牧貢物) : 내수사 노비는 신공(身貢 : 신역을 대신해 바치는 구실)으로 중간 크기의 사슴가죽 40령, 머리와 다리 12개, 긴 초석 300닢, 표고버섯 4섬 6되, 미역 5,280근을 진상한다. 선세(船稅)로 큰 전복 1,600개, 감자 1그루에 열리는 수량에 따라 수송하여 봉납한다. 수진방(壽進坊) 노비는 신공으로 큰 전복 450개, 표고버섯 1섬 3되를 진상한다. 봉상시(奉常寺)에는 표고버섯 16근 6냥, 비자 3섬 7되를 진상한다. 사재감(司宰監)

에는 대회복(큰 굴 : 石花) 1,910접, 중회복 1,055접, 소회복 1,103접을 진상한다. 공조에는 바다거북 껍질 4장, 고라니 가죽 2령, 자개장식용 전복껍질 9되를 진상한다. 군기시(軍器寺)에는 장군전에 쓰이는 종가시나무 10개, 말힘줄은 사고로 말미암아 잃어버린 말의 수에 따라 수송하여 봉납한다. 내섬시(內贍寺)에는 표고 177근, 우뭇가사리 457근 8냥을 진상한다. 의영고에는 미역 2,035근을 진상한다. 선공감(繕工監)에는 비자나무 널 16장을 진상한다. 장원서(掌苑署)에는 비자 4말, 금귤 350개, 산귤 150개, 청귤 1,300개, 동정귤 350개, 감자 300개, 유감 100개를 진상한다. 상의원(尙衣院)에는 치자 8냥을 진상한다. 제용감(濟用監)에는 치자 9냥을 진상한다. 전의감(典醫監)에는 청피 7근, 향부자 10근, 진피 2근 8냥, 엄나무껍질 12냥, 반하 2근, 치자 6냥을 진상한다. 혜민서(惠民署)에는 청피 20근, 향부자 10근, 대모 10장, 기각 3근, 후박 8냥, 엄나무껍질 2근 8냥, 진피 25근을 진상한다.(167~168쪽)

(2) 정의현 공헌

제주영에서 나누어 정한 진상품을 납부한다. 보재기가 13명 있다.

공물(貢物) : 봉상시에는 비자 2말을 진상한다. 내섬시에는 표서버섯 69근, 우뭇가사리 33근 1냥을 진상한다. 선공감에는 비자나무 널 7닢을 진상한다. 사재감에는 대회복 1,128접, 중회복 714접, 소회복 747접을 진상한다. 의영고에는 미역 59근을 진상한다. 공조에는 자개장식용 전복껍질 2되 5홉, 고라니 가죽 1령, 바다거북 껍질 2장을 진상한다. 장원서에는 비자 8되, 금귤 235개, 산귤 100개, 청귤 900개, 동정귤 213개, 감자 200개, 유감 60개를 진상한다. 개성부의 목으로 봉상시에는 비자 2말

5되, 표고 11근 11냥을 진상한다. 상의원에는 치자 5냥을 진상한다. 제용감에는 치자 7냥을 진상한다. 전의감에는 청피 5근 6냥, 향부자 8근 10냥, 진피 1근 10냥, 해동피 10냥, 안식향 1근, 반하 2근, 치자 6냥을 진상한다. 혜민서에는 청피 13근, 향부자 14근, 진피 16근 10냥, 기각 3근, 해동피 1근 10냥, 바다거북 6장을 진상한다.(240~241쪽)

(3) 대정현 공헌

제주영에서 나누어 정한 진상품을 납부한다. 보재기는 13명이 있다.

공물(貢物) : 봉상시에는 비자 4말, 표고버섯 12근 13냥을 진상한다. 내섬시에는 표고버섯 9근, 우뭇가사리 7근을 진상한다. 선공감에는 비자나무 널 1닢을 진상한다. 사재감에는 대회복 582접, 중회복 331접, 소회복 150접을 진상한다. 의영고에는 미역 6근을 진상한다. 공조에는 자개장식용 전복껍질 5홉, 대모 1장을 진상한다. 상의원에는 치자 3냥, 산유자나무 2그루를 진상한다. 제용감에는 치자 3냥을 진상한다. 장원서에는 비자 3되, 금귤 115개, 산귤 50개, 청귤 800개, 동정귤 120개, 유감 40개를 진상한다. 전의감에는 청피 2근 10냥, 향부자 3근 6냥, 진피 14냥, 대로 3장, 해동피 4냥, 반하 1근, 안식향 1근, 치자 4냥을 진상한다. 혜민서에는 청피 7근, 향부자 6근, 진피 8근 6냥, 지각 1근, 해동피 14냥을 진상한다. 내수사 노비는 신공으로 미역 400근, 표고버섯 5말, 초석 20닢, 중녹비[中鹿皮] 5령을 진상하고, 대군방 노비는 신공으로 대전복 100개, 표고버섯 4말을 바친다.(260~261쪽)

6) 『남명소승』(南溟小乘)(林悌 저, 김봉옥 편역, 『續耽羅錄』, 제주문화방송주식회사, 1994)

이 책은 임제[1549년(명종 4)~1587년(선조 20)]의 부친이 제주목사로 재임시 부친을 만나기 위해 1577년(선조 10) 11월 9일에 제주에 와서 1578년 3월 3일 서울로 떠날 때까지 약 4개월 간 제주에 머물면서 기록한 일기체 기행문이다.

○ 해산물[海錯 : 잡다한 해산물]

복어(鰒魚)와 옥돔(玉頭魚)이 많다. 짐승으로는 곰, 범, 여우가 없고, 토끼의 별종으로 몸집이 크고 다리가 높은 것이 있다. 고사리는 2월에 캘 수 있고, 오직 방풍(防風 ; 해안에서 자란다)은 맛이 좋다. 과일로는 귤유(橘柚)가 있다. 많게는 그 종류가 아홉 가지나 되지만, 오직 금귤(金橘)이 색과 맛에서 모두 으뜸이다.(153쪽)

7) 『남환박물』(南宦博物)(李衡祥 저, 김봉옥 편역, 『續耽羅錄』, 제주문화방송주식회사, 1994)

이 책은 이형상(1653년; 효종 4～1733년)이 제주목사 이임 후인 1704년(숙종 30)에 완성한 것으로 보며, 제주를 설명한 地方誌이다.

○ 진공(進貢)에 대한 기록

만약 공물의 종류로 말을 한다면, 1년 내에 공마 4～5백 필이고, 각종 전복이 9천여첩이고, 오징어가 7백여첩이고, 산과(酸果)가 3만8천여개이고, 말 안장이 4～5십부이고, 사슴가죽이 5～6십령이고, 노루가죽이 50령이고, 사슴혀가 5～6십개이고, 사슴꼬리가 5～6십개이고, 말린 사슴 고기가 2백여조이고, 각종 약재가 470여근이고, 말에 입히는 여러 기구들이 680여부입니다. 그 외 표고 비자 백랍 산유자 이년목 활집 통개 나전 포갑 총결 양태 모자, 그리고 빗 삼장과 같은 작디작은 잡물들이 모두 공헌에 관계됩니다.(349쪽)

8) 『조선왕조실록』중 「탐라록」(김봉옥 편역, 제주문화방송주식회사, 1986)

(1) 「世宗實錄」 3년(1421) 정월 병자(13일)

평안도의 고치(膏雉 : 살찌고 기름진 꿩)와 동어(凍魚)와 제주의 감자(柑子), 유자(柚子), 동정귤(洞庭橘), 유감(乳柑), 청귤(靑橘), 표고, 비자(榧子), 조곽(早藿 : 이른 미역), 원포(圓鮑 : 원형 그대로 말린 물고기), 인포(引鮑), 조포(條鮑 : 가늘게 썰어서 말린 물고기), 추포(搥鮑 : 말려 두드린 물고기인 듯), 오징어 등의 물건도 또한 계절에 따라서 진상하게 하십시오. 하니 임금이 제주에서 진상하는 것은 면제하도록 명하였다.(59쪽)

(2) 「世宗實錄」 지리지(地理志 : 제주목)

토의(土宜 : 토지에 적합한 농작물)는 산도(山稻), 서직(黍稷), 숙(菽 : 콩의 총칭), 교맥(蕎麥), 모맥(麰麥 : 보리)이다. 토공(土貢 : 조정에 바치는 토산물)은 대모(玳瑁), 표고(艹+票 膏), 우모(牛毛), 비자(榧子), 감자(柑子), 유자(柚子), 유감(乳柑), 동정귤(洞庭橘), 금귤(金橘), 청귤(靑橘), 산귤(山橘), 전포(全鮑), 인포(引鮑), 추포(木+追 鮑), 조포(條鮑), 오적어(烏賊魚), 옥두어(玉頭魚), 곤포(昆布), 산유자목(山柚子木), 이년목(二年木), 비자목((榧子木), 양마(良馬)이고, 약재로는 진피(陳皮), 산약(山藥), 석곡(石斛), 초곡(草斛), 천연자(川練子), 백지(白芷), 팔각(八角), 영릉향(零陵香), 오배자(五倍子), 치자(梔子), 향부자(香附子), 모과(木瓜), 시호(柴胡), 청피(靑皮), 백편두(白扁豆), 초오두(草烏頭), 해동피(海東皮), 후박(厚朴), 오어골(烏魚骨), 두충(杜沖), 만형자(蔓刑子), 석결명(石決明), 반하

(半夏), 황국(黃菊), 녹용(鹿茸), 박상(舶上), 회향(茴香), 지각(枳殼)이다.(144쪽)

(3) 「世宗實錄」 지리지(地理志 : 정의현)

토의(土宜 : 토지에 적합한 농작물)는 산도(山稻), 직(稷), 속(栗), 숙(菽), 소두(小豆), 교맥(蕎麥), 모맥(麰麥)이다. 토공(土貢)은 대모(玳瑁), 표고(艹+票 膏), 우모(牛毛), 곽(藿), 곤포(昆布), 감귤(柑橘), 청귤(靑橘), 비자(榧子), 추포(木+追 鮑), 조포(條鮑), 오적어(烏賊魚), 옥두어(玉頭魚), 전포(全鮑)가 있다. 약재로는 진피(陳皮), 산약(山藥), 석곡(石斛), 백지(白芷), 영릉향(零陵香), 향부자(香附子), 지실(枳實), 청피(靑皮), 해동피(海東皮), 후박(厚朴), 두충(杜沖), 치자(梔子), 반하(半夏), 녹용(鹿茸)이다.(145쪽)

(4) 「世宗實錄」 지리지(地理志 : 대정현)

토의(土宜)는 산도(山稻), 속(栗), 직(稷), 소두(小豆), 교맥(蕎麥), 모맥(麰麥)이다. 토공(土貢)은 전포(全鮑), 표고(艹+票 膏), 우모(牛毛), 곽(藿), 곤포(昆布), 비자(榧子), 감귤(柑橘), 유감(乳柑), 동정귤(洞庭橘), 청 귤(靑橘)이다. 약재로는 후박(厚朴), 지실(枳實), 석곡(石斛), 팔각(八角), 두충(杜沖), 치자(梔子), 반하(半夏), 향부자(香附子), 청피(靑皮), 진피(陳皮), 해동피(海東皮), 영릉향(零陵香) 등이다.(145~146쪽)

9) 『濟州牧 地誌總覽』(고창석 외 옮김, 제주시, 2002)

지지(地誌)는 일정 지역을 대상으로 하여 그 지역의 제반 사정을 파악하고, 이를 체계적으로 설명하여 기술한 것이다. 방역, 산천, 풍속, 산물이 그 대상이 된다. 이를 지지(地誌), 지리지(地理志), 지리서(地理書), 여지서(輿地書)라고도 한다.

이 책은 주로 16세기 이후에 편찬된 관·사찬의 제주도 관계 읍지류를 소개하고 있다(13~17쪽). 다음에 인용하는 자료는 『제주대정정의읍지』[제주, 289~290쪽 ; 공헌(貢獻), 방물(方物), 진공(進貢) 편]를 참조했다.

(1) 진공

① 정조[방물로 결궁·노루가죽 25령. 물선은 없다.] 탄일·동지 [방물은 정조와 더불어 같다.] 정월령[없다.] 2월령[천신청귤 270개, 각 전궁 귤 510개, 추복 130접, 조복 113접, 인복 30쾌기.] 3월령[추복 113접, 인복 27쾌기.] 4월령[추복 245접, 인복 54쾌기, 표고 12말.] 5월령[추복 240접, 인복 54쾌기.] 6월령 [추복 190접, 인복 54쾌기, 오징어 73접.] 7월령[추복 189접, 인복 54쾌기, 오징어 139접.] 8월령[추복 189접, 인복 54쾌기, 오징어 88접, 비자 12말.] 9월령[추복 139접, 인복 27쾌기, 오징어 64접, 안식향 30근, 반하 23근, 해동피 5근, 석결명 1근, 유자 1,710개.] 10월령[천신 감자 253개, 당금귤 287개, 전궁 감자 11,210개, 당금귤 1,380개.] 11월령[천신 유감 306개, 동정귤 288개, 당유자 84개, 각 전궁 유감 2,340개, 동정귤 2,550개, 감자 19,790개, 산귤 700개, 대귤·소귤·당유자 세 종류는 다소에 불구하고 열매를 맺음에 따라 봉진(封進)했다.] 12월령[표고 4말, 백랍 24근 목환자 4,000개, 치자 112개, 궤

자장피 10령, 진피 55근, 청피 27근, 귤핵 4량, 향부자 70근, 비실 2근, 무환자 8량, 석해 8량, 지각 20근, 연근 2근 2량, 지실 5근, 귤잎 5근, 연실 2량, 후박 30근.]

② 정조마[20필], 탄일마[20필], 동지마[20필], 세공마[200필], 흉구마[10필], 노태마[10필], 연례마[8필], 차비마[60필은 3년에 한 번 바친다.] 갑마[200필은 3년에 한 번 바친다.] 별어승마[10필은 3년에 한 번 바친다.] 체임마[목사가 3필을 바치고, 판관이 3필을 바치는데 체임이 8개월 미만일 경우에는 바치지 아니한다.] 김목관 연례마[2필은 두 해에 한 번 바친다.] 제향흑우[40수] 목사도임 진상 백랍[24근] 목사체임 진상[백랍 48근, 사슴의 혀 64개, 사슴꼬리 64개, 녹쾌포 64조, 녹장포 64조, 통개 20부, 치자 33근, 중녹피 30령, 녹피 22령은 과체가 미만일 경우에는 바치지 아니한다.]

(2) 상납(291쪽)

① 의정부 납[진피 5량, 청피 5량, 향부자 2근, 지실 1근, 고련근 5량, 후박 2근, 반하 7량, 지각 2량.] 중추부 납[진피 4량, 청피 5량, 향부자 2근, 반하 7량, 후박 1근, 지실 1근, 고련근 5량, 지각 2량.] 충훈부 납[진피 4량, 청피 5량, 향부자 2근, 반하 7량, 후박 2근, 지실 1근, 고련근 5량, 지각 2량.] 기로소 납[진피 5량, 청피 2량, 향부자 1근, 반하 5량, 후박 1근, 지실 1근, 고련근 5량, 지각 2량.] 훈련도감 납[진피 5량, 청피 4량, 향부자 1근, 지실 1근, 고련근 5량, 반하 7량, 녹각교 5량, 해동피 1근, 천연자 10량, 지각 3량.] 어영청 납[진피 5량, 청피 5량, 향

부자 1근, 후박 1근, 반하 7량, 고련근 5량, 지각 2량, 지실 1근.] 금위영 납[진피 5량, 청피 3량, 향부자 1근, 지실 1근, 고련근 5량, 후박 1근, 반하 7량, 해동피 1근, 지각 3량.] 감영 납[진피 4량, 청피 3량, 향부자 2근, 해동피 1근, 후박 2근, 고련근 8량, 귤핵 10량, 천연자 7량, 지각 2량.] 사복시 납[기안 10부, 매년 바치는 바 홍안 6부, 붉은 마장 3부는 3년에 한 번 바친다.] 상의원 납[연강목 12그릇은 5년에 한 번 바친다. 이상은 목사가 바치는 것이다.]

② 내수사 납[중각녹피 10령, 장초석 70립, 미역 2,780근, 표고 3섬 10말 6되, 실제 둥근 진주 10말은 비의 공물로 전문 592전으로 대신한다.] 수진궁 납[무명 10필, 전문 4량.] 공조 납[대모 4장, 궤자장피 2령, 나전포갑 1말 2되.] 봉상시 납[표고 16근 6량, 비자 3섬 7말.] 군기시 납[죽은 말의 심줄 361등, 종가시 나무 10개.] 내섬시 납[표고 177근, 우뭇가시리 457근 8량.] 의영고 납[일정한 미역 235근.] 장원서 납[금귤 290개, 동정귤 290개, 감자 217개, 유감 85개.] 상의원 납[치자 8량.] 제용감 납[치자 9량.] 전의감 납[청피 7근, 진피 2근 8량, 향부자 10근, 해동피 12량, 반하 3근, 치자 6량.] 혜민서 납[청피 20근, 진피 25근, 향부자 20근, 지각 3근, 후박 8량, 해동피 2근 8량. 이상은 판관이 바치는 것이다.]

10) 『**남사록(南槎錄)**』(김상헌 편저, 박용후 번역, 제주도교육연구원, 1976)

이 책은 청음 김상헌이 1601년(선조 34) 8월 13일부터 다음해인

1602년(선조 35) 2월 15일까지 서울에서 제주도를 유람한 기행문의 일종이다.[6]

이 책에는 제주를 왕래하는 도중에 견문한 것, 음영(吟咏), 제주도의 풍토 물산 형승(形勝) 민정(民情) 풍속 고적 공헌(貢獻) 성지(城池) 항구 군비(軍備) 폐막(弊瘼) 주요한 건설물 등인데 특히 진공(進貢)과 군역(軍役)으로 인한 민고에 대하여 상세히 기술하고 있다.(1쪽)

공헌(貢獻)의 품목은 『제주풍토록』, 『표해록』, 『地誌』, 『남명소승』에 나와 있는 것을 인용하고 있다.

11) 『탐라지초본 상(春・夏)』(이원진 저, 고창석 외 번역, 제주교육박물관, 2007)

이원조(李源祚 ; 1792~1871)는 제주목사 재직 시[1841년(헌종 7, 50세) 1월 9일~1843년(헌종 9) 4월 22일]에 이 책을 저술하였으며, 제주, 대정, 정의 세 고을의 건치연혁 등을 40개 항목으로 구분하여 기록한 제주읍지이다.

(1) 물산(物産, 49~53쪽)

- 올벼[秈], 메기장[黍], 찰기장[稷], 기장[梁], 콩[大豆], 팥[小豆], 녹두[菉], 보리[大麥], 밀[小麥]

---

6) 제주도로 들어올 때 애월로 상륙하여 도근천을 지나 주의 남문으로 들어가고 관덕정 앞을 거쳐 제주객사에 들었다. 노정을 보면 육로는 용산-수원-진위-직산-천안-공주-이산-은진-여산-삼례-완산-김구-태인-정읍-갈재-장성-선암역(광주경)-나주-수원-영암-석제원-강진-해남-관두량이고, 해로는 관두량에서 승선하여 모로도-진도-독거도-초도-죽도-어란-어울-응거-마삭-장고-광아-추자-제주도이다. 따라서 이 책에서는 서울에서 제주까지 이동 경로를 참고하면 좋을 것이다.

- 말(馬)[원나라 지원(至元) 연간에 제주 땅을 방성 분야(房星 分野)라고 하여 다루가치[達魯花赤]를 파견하여 목장을 설치하였다.]
- 소(牛)[검은 소, 황소, 얼룩소 등 여러 종류가 있음, 뿔이 매우 아름다워서 뿔잔을 만든다.]
- 고라니[麂], 사슴[鹿], 노루[獐], 돼지[猪], 두더지[狸]
- 해달(海獺)[큰 화탈섬(大化奪島)과 족은 화탈섬(小化奪島)에서 난다.]
- 진주(璡珠)[고려 충렬왕 2년(1276)에 임유간(林惟幹)을 보내어 진주를 채취하였으나 얻지 못하자, 민간인들이 보관하고 있던 1백여 매를 빼앗아 돌아갔다.], 거북[玳瑁], 조개[貝], 앵무조개(鸚鵡螺)[이상 세 종류는 소섬[牛島]과 대정현의 더바섬[加波島]에서 난다.]
- 사향뒤쥐[香鼠][체구가 매우 작고, 주둥이가 뾰족하며 꼬리가 가늘다. 그 냄새가 사향(麝香)과 매우 비슷하여 차고 다니면 향기가 오래 없어지지 아니한다.]
- 전복[鰒], 모시조개[黃蛤]
- 옥돔[玉頭漁], 은어[銀口漁]
- 상어(鮫漁)[큰 것과 작은 것 등 두 종류 있으며 껍질이 견고하여 나무를 곧게 하는데 쓴다.]
- 갈치[刀魚], 고등어[古刀漁], 멸치[行魚], 문어(文魚)
- 망어(望魚)[뭇 고기는 모두 난생(卵生)이지만 망어만은 태생(胎生)이다.]
- 생어(生魚)
- 소금(塩)[바닷가는 모두 암초와 여(嶼)로 이루어졌다. 무쇠[水鐵]가 생산되지 않아서 가마솥이 있는 자가 적기 때문에 소금이 매우

귀하다.]
- 미역[藿], 우무[牛毛], 목의버섯[木衣], 표고[香蕈]
- 유감(乳柑)[크기가 이른 홍시만 하고 껍질은 얇고 녹색이며 씨는 작다. 맛은 달고 시원하며, 향기가 많다.]
- 대귤(大橘)[크기가 유자만 하고 색깔은 누렇고 껍질은 쭈글쭈글하다. 맛은 달고 조금 시며 씨는 작다. 수분이 매우 많다.]
- 별귤(別橘)[크기가 달걀 큰 것만 하고 색깔은 담황인데 위는 넓고 아래는 좁아들어 마치 종지를 엎어 달아맨 듯하다. 그러므로 일명 병귤(瓶橘)이라고도 한다. 껍질은 엷고 씨는 작다. 향기는 유감(乳柑)과 같으나 단지 맛은 달고 시원한 것에 전연 미치지 못한다.]
- 당금귤(唐金橘)[크기가 유감 만 하며 맛도 서로 비슷하다. 색깔은 누렇고 윤기가 나며 껍질은 매우 엷다. 씨는 작고 드물다.]
- 동정귤(洞庭橘)[크기가 당금귤(唐金橘)과 같고 색깔은 담황에 조금 푸른 기운이 있다. 신맛이 많고 단맛은 적다.]
- 소귤(小橘)[크기가 오리 알 만하며 빛깔은 자금색(紫金色)이다. 바람과 눈을 맞으면 점차 붉은 껍질이 불어나지 않고, 맛이 달아지나 향기는 적어진다. 숙종 경오년(숙종 16년, 1690)에 연경(燕京)으로부터 큰 감자(柑子) 5개와 작은 귤 10개가 본도(제주도)에 보내지자, 과원에 심었는데, 경인년(숙종 36년, 1710)에는 처음으로 열매를 맺어 특별히 진상하였다.]
- 당유자(唐柚子)[크기가 모과만 하며 용량이 한 되쯤 된다. 색깔은 담황에 껍질은 매우 두꺼우며 쭈글쭈글하다. 씨는 크고 향기가 많으며 맛은 달고 시다. 땅속 몇 자를 파서 죽엽(竹葉)에 저장하면 5~6월까지 썩지 않는다고 한다.]

- 감자(柑子)[크기가 달걀만 하며 색깔은 싯누렇고 껍질은 엷다. 씨는 많아서 한 과일에 16~7개의 알갱이가 들어 있다. 맛은 달면서 신 것이 서로 적당하다.]
- 금귤(金橘)[당금귤에 비해 조금 작고 황색이며 껍질은 엷고 수분이 매우 적다. 맛도 역시 하품이다. 9월 초에 이미 익으며 만약 따지 않아서 새해의 봄과 여름에 이르면 씨가 없어지고 빛깔은 푸르러서 입에 가까이 할 수 없다. 가을이 되면 새로 열매 맺은 것과 함께 익는다.]
- 유자(柚子)[크기는 작으나 색깔과 맛은 호남과 영남 지방에서 생산되는 것과 같다. 껍질도 달고 향내가 있어서 먹을 수 있다.]
- 산귤(山橘)[크기가 감자(柑子)와 같고 껍질은 두껍지도 엷지도 않다. 뿔이 많아 마치 젖꼭지와 같다. 맛이 가장 뛰어나며 씨는 아주 많다. 이것으로 귤피(橘皮, 한약 재료)를 만든다.]
- 청귤(靑橘)[크기가 산귤 만하다. 가을과 겨울에는 색깔이 푸르고 맛이 매우 시며 2~3월이 되면 신맛이 조금 적당해진다. 5~6월이면 묵은 열매는 황색으로 빛나고 새 열매는 파릇하여 고운데, 한 가지에 같이 있는 모습이 기이하여 볼 만하다. 7월이 되면 열매 속의 씨는 모두 수분으로 변하고 맛이 달다. 겨울이 되면 열매는 도로 파래지고 씨가 다시 맺는다. 맛은 매우 시어서 가을 열매와 다름이 없다. 이것으로 청피(靑皮)를 만든다.]
- 지귤(枳橘)[모양은 당유자(唐柚子)와 같고 껍질은 그다지 쭈글쭈글하지 않아서 8월에 따라 말려서 기각[只殼]을 만든다. 새봄이 오면 아주 잘 익어서 맛이 당유자보다 낫다.]
- 등자귤(橙子橘)[산귤과 대동소이하다. 맛이 너무 시다.]

- 석금귤(石金橘)[금귤보다 작으나 맛은 비슷하다. 씨가 크고 많아서 한 알갱이에 30여개가 들어 있다.]
- 왜귤(倭橘)[열매가 커서 당유자 다음이며 맛은 그다지 달지 않다.]
- 비자(榧子), 치자(梔子), 적율(赤栗 : 꾸지뽕나무), 가시율(可是栗 : 가시밤)
- 보리실(菩提實 : 보리열매)[두 종류인데 큰 것은 연자(蓮子 : 연밥)만 하며 가을에 열매 맺고 봄이 오면 익는다. 속전(俗傳)에 설사를 고친다고 한다.]
- 영주실(瀛州實 : 영주 열매)[한라산 위쪽에 있으며 잎이 가느스름하고 털방석처럼 땅에 뻗는다. 열매는 검고 작으나 달다.]
- 녹각실(鹿角實)[나무는 자단(紫檀)과 같고 잎은 적목(赤木 : 이깔나무)과 같다. 열매는 작으나 붉은 색이며 맛은 달고 미끌미끌하여 먹기에 좋다.]
- 무회목(無灰木 : 속칭 무낭)[소섬[牛島]에서 난다. 바다 속에 있을 때는 부드럽고 연하여 물결 따라 오르락내리락 하는데, 물 밖에 나오면 곧 딱딱하게 굳어진다.]
- 산유자(山柚子), 이년목(二年木 : 종가시나무)
- 노목(櫨木 : 거망옻나무)[나무에 뇌향기(腦香氣)가 있다.]
- 만향목(蔓香木)[한라산 정상에 있으며 모양은 자단처럼 보인다.]
- 청양(靑楊)[나무는 버들과 같고 잎은 참솔나무와 같아서 가늘고 여리다.]
- 금동목(金桐木)[잎사귀는 가죽나무와 비슷하고 껍질에 가시가 있다. 거문고를 만드는 재료이다.]
- 점목(黏木 : 츳남→참나무)[껍질이 후박(厚朴, 한약재)나무와 같

다. 나무를 두들겨서 즙을 취하여 물건에 바르면 새·쥐·벌레·뱀들이 붙어서 떨어지지 않는다.]
- 안식향(安息香)[황칠나무의 즙이다.]
- 고련(苦棟 : 소태나무)[뿌리와 열매가 모두 약용으로 쓰이며 열매는 금령자(金鈴子)라고 한다.]
- 해동피(海桐皮 : 엄나무 껍질), 팔각(八角 : 붓순나무)
- 필징가(畢徵茄)[『본초강목(本草綱目)』에 이르기를, 햇볕에 향한 것은 호초(胡椒)가 되며 맛이 뛰어나지는 않다.]
- 후박(厚朴 : 후박나무 껍질), 석곡(石斛 : 석곡풀), 촉초(蜀椒 : 산초)
- 두충(杜冲)[추자도에서 난다.]
- 천문동(天門冬 : 겨우살이)
- 맥문동(麥門冬)[소섬[牛島]에서 나는 것이 비대하다.]
- 무환자(無患子)[일명 목환자(木患子)라고 한다.]
- 영릉향(零陵香 : 혜초), 향부자(香附子 : 작두향), 만형자(蔓荊子 : 순비기나무), 반하(半夏 : 끼무릇), 백랍(白蠟 : 쥐똥나무)
- 석종유(石鐘乳 : 돌고드름)[재암(財巖)이란 굴속에서 난다.]
- 회향(回向 : 회향풀)
- 오미자(五味子)[색깔이 매우 검고 큰 것은 산포도와 같다. 맛은 또 짙게 달콤하다.]
- 연복자(燕覆子)[열매는 크기가 모과와 같고 껍질은 검붉으며 씨는 임하부인(林下夫人)과 같은데 좀 크다.]
- 송기생(松奇生)[한라산 높은 지대에서 난다.]
- 상기생(桑奇生 : 뽕나무 겨우살이)

(2) 공헌(貢獻, 167~169쪽)[각 관아[各司]에 납부하는 것을 덧붙임]

- 설날 아침[正朝(朝)], 임금님의 탄생일[誕日], 동지(冬至)[방물(方物)은 환에 매는[結結] 노루의 가죽 각 25령(令)]
- 정월령(正月令)[없음]
- 2월령[새로 나온 청귤(靑橘) 306개를 신(神)에게 올린다[薦新]. 청귤 510개, 추복(搥鰒) 107접[貼], 조복(條鰒) 107접, 인복(引鰒) 32주지(住之)를 진상(進上)한다.]
- 3월령[추복 107접, 인복 209주지]
- 4월령[추복 234접, 인복 58주지, 표고버섯(蔈古) 12말]
- 5월령[추복 235접, 인복 58주지]
- 6월령[추복 178접, 인복 57주지, 오징어(烏賊漁) 69접]
- 7월령[추복 177접, 인복 57주지, 오징어 135접]
- 8월령[추복 176접, 인복 57주지, 오징어 135접]
- 9월령[추복 132접, 인복 29주지, 오징어 60접, 안식향(安息香) 30근, 유자나무의 열매(柚子) 1,440]
- 10월령[새로 나온 당금귤(唐金橘) 319개를 신에게 올린다. 당금귤을 대신하여 금귤(金橘) 1,380개, 감자(柑子)를 대신하여 산귤(山橘) 10,510개를 진상한다.]
- 11월령[새로 나온 유감(乳柑) 342개, 동정귤(洞庭橘) 324개, 당유자(唐子) 94개를 신에게 올린다. 유감을 대신하여 금귤 2,420개, 동정귤을 대신하여 등자귤(橙子橘) 2,630개, 감자를 대신하여 산귤 18,515개, 산귤 580개를 진상한다.]
- 12월령[새로 나온 표고[香蕈] 4말 8되, 백랍(白蠟) 24조각, 치자(梔子) 112근, 노루가죽(獐皮) 10령, 진피(陳皮) 45근, 청귤의 껍

질 약재[靑皮] 27근, 귤핵(橘核) 4냥, 향부자(香附子) 70근, 비실(榧實) 2근, 무환자(無患子) 8냥, 석곡(石斛) 8냥, 기각(枳殼) 20근, 연뿌리(蓮根) 1근 2냥, 연밥(蓮實) 2냥, 어린 탱자를 썰어 말린 약재[枳實] 5근, 후박(厚朴) 30근, 무환자[木患子] 4,000개를 5년에 한 번 봉진(封進) 한다.]
- 정조(正朝) 진상마(進上馬)[24필(匹)]
- 탄일(誕日) 진상마[20필]
- 동지(冬至) 진상마[20필]
- 연례(年例) 진상마[8필]
- 세공마(歲貢馬)[200필]
- 흉구마(凶咎馬)[10필]
- 노태마(駑駘馬)[10필]
- 차비마(差備馬)[60필을 3년에 한 번 봉진(封進)한다.]
- 갑마(甲馬)[3년에 한번 봉진(封進)한다.]
- 별어승마(別御乘馬)[20필을 3년에 한 번 봉진한다.]
- 체임(遞任) 진상마[목사·판관은 각 3필을 봉진하는데, 8개월 미만일 경우에는 봉진하지 않는다.]
- 감목관(監牧官) 진상마[2필을 두 해에 한번 봉진한다.]
- 제향(祭享) 흑우(黑牛)[40마리]
- 목사 도임(牧使到任) 진상 백랍(進上白蠟)[24조각]
- 체임 진상 백랍[48조각, 치자(梔子) 30근, 노루가루 50령, 중간 노루가죽 30령, 작은 노루가죽 20령을 봉진하는데, 아직 체거하지 못하면[未準遞] 봉진하지 않는다.]
- 의정부(議政府)[진피(陳皮) 5냥, 향부자(香附子) 2근, 고련근(苦

楝根) 5냥, 지실(枳實) 1근, 후박(厚朴) 2근, 기각(枳殼) 3냥, 반하(半夏) 7냥]

- 중추부(中樞府)[진치 4냥, 향부자 2근, 고련근 5냥, 지실 1근, 후발 1근, 기각 2냥, 반하 7냥]
- 충훈부(忠勳府)[진피 4냥, 향부자 2근, 고련근 5냥, 지실 1근, 후박 2근, 기각 2냥, 반하 7냥]
- 기로소(耆老所)[진피 5냥, 향부자 1근, 고련근 5냥, 지실 1근, 후박 1근, 기각 2냥, 반하 7냥]
- 훈련도감(訓鍊都監)[진피 5냥, 향부자 1근, 고련근 5냥, 지실 1근, 후박 1근, 반하 7냥, 녹각교(鹿角膠) 5냥, 해동피 1근, 천련자 10냥, 기각 3냥]
- 금위영(禁衛營)[진피 5근, 향부자 1근, 고련근 5냥, 지실 1근, 후박 1근, 반하 7냥, 기각 5냥, 해동피 1근]
- 어영청(御營廳)[진피 5냥, 향부자 1근, 고련근 5냥, 지실 1근, 후박 1근, 반하 7냥, 기각 2냥]
- 순영(巡營)[진피 4냥, 향부자 2근, 고련근 8냥, 해동피 1근, 귤핵(橘核) 10냥, 천련자(川楝子) 7냥, 후박 2근, 기각 2냥]

[이상은 목사(牧使)가 봉진하는 것이다.]

(3) 공조(工曹, 169~170쪽)[대모(玳瑁) 4장, 고라니·노루[麂子獐]의 가죽 2령]

- 봉상시(奉常寺)[16근 6냥, 비자(榧子) 4근]
- 군기시(軍器寺)[사고로 죽은 말의 등힘줄 96등(等), 이년목(二年木) 10개]

- 장원서(掌苑署)[금귤 290개, 동정귤 290개, 감자 217개, 유감 85개]
- 상의원(尙衣院)[치자 8냥]
- 제용감(濟用監)[치자 9냥]
- 전의감(典醫監)[진피 2근 8냥, 향부자 10근, 해동피 12냥, 반하 2냥]
- 혜민서(惠民署)[진피 25근, 향부자 20근, 후박 8냥, 해동피 2근 8냥] [이상은 판관(判官)이 봉진하는 것이다.]

    (4) 토속(土俗, 53~55쪽)[7]

- 일기가 항상 따뜻하다 흐린 날이 많고 맑은 날이 적다(天氣常暖 冬陰小晴) [풀과 나무가 많아서 겨울에도 화려하고, 곤충과 벌레는 겨울을 지내도 죽지 않는다. 봄과 여름에는 구름과 안개로 어두컴컴하고 가을과 겨울이 되면 비로소 하늘이 맑아진다.]
- 흙의 성질이 뜨고 건조하다 경작은 많이 하나 수확은 적다(土性 浮躁 多耕小穫) [논은 매우 적고 밭에는 돌이 많고 메말라서 해를 걸러 가며 씨를 뿌리지만 수확이 또한 적다. 땅은 또 뜨고 건조하여 씨를 뿌린 자는 반드시 마소로 밭을 밟는다.]
- 산에는 사나운 짐승이 없다.(山無惡獸)[곰·호랑이·표범·이리와 같은 짐승과 황새와 까치와 같은 새는 없다.]
- 땅에는 난석이 많다.(地多亂石)[산과 평지를 논할 것이 없이 돌이 많고 흙은 적다. 산골짜기에 흐르는 물은 모두 땅속으로 스며들어 흘러서 말라버린다. 밭을 개간하고 집을 짓고 분모를 만드는 자는

---

[7] 제주도의 토속 항목을 제시하는 것은 조선시대 제주음식문화의 문화·사회적 배경을 알아보고자 함이다.

반드시 돌을 모아 담을 쌓아서 우마의 출입을 막았다. 『동문감(東文鑑)』에 "백성들의 농토는 예전에 경계가 없어서 강하고 사나운 집안에서 날마다 잠식해 들어가므로 백성들이 이를 괴롭게 여겼다. 김구(金坵)가 판관이 되었을 때 백성들로 하여금 담을 쌓아 경계를 만들게 하였다."라고 하였다.]

- 우마로 둔을 짓는다.(牛馬作屯)[민간에서는 사사로이 기르는 우마를 모두 둔(屯)을 만들어서 방목한다. 밭을 밟거나 똥을 누워서 기름지게 하는 데에도 이용한다.]
- 방아질 할 때에는 반드시 민요를 부른다.[노역하는 일은 여자를 시킨다. 다듬잇돌은 없고 나무절구가 있다. 여럿이 절구를 찧을 때에는 반드시 방아질 노래를 부르는데, 노래 가락이 매우 애처롭다. 맷돌을 돌려가며 갈 때에도 또한 그러하였다.]
- 새를 엮어서 지붕을 덮지 않는다.(茅茨不編)[『제주풍토록(濟州風土錄)』에 "사람이 거처하는 집들은 모두 새로 이엉을 엮어서 지붕을 덮지 않고 굵은 줄로 긴 나무를 가로 맺고 눌러서 태풍의 피해를 막는다."라고 하였다.]
- 그물을 사용하지 않는다.(網罟不用)[산은 험하고 바다는 깊어서 고기는 낚고 짐승은 쏘아 잡았다.]
- 길에는 점사가 없다.(路無編編)[길을 갈 때에는 건량(乾糧)을 싸며, 저녁이 되면 시골집에 투숙한다.]
- 고을에는 시장이 없다.(邑無編市)[재화(財貨)는 돈을 사용하지 않고 포목만을 사용하므로, 팔고 사는 것이 매우 어렵다.]
- 털모자와 정당 벌립(毛笠蘿冠)[능히 비바람을 견뎌내게 한다.]
- 개 가죽 옷과 가죽 버선(狗笠皮編)[노숙할 때나 산행에 편리하다.]

- 풍속은 어리석고 검소하지만 예의와 겸손함이 있다.(俗癡儉有禮癡)[땅은 척박하고 백성은 가난하여 입고 먹는 일이 매우 어렵다. 솥은 온돌로 불을 넣지 않는다. 밥을 지을 때는 반드시 보리를 갈아서 한다. 남녀가 길에서 벼슬아치를 만나면 여자는 달아나 숨고 남자는 반드시 길가에 엎드린다.]
- 질병이 적고 장수하는 사람이 많다.(少癡病 多壽考)[제주 사람은 모진 병이 없어서 나이 80~90세에 이르는 사람이 많다. 100세를 넘는 자도 가끔 있다.]
- 남자는 적고 여자는 많다.(少男多女)[공물(公物)과 사물(私物)을 운반하며 파는 배들이 많이 표류하거나 물에 빠져 죽기 때문에 딸 낳는 것을 귀중하게 여긴다.]
- 물건은 등에 지고 머리에 이지 않는다.(有負無戴)[길이 험하여 쉽게 넘어지기 때문에 여자들도 물건을 이지 않았다. 무릇 물을 긷거나 물건을 운반할 일이 있을 때에는 모두 등에 진다.]
- 제주 지방의 말은 알아듣기 어렵다.(俚語艱澁)[말소리는 앞이 놓고 뒤가 낮으며 바늘로 찌르는 것과 같다. 또 특수한 소리가 많아서 알아들을 수 없다. '서울(京)'을 '서나[西那]'라 하고 '숲[藪]'을 '고지[高之]'라 하며 '산'을 '오롬[兀音]'이라 하는 따위가 모드 이와 같다.]
- 길쌈과 채집을 업으로 삼는다.(織採爲業)[이 땅이 누에치기와 솜 타는 일에 적합하지 않아서 여인들은 양태를 틀고 망사리를 맺어 미역을 따고 전복을 캐는 것을 업으로 삼았다. 겨우 열 살이 되면 이미 잠수의 기술을 배운다.]
- 경직을 귀하게 여기지 않는다.(不貴京職)[『주기(州記)』에 "서울이

멀리 떨어져 있어서 벼슬살이가 어렵다. 제주사람으로 재주와 명망이 있는 자는 관아에서 일보는 것을 영광으로 삼고 경직(京職)이 귀하다는 것을 알지 못한다."라고 하였다.]

• 많은 사람들이 음사를 숭상한다.(多尙淫祀)[산과 숲, 내와 못, 물가와 평지, 나무와 돌 따위에는 모두 신사(神祠)가 있다. 매해 정월 초하루로부터 보름날까지 남녀 무당이 함께 신을 모시는 깃발을 높이 세우고, 악귀를 쫒는 나희(儺戱)를 벌이면서 징과 북을 앞세워서 마을에 드나들면 마을 사람들이 다투어 재물과 곡식으로 제사를 지낸다. 또 봄가을에는 무리를 지어 광양당(廣壤堂)과 차귀당(遮歸堂)에서는 술과 고기를 갖추어서 신에게 제사한다. 또 뭇 뱀들이 마룻대와 들보에 모이어 얼기설기 얽히는데, 제사 때에 나타나지 않으면 상서롭게 여긴다. 토착민들이 회색 뱀을 만나면 차귀(遮歸)의 신이라 하여 죽이지 못하게 하였다. 목사 이형상(李衡祥) 때에 이르러서 음사를 아울러서 훼철하였는데, 이때부터 그런 풍속이 조금 그쳤다.]

(5) 요역(徭役, 172쪽)

• 꼴·땔나무·숯[草柴炭][남정(男丁)은 해마다 꼴 1바리[法], 땔나무 1단(團)을 받았다. 산촌에서는 꼴 대신에 숯 5말을 거두어들였다. 대충 목사가 받는 것은 꼴 3,700바리, 땔나무 3,200단, 숯 367섬이고 判官이 받은 것은 꼴 3,000바리, 땔나무 2,200단, 숯 82섬이다. 순조 병술년(26년, 1826)에 목사 심영석(沈英錫)은 요역(徭役)이 번거롭고 무겁기 때문에 땔나무 매단의 값으로 좁쌀[山米] 6되씩을 본전을 지급하여 쓰게 했다.]

• 꿩・닭[雉鷄][꿩・닭은 호역(戶役)인데, 여독호(女獨戶)를 제외하고 집집마다(每戶)에 닭 1마리, 계란 3개씩 거두어들이는 데, 대략 목사가 받는 것은 3,700마리이고 판관이 받는 것은 2,200마리이다. 산촌의 백성들은 꿩으로 대신 납부하였다.]

12) 『**탐라지초본 하(秋・冬)**』(이원진 저, 고창석 외 역주, 제주교육박물관, 2008)

이원조(李源祚 ; 1792~1871)는 제주목사 재직 시[1841년(헌종 7, 50세) 1월 9일~1843년(헌종 9) 4월 22일]에 이 책을 저술하였으며, 제주, 대정, 정의 세 고을의 건치연혁 등을 40개 항목으로 구분하여 기록한 제주읍지이다.

(1) 노인연(老人宴, 22쪽)

[제주도에는 장수하는 사람이 많아서, 어사가 들어올 때는 노인잔치를 베푼다. 목사가 순력할 때 또한 전례에 따라 그렇게 한다. 매 세밑에는 세찬(歲饌)을 나누어 준다.]

(2) 물산(物産, 121쪽)

[제주목(濟州牧)과 같다. 그러나 특별히 땔감[柴]과 새우[蝦]가 난다. 토양이 뜨고 거칠어서 다른 곳에 비해 더욱 더 보리와 조를 갈기에는 적당하지 않다. 그래서 단지 기장과 함께 메밀을 파종한다. 한번 간 밭을 다시 갈아엎으면 싹이 나지 않아서 봄에 갈 때에는 풀이 무성한 밭을 한번 갈아서 씨를 뿌린다. 또 여러 번 갈지 않는다. 가을에 수확할 때에는 아울러 풀을 베고 거두어들인다. 거두어들인 것은

많으나, 소출은 아주 적다.]

(3) 공헌(貢獻, 138쪽)[각 관아에 납부하는 것을 덧붙임]

- 체임진상마(遞任進上馬)[2필이다. 부임한지 8개월 미만이면 봉진하지 않는다.]
- 공조(工曹)[대모(玳瑁) 2장]
- 봉상시(奉常寺)[비자(榧子) 2말 5되, 표고(蔈古) 10근 9냥]
- 제용감(濟用監)[치자 7냥]
- 장원서(掌苑署)[감자 160개, 유감 45개, 동정귤 175개]
- 전의감(典醫監)[청피(靑皮) 5근 6냥, 향부자(香附子) 6근 10냥, 진피(陳皮) 1근 10냥, 해동피(海桐皮) 10냥]
- 혜민서(惠民署)[청피 13근, 진피 16근 10냥, 지각(枳殼) 2근, 향부자 14근, 해동피 2근 10냥]
- 상의원(尙衣院)[치자 1근 5냥]

(4) 요역(徭役, 139쪽)

- 꼴·땔나무·숯[草柴炭][남정(男丁)에게서 해마다 꼴 15뭇, 땔나무 1뭇, 숯 4말을 거두어들였다. 대략 1년에 받는 것이 꼴은 20,580뭇, 땔나무는 1,530뭇, 숯은 80섬이다. 근래에 요역(徭役)이 번거롭고 무거워서 꼴을 받는 것을 혁파하고, 땔나무와 숯의 3분의 1을 생출[淸草]로 대신 받았다.]
- 꿩·닭[雉鷄][매 호(戶)에 닭 1마리를 받았다. 꿩은 닭으로 바꾸어 사용하였다. 1년에 받는 것이 1,200여 마리였다.]

(5) 물산(物産, 165쪽)

[제주목과 같다. 특별히 매실(梅實), 질경이[吉更], 창출(蒼朮), 모과[木瓜], 속새[木賊], 부들의 꽃가루[蒲黃], 굴[石花], 홍합[淡邑] 등의 물품이 난다. 또한 벼[稻]와 면화가 마땅하다. 땅은 넓으나 사람이 드물어 두 읍[兩邑]의 사람이 많이 옮겨서 산다.]

(6) 공헌(貢獻, 180~181쪽)[각 관아에 바친 것을 덧붙임]

- 체임진상마(遞任進上馬)[2필을 바친다. 〈현감이 부임한 지〉 8개월 미만이면 바치지 아니한다.]
- 공조(工曹)[대모(玳瑁) 한 장을 바친다.]
- 봉상시(奉常寺)[표고 20근 13냥, 비자 4두를 바친다.]
- 상의원(尙衣院)[표고 20근 13냥, 비자 4두를 바친다.]
- 장원서(掌苑署)[비자 2근과 청귤120개, 산귤 58개, 금귤 115개, 유가 40개, 동정귤 120개를 바친다.]
- 전의감(典醫監)[진피 14냥, 청피 3근 14냥, 안식향 1근, 반하 1근, 치자 4냥을 바친다.]
- 혜민서(惠民署)[진피 8근 6냥, 청피 7근, 해동치 14냥, 향부자 6근, 지각 1근을 바친다.]
- 제용감(濟用監)[치자 3냥을 바친다.]

(7) 요역(徭役, 182쪽)

- 초시탄(草柴炭)[남정(男丁)에게는 매년 꼴 20뭇[束], 땔나무 1뭇을 거두어 들였다. 숯은 수직(守直)하는 군졸 매 명에게서 1섬을 거두어들인다. 대략 1년에 거두어들이는 것은 꼴이 10,080뭇, 땔

나무가 1,400뭇, 숯이 87섬이다.]
- 치계(雉鷄)[닭은 매 호에 한 마리를 받는데, 1년에 받는 것이 1,400마리이다. 꿩은 이교(吏校)들에게서 독촉하여 받는다.]

2. 옛 문헌에 기록된 제주 전통음식

1) 『靜軒瀛海處坎錄(정헌영해처감록)』(조정철 저, 김익수 역, 제주문화, 2006)

조정철(趙貞喆; 1751~1831)은 1777년(정조 1) 7월에 발생한 정조 시해사건에 휘말려서 제주도로 유배왔다. 1777년부터 1803년 2월까지 27년간 제주읍, 정의현(성읍), 추자도 등지에서 유배생활을 했다. 이 책은 조정철이 제주 유배생활 중 제주와 정의현에 기거하는 동안 지은 시문집으로 유배지음식에 대한 기록이 있어서 추려내었다.

① 삼가 회헌(悔軒)의 유배 중의 시운에 차운하여 즉사(卽事)를 씀

其 1(122쪽)
관원이 위엄을 부리니
유배살이 쌀쌀하기 알 만하리
병들었다가 싹 나듯 소생하여
땔감 없으면 대나무가지라도 자르네
채소와 콩잎국 끓이고
조·보리밥 지으니
예부터 곤궁한 사람의 일은 쌀을 빌리는 시(詩)나 한가지이네.

② 회헌(悔軒)의 유배 중의 시운에 차운하여(134쪽)

　　이곳도 내 나라 땅 아닌가
　　넓은 바다 하늘과 맞닿아
　　변경마을 봄은 이미 다 가는데
　　고향소식 전해오지 않네
　　동녘 이웃에서 술을 사 취해보고
　　남쪽 성 샘에서 맑은 물 길건만
　　나그네 수심 밀어낼 길 없어
　　꿈은 저녁구름가로 쫓아가네.

③ 우연히 두소릉(杜少陵)의 「三年奔走空皮骨」의 시를 읊다가 그냥 하나의 절구를 지었다.

　　　「窮居卽事」(154쪽)
　　멀건 국 현미밥 가지가지 맛보니
　　대궐과 고향집 그리는 갖가지 생각
　　삼년도 되기 전에 뼈와 가죽만 남아
　　인간사에 유배살이 어려움 비로소 알겠네.

④ 흉년(159쪽)

　　흉년든 해 사람 더욱 가련해
　　풀뿌리, 나무열매 삶아 죽을 쑤네
　　빈천과 부귀 오직 나의 분수(分數)라
　　아래로 사람을 원망하고 위로 하늘을 원망하랴.

⑤ 삼가 회헌시집의 운에 차운하여 섬 안의 즉사(卽事)를 적음(179쪽)

음습한 기운 늘 창문으로 스며들고
　　거친 먼지 늘 발틈으로 들어오네
　　비린 음식에 위는 이미 약해지고
　　탁한 우물의 병은 다시 더하네
　　마당의 꽃 밤비에 포근히
　　들나물에 봄바람 살랑이어
　　유배객 옛 버릇 그대로
　　시 바탕 절로 솟구치네.

⑥ 다른 사람의 시운에 차운하여 생각을 적음(182쪽)

　　곤궁한 사람 견뎌냄 이미 숙달되어
　　이 섬에 유배된 3년
　　시골의 막걸리에 차갑고 따스한 인정들
　　세상사의 영고성쇠 바다위 구름처럼 헛되네
　　일편단심 성심으로 오직 조국 뿐
　　얼킨 백발 무슨 일로 공들이나
　　남녘 변방으로 만번 죽다 살아 도리어 기쁘니
　　하청(河淸)의 큰 운(運)을 높이 우러르리.

⑦ 괴로운 심정(220쪽)

　　까닭없이 이제 멀리 유배되어
　　어찌 이 고을에 머무는가
　　와옥(蝸屋)은 몸부치기 비좁고
　　바닷고기 반찬 위에 비릿내 역겨워
　　죽다 살아난 것 모두 성덕이나

모이고 흩어짐 부평같음을 알겠네

온갖 일에 근심은 병이 되고

외로운 등불 눈물이 흐르려 하네

⑧ 내가 굶주리고 병들어 억울한 곤궁 속에 초췌하게 매말라 도랑 구덩이에 매워져 헐떡거리며 다만 12월 30일에 이르기까지 변화가 없음에도 목사 김영수(金永綏)와 그의 권세 부리는 비장, 간사한 관리가 내 얼굴이 통통해지고 색깔이 두툼해졌으니 반드시 쌀밥을 먹을 것일 터이니 그 출처를 찾아내야겠다고 말하고는 사방으로 조사를 하며 공갈을 하므로 보수(保授)는 곤액을 당함이 날로 심하였다. 그러나 나물국에 보리밥으로도 오히려 배를 채우기 어려우나, 비록 날마다 몰래 살피고, 날마다 부정이나 없나 캐내려 하나 나는 걱정될 게 없다. 하물며 죽다가 살아난 것이 임금의 명령이요 하늘의 은혜거늘, 아주 혹독한 관리가 그같이 하니 내가 어찌하겠는가.(234~235쪽)

⑨ 비 오는데 번민을 벗으려 함(242쪽)

사나운 바람, 세찬 비 열흘 동안 어두컴컴

집안은 습기로 곰팡이 슬고 부엌엔 개구리 알 까네

토속주 사려다 못 구해 돌아오는데

깊은 수렁 한자나 되어 신발이 빠지네.

⑩ 촌의 소반을 마주하여 장남삼아 본 것을 기록함(289쪽)

이미 국화주를 마셨으니

곧 하얀 메벼밥을 지으리

고기를 가르는 건 해촌의 풍속

귤을 바치는 건 마을의 정성
　　산의 과일 산호빛
　　울타리의 채소 호박이라네
　　술상에 이것이면 충분하나
　　물품은 서울을 추억하게 되네.

⑪ 슬픔과 억울함(566쪽)

　　7자 잔해(殘骸) 100년의 몸
　　죽다 살아나 관두(關頭)에서 만사가 근심
　　임금의 은혜로 거처마다 좋은 땅이라건만
　　내 목숨의 내력 어찌나 길이 막히는가
　　교묘한 참언 예부터 막수유「莫須有」라
　　깊은 죄 지금 반드시 없지 않았을 것이라 하네
　　명아주 잎과 콩잎으로 배채우기도 더욱 두려우니
　　어찌 알랴, 이 뒤에 더 죄 보탤지를

⑫ 其二十(591~592쪽)

　　탐라는 저절로 말과 소의 섬이라
　　백성의 본성 때때로 습관은 그나 한 가지
　　콩잎 날것에 밥을 싸서 단번에 먹으니
　　누가 장차 왕의 덕화로 남방풍속 바꿀까.

　섬사람들은 5월에서 7, 8월에 이르기까지 콩, 팥, 녹두잎 날것에 밥을 싸서 단번에 먹으면서도 비릿내 맛을 느끼지 못하고 더없는 반찬으로 삼으므로 농가의 밥상에 반드시 이것에 오로지 의지하기 때문에 말한 것이다.

2) 『속음청사』(김윤식 저, 김익수 역, 제주문화, 2005)

김윤식(1835~1922)이 한문으로 기록한 일기(1865~1932. 12. 31.)에는 『음청사』(陰晴史)와 『속음청사』(續陰晴史)가 있다. 『속음청사』 중 제주도 유배기간(1897. 12. 21.~1901. 6. 10.)에 해당하는 내용을 통해서 당시 상류층의 음식과 음식재료가 어떻게 기록되어 있는지, 당시 제주사회의 음식사를 엿본다는 측면에서 이 자료를 제시하고자 한다. 이 외에 『탐라순력도』[8]도 참고 가능하다.

(1) 『속음청사』 권8

① 1898. 2. 15.

흐리고 비바람. 저녁에 한참서 김판관, 김순화, 황감역, 정자유가 들어와 만났다.

이 고장 여러 사람이 많은 술과 먹을 것, 떡, 어육(漁肉), 과일, 채소 등을 갖고 와서 먹였다. 오늘 밤은 송대정(宋大靜 斗玉)이 성찬을 차리고 와서 먹여줘, 아래 관속에 이르기까지 모두 실컷 배불리 먹었다.(40쪽)

② 1898. 2. 21.

밤에 황진문(黃晉文)이 술과 음식, 국수, 떡을 푸짐하게 준비하고 와서 먹이니 여러 사람이 둘러 앉아 배불리 먹었다.(42쪽)

---

8) 탐라순력도(耽羅巡歷圖)는 제주목사 겸 제주병마수군절제사로 부임한 이형상(李衡祥 ; 1653~1733)이 제주를 순시할 때의 기록을 그림으로 남긴 기록화첩이다. 지방관의 순력은 봄, 가을에 실시됐으나, 제주병마수군절제사 겸 제주목사 이형상의 제주 삼읍 순력을 보면 제주에서는 가을 한 차례 실시된 것으로 보인다.
이형상의 순력의 경우 1702년(숙종 28) 10월 29일 제주영(濟州營)을 출발하여 화북성을 첫 순력한 후 '동→남→서→북'으로 달리고 있다. 즉 '정의현→대정현→제주영' 순이다. 이 책을 참고로 해서 제주도의 음식기행을 설정할 수 있을 것이다.

(2) 『속음청사』 권9

① 1898. 4. 15.
김판관이 술안주와 매운탕을 잘 차려 준비해 와서 일행이 배불리 먹었는데, 최선달이 또 매운탕을 가지고 와서 먹어치웠다.(91쪽)

② 1898. 4. 17.
주인이 또 술과 안주·꽃인절미를 내어 와서 일행이 배불리 먹었다.(94쪽)

③ 1898. 4. 22.
여러 적객이 각각 술, 안주와 떡국 한 그릇씩 가지고 내가 사는 김판관의 집으로 모였다. (94쪽)

④ 1898. 4. 28.
오늘은 귤원(橘園) 두 번째 모임이다. 다만 국, 밥만 차렸다.(95쪽)

⑤ 1898. 6. 23.
섬사람들은 단오를 가장 중하게 여긴다. 집집마다 쌀밥으로 그 조상을 제사한다.
삼은(三隱 李承五)이 처음으로 운낭(雲娘)을 얻었는데, 시험 삼아 떡국을 끓이고 손으로 만두를 빚게 하여 나를 불러 같이 먹었다.(103쪽)

⑥ 1898. 7. 16.
초복인데 몹시 추웠다. 삼은이 찾아왔는데, 주인이 콩죽을 끓여 같이 먹었다.(116쪽)

⑦ 1898. 7. 18.
남강(김응빈 金膺彬)이 불탁(不托; 수제비국 또는 떡국인데 일설

에는 만둣국이라고도 함)을 준비해 가지고 와서 먹었다. 저물어 갈 때야 집으로 돌아왔다.(118쪽)

⑧ 1898. 7. 26.

중복날이다. 찌는 무더위이나 흐렸다. 주인이 콩죽을 차려주어 여러 사람이 먹었다.(118쪽)

⑨ 1898. 12. 15.

산저포 근처 바닷가 인가가 파도에 휩쓸려 무너져 내린 게 4채나 되었다. 바다의 어류, 해삼이 많이 죽어 밖으로 떠다니니 갯가 사람들이 주워갔고, 성 안에 죽은 고기를 팔러 다니는 사람도 많다. 바람이 얼마나 컸는지를 알 만하다.(151쪽)

⑩ 1898. 12. 16.

동지절이다. 바람은 살을 에는 듯이 차갑다.

콩죽을 먹었다. 밤에 여러 사람이 난로회를 베풀어 보내온 술과 국수를 먹었다.(151쪽)

⑪ 1898. 12. 23.

하늘은 맑고 바람도 없었다. 바닷물이 잔잔하니 고기잡이배가 앞에 가득했다. 집 아이가 용연에 나가 전복 캐는 것을 보다가 7개를 사가지고 돌아왔다.(151~152쪽)

⑫ 1899. 1. 13.

오늘은 문경(文卿 羅寅永)의 생일인데 여러 적객 양천, 규원, 당운, 수산, 소운이 각각 술과 안주, 떡과 국수를 가지고 와서 위로하니 둘러앉아 마시고 맛을 보면서 난로회를 하였다.(159쪽)

⑬ 1899. 5. 17.

삼은, 아석, 양천, 규원, 국사, 하산, 이호와 같이 삼천재(삼천서당), 공신정에 올라가 쌀밥에 미역국을 들며 석가탄생(4월 초8일)의 좋은 날을 구경하고 시 한 수를 지었다.(178~179쪽)

⑭ 1899. 7. 26.

규원의 집에 마침 술과 국수가 있어서 가지고 와서 같이 마셨다.(190쪽)

⑮ 1899. 7. 28.

새로 태어난 애가 3일째여서 여러 여인을 불러, 국과 밥을 먹이고 아이를 보였다. 즉 이 고장의 풍속인데 친지들이 또한 쌀과 미역을 부조하였다.(191쪽)

⑯ 1899. 8. 1.

오늘은 새 아이가 초이레 되는 날이다. 국과 밥을 지어 여러 사람을 맞아 먹이고 새 아이를 보였다. 그 어미의 젖 나오는 게 아주 적으니 이게 걱정스럽다.(191쪽)

⑰ 1900. 11. 23.

오늘은 나의 생일이다. 여러 적객과 이 섬 안의 친지들이 같이 모여서 마셨다. 주목(州牧)이 찾아와서 만났다.

밤에는 주인 김판관이 술과 음식을 차리니 다시 여러 사람을 초대하여 함께 마셨다.

소릿군 임창렬 부자가 노래와 가야금을 하며 술을 권하니 고향 생각에 한층 더 우울함을 느꼈다.(267~268쪽)

⑱ 1900. 11. 29.

밤에 열세 사람이 각각 50문(文) 돈을 염출하여 술과 국수를 사고는 시를 지었다. 오늘은 두 번째 모임이다.(269쪽)

⑲ 1901. 2. 10.

흐린데 아주 추웠다. 날리는 눈이 마당에 가득했다.

주(州) 목사가 와서 만났다. 그 사이 사슴사냥을 갔는데 하루에 사슴 한 마리, 노루 두 마리를 포획했다고 하면서 사슴고기 몇 근을 보내왔다.(276쪽)

3) 『濟州島實記－附　耽羅誌　補遺』[김봉두 저(1936), 오문복 역(2003), 제주우당도서관]

심성(心性)

○ 본도의 해변에 사는 백성들은 거의 海業生活을 하는데 여자는 바다 밑에 잠입하여 전복, 해삼, 조곽(藻藿 : 미역과 해조류) 등을 채취하니 부인의 기술로는 세계에서 다시없다.(35쪽)

4) 제주열녀 사료에 등장하는 음식이야기

문순덕(2007)에 의하면 조선시대 열녀와 효부들의 이야기 중 음식이 나오는 사례는 다음과 같다.

(1) 홍정빈의 처 송씨(宋氏)

홍정빈의 처 宋氏는 젊어서 남편과 사별할 때, 임신 중이었고 집에는 늙은 시부모가 있었다. 시아버지가 병으로 눕자 극진히 간호하는데 생선을 먹고 싶다 할 땐 한겨울에도 바다에 나가니 고기가 뛰어 올라

와서 공양하였다. 시아버지를 장사 지내는 날에는 꿩이 부엌으로 날아 드니 이것으로 祭奠을 차렸다. 세상 사람들이 모두 효성에 감천한 것 이라 칭찬하므로 사림에서 누차에 천거하였다.(『제주충효열지』)

이 사례는 제주열녀들 중 남편이 사망해도 개가하지 않고 시부모 를 극진하게 봉양한 이야기이다. 음식재료로 생선이 등장하고, 상장 례음식으로 꿩고기가 등장한다.
조선시대 이야기이며, 구체적인 시기는 드러나지 않았다.

(2) 고명호의 처 김씨(金氏)

고명호의 처 金氏는 남편이 병으로 오래 누웠으나 집이 가난하여 약을 사오지 못하므로 머리를 잘라 팔아서 구완한다. 시아버지가 병으 로 위급했을 때 제철이 아닌데 生鰒을 먹고 싶다 하므로 바다로 나가 울면서 축원하니 거센 파도에 전복 조개 하나가 떠오고, 이것을 공양 하니 차도가 있었다. 사람들은 효성에 감천한 것이라 하여 천거하니 군수가 포양하고 완문을 내렸다.(『제주충효열지』)

이 이야기는 남편을 대신하여 아내가 가장의 역할을 성실히 수행 하는데, 특히 병든 시부모를 지극정성으로 보살폈다. 생복이 등장하 는데 그 당시로는 아주 귀중한 음식이었던 것 같다. 조선시대 이야기 로 구체적인 연대는 잘 모른다.

(3) 이종응의 처 김씨(金氏)

김씨(金氏)는 효자 이종응(李鐘應)의 아내이다. 시어머니가 눈병[眼 疾]이 있었는데 모든 약이 듣지 않았다. 의사가 말하기를 '꿩탕[雉湯] 을 드리라'라 하니 김씨(金氏)가 목욕재계하여 하늘에 기도하니 홀연 히 꿩 한 마리가 날아오고, 이를 취하여 탕을 만들어 올리니 과연 병이 나왔다.(『역주 증보탐라지』)

김씨의 효심에 감동하여 꿩이 등장하고 약재로 꿩탕이 중요하게 쓰였음을 짐작할 수 있다.

(4) 강세억

康世億은 강윤인의 아들로 정의현 수산리에 살았으며, 일찍이 아버지를 여의었으나 예법에 어긋남이 없었다. 성장해서 할머니와 어머니를 봉양하는데 산에 가서 땔감을 구해서 항상 따뜻하게 해 드리고 바다에 가서 고기를 잡아서 맛있는 음식으로 봉양했다. 그의 효성을 높이 사서 순조 22년(1822)에 암행어사가 그 집에 정표하였다.(『효열록』)

부모님을 지극정성으로 봉양한 효자의 이야기며 음식재료로 생선이 나오고, 땔감이 등장하는 것으로 봐서 난방 유형을 알 수 있다.

(5) 현원상

玄遠祥은 어도리 사람으로 어버이가 병환 중에 똥 맛으로 병세를 판단하고, 상을 당하자 목욕제계하고 삭망을 지냈다. 하루는 제수(祭需)를 구하지 못해서 슬퍼하는데 노루 한 마리가 묘 앞에 넘어지니 이를 잡아 제사를 지냈다. 순조 22년(1822)에 아뢰어 정려되었다.(『효열록』)

효부와 효자는 부모의 상을 당하여 상례를 얼마나 정성스럽게 지내는지 보여주는 이야기이다. 제수로 '노루'가 등장하는 것으로 봐서 당시에는 노루고기를 적으로 올렸던 것 같다. 이는 조선후기의 이야기이다.

(6) 열녀 정부인 김씨(金氏)

하가리(下加里)에 살았던 정부인 김씨의 남편 고명호는 수년 동안 병상에 누워 있었다. 그런데 어느 겨울철에 남편이 전복죽을 먹고 싶다고 했다. 겨울에 전복을 파는 데는 없었기 때문에 바닷가에 가서 어떻게 전복을 캘까 하고 망설이고 있을 때, 뜻밖에도 마침 전복이 있어서 그것을 주어다가 죽을 끓이려 하니 그 속에는 진주가 들어 있었다. 그 때는 진주의 가치를 잘 모를 때이다. 이런 사실을 조정에 보고하니 완문이 내려왔고 마을사람들은 알아서 그녀를 열녀라 불렀다. 또한 일생동안 출역(出役), 부락에 일 나가지 않아도 좋다는 문서(文書 ; 완문)를 주었다.(『제주설화집성』)

이 이야기는 (2)의 사료에 전하는 내용이 구전문학으로 남아있는 예이다. 한 겨울에 전복을 캐기 어렵지만 이를 무릅쓰고 구하려는 정성이 드러난다. 여기서도 음식으로 전복죽이 등장한다. 이 음식은 조선시대부터 현대까지 귀한 음식 반열에 올라있다.

(7) 열녀 이씨(李氏)

李婦人은 15세에 金氏 家門에 시집가서 20세가 되자 男便이 병을 얻어 자리에 눕게 되었다. 온갖 방법으로 치료했지만 낫지 않았다. 부인은 자신의 손가락을 잘라 수혈했으나 효험이 없이 남편이 사망하자 남편의 장례를 치른 후에 따라 죽으려고 간장을 아주 많이 먹었으나 집안 식구들이 발견하여 자살에 실패했다. 그 후 媤父母를 극진히 모시고 동네 어른들을 공경하여 그녀를 칭찬하는 소리가 온 동네에 자자했다. 養子를 얻어 훌륭하게 養育해서 代를 이었다.(『제주도부락지』2)

이 이야기는 남편 사후 홀로 남은 아내의 수절 유형을 보여주는 자료이다. 조선시대 홀로 남겨진 이들의 수절의 방법은 목을 매어 자결하거나 연못에 투신자살하거나 간장을 먹어서 자결하는 경우이다. 이 사례는 간장을 먹고 자결한 경우이다. 이 이야기로 봐서 간장은 오래 전부터 집안에 보관되어 옴을 알 수 있다. 옛 이야기로 양념인 간장이 나오는 예문을 들기 위함이다.

5) 『제주설화집성(Ⅰ)』(탐라문화연구소, 1985)

① 「노루 때린 막대 삼년 우려 먹는다」는 이야기가 전한다.

   옛날부터 상주는 죄인처럼 살상을 하지 않고 슬프고 경건하게 지내야 했다. 어느 겨울날 노루가 마당으로 뛰어들자 상주는 자신의 처지를 잊어버리고 엉겁결에 노루를 방장으로 때려 죽였다. 그 장면을 목격한 동네사람이 상주가 살상을 했다며 나무라지 그의 입을 막기 위하여 음식을 대접했다는 이야기이다.

이것으로 보면 겨울철 먹을 것이 없어서 인가로 내려온 노루를 잡아서 먹었음을 짐작할 수 있다.

② 「욕심 센 강증산 누이」를 보면 귀한 손님이 오면 곤밥(쌀밥)을 지어서 대접한다는 이야기가 나온다. 이는 쌀이 귀하던 시절 음식이다.

③ 「도깨비 이야기」를 보면 도깨비는 대죽떡을 좋아했다. 이것을 보면 제주도에서는 오래전부터 대죽(수수)를 재배했으며, 이것으로 떡을 만들어 먹었음을 알 수 있다.

④ 「대정장당」을 보면 풍수지리에 능한 대정장당을 대접하려고 어떤 음식을 먹을지 들어보니까 "피쏠(피쌀)에 패마농(마늘)을 낳죽을 써 달라."고 했다. 이 음식이 아주 맛있는 것으로 묘사되어 있다. 피농사를 지을 때 이야기이다.

⑤ 「영리한 아들」편에서는 조선시대로 추정되는데 어부의 아들이 공부하기 위하여 훈장에게 생선을 갖다 주고 생선국을 끓여 먹는 장면이 나온다. 어부가 아들에게 모물떡(메밀떡)을 주는 장면이 나온다. 또한 이 떡을 모아서 국수를 만들었다는 이야기도

나온다.
⑥ 「최동이 장사(Ⅱ)」편에는 최동이가 남방애를 만들어온 대가로 모물ᄌ베기(메밀수제비)와 술을 대접받는 장면이 나온다.

3. 현대문헌에 기록된 제주 전통음식

이 절에서는 현대문헌에 기록된 제주 전통음식재료와 용어를 알 수 있는 자료 제시에 의미를 둔다.

1) 『제주도수필집』(석주명, 1968)

① **도민의 식료품**: 주식물은 보리와 조, 부식물은 식물질의 '메역' 과 동물질의 '자리'를 보편적으로 풍부히 사용하는 것이 특색이다.(96쪽)

② **오합주(五合酒)**: 최상의 補劑로 淸蜜, 眞油, 鷄卵, 국(麴), 나미(糯米) 등 5품을 합한 데서 유래한 명칭이다. 淸蜜과 眞油는 1升式, 鷄卵은 50개, 土酒는 1升의 비로 합하여 두면 2~3일 내로 발효하는데 1일에 2~3차 數杯씩 음용하면 된다. 加味劑로 생강, 호초(胡椒) 등도 加入하고 인삼까지 가입하면 더욱 좋다.(98쪽)

③ **料理**: 요리는 발달되지 않았다. 쌀도 잘 씻지 않고 특히 조는 전혀 씻지 않는다. 밥은 대체로 굳고 부식물은 극히 간단하며 손 가는 것을 만들지 않는다. 海魚는 '회'로 먹는 것이 많고 돼지나 닭도 통으로 그대로 소자(燒煮)해서 먹고 별로 손질하는 요리가 없다. 돼지도 회로 먹는 부분이 많다.(98쪽)

④ **자리회** : '자리'는 제주도 특산이라 볼 만하고 여러 가지로 요리해서 먹지만 보통은 회로 해서 먹고 보편화한 것인데 특히 남부에서 발달하였다고 할 수가 있다. 회는 만드는 법은 頭部와 내장의 일부를 一刀에 切棄하고 다음엔 기(鰭)들을 切棄해서 양념한 찬 된장국에 넣어서 먹는다. 양념엔 깨, 초, 마늘, 파 등을 사용하고 오이 같은 것도 넣는다. '자리회 먹으러 가자.' 하면 밥과 양념만 가지고 해안에 가서 회를 만들어 부식물로 삼아 먹는다. '자리'는 곧 변하는 고기다. (98~99쪽)

⑤ **즈베기** : 가장 보편화한 음식인데 떡국에 가장 近似하고 떡국과 특히 상이한 것은 제주도의 모든 국물이 그렇다고 할 수 있겠지만 처음부터 국물에 穀粉을 넣는 것인데, 따라서 국물이 대단히 걸쭉하다. 떡이 細長할 때는 '국쉬'라고 하지만 육지의 '국수'와는 다르고 '수제비'라고 할 정도이다. 육지의 국수에 해당하는 것은 '멘'이라고 하고 麵의 뜻이며 唐麵은 '감져우동'이라고 해서 그 재료와 용도에서 유래한 명칭이다. 또 '즈베기'는 '새알심'의 뜻으로도 쓰인다. (99쪽)

2) 『제주도자료집』(석주명, 1971 : 212~213)

(1) 주식품(麥, 栗)

① 농부남자 1일 3식분 : 大升 8合
② 농부여자, 보통남자분 : 7合
③ 보통여자 : 6合
④ 평균 성인 남녀 1일 : 大升 6~8合

단, 백미라면 기분량(其分量)에 達치 않고, 감저(甘藷)는 주요한 대용식이다.

　　(2) 부식물

① 白菜 : 김치, 국, 또는 生으로 通年使用한다.
② 미역 : 국(더운 국 혹은 찬 국)으로 4～7월에 많이 사용한다.
③ 자리 : 산남서는 5～12월에 산북에서는 5～9월에 産하는데 회로 하여 많이 먹고 소금에 담가서 通年食用으로 한다.
④ 멸치 : 산북인이 비교적 많이 먹음
⑤ 무우 : 김치, 국, 生으로 혹은 말려서 10～3월에 많이 먹음.
⑥ 海魚類 : 종류가 많으니 通年食用으로 한다고 할 수가 있다.
⑦ 콩잎, 호박잎(더운 국), 호박, 오이, 달래, 쑥, 미나리, 해초, 豚肉 등을 흔히 먹는다.
⑧ 고사리는 전도에 豊産하는데도 불구하고 많이 안 쓰이는 것은 고사리요리에는 다소 손이 가는 때문에 분주한 주부들에게 채택되지 않는 관계이다.

　　3) 『한국민속종합조사보고서 : 제주도편』(문화공보부문화재관리국, 1977)

옛날 탐라(耽羅)의 성주(星主)가 귤과 유자(柚子) 등의 토산물을 바칠 때는 이를 경사라 하여 축하하는 뜻에서 과거를 실시했다고 한다. 따라서 조선시대에도 이를 답습해서 태학과 사학의 유생을 시험한 후에 감자(柑子)를 나누어 주어서 이 과(科)의 이름을 '감제'(柑製)라 불렸다고 한다.(350쪽)

4) 『남국의 속담(제주도속담집)』(진성기 편저, 1958)

이 자료집에서 음식 관련 속담을 추려 보았다.

- 가마귀궤기 1건[애기밴 예펜이 가마귀궤기 먹으민 애기가 잊음 잘 혼다.(임신부가 까마귀고기를 먹으면 아이가 잘 잊는다.)]
- 감제 2건[감제씨 비 맞이민 부정탄다.(고구마씨 비 맞으면 부정탄다.)]
- 개역 2건[흔 둘에 개역 시 번 즈베기 시 번 흔 집 망흔다.(한 달에 미숫가루 세 번 수제비 세 번 만드는 집 망한다.)]
- 고사리 2건[산이서 거끈 고사린 식게에 안 씬다.(묘에서 꺾은 고사리는 제사에 안 쓴다.)]
- 고치 1건[고친 족아도 맵나.(고추는 작아도 맵다.)]
- 곡식 6건[곡슥갤 브리민 죄 받는다.(곡식찌꺼기를 버리면 죄 받는다.)]
- 과일 2건[꿈에 복송개 시꾸우민 눔으 입에 열룬다.(꿈에 복숭아 비추이면 남의 입에 오르내린다.)]
- 구젱기 2건[구젱기닥살 까먹으나 안 까먹으나 흔들랑진다.(소라껍질 까먹으나 안 까먹으나 한 바구니다.)]
- 국 6건[가시어멍 장 웃인 깐에 사위 국 실픈 깐에.(장모 장 없는 터에 사위 국 싫은 터에.)]
- 궤기(육류·어류) 16건[잔치 때 쉐궤기 씨민 살렴도 쉐 걸음흔다.(잔치 때 소고기 쓰면 살림도 쇠 걸음 한다.)]
- 그릇 3건[꿈에 놋그릇을 시꾸우민 입녁개흔다.(꿈에 놋그릇이 비취면 말썽난다.)]
- 깅이 1건[애기밴 때 깅이 먹으민 즙재기 애기 난다.(임신된 때 게를 먹으면 꼬집는 아기 낳는다.)]

- 꾀 3건[늘꾈 먹으민 니 괸다.(생깨를 먹으면 이가 생긴다.)]
- ᄀᆞ르 1건[놈으우 된 때 ᄀᆞ르음식 먹으민 애기 술성이 거칠어진다.(임신된 때 가루음식 먹으면 애기 피부가 거칠어진다.)]
- 노리 4건[노릿꽝 삼년 우려 먹더라.(노루뼈 삼년 우려 먹더라.)]
- 누넹이 1건[누넹이 먹으민 글 못ᄒᆞᆫ다.(누룽지 먹으면 글 못한다.)]
- 둠비 2건[말만 좋으민 비제기 사레 갓당 둠비 사 온다.(말만 좋으면 비지 사러 갔다가 두부 사서 온다.)]
- 땔감 4건[밀낭그로 불 숨으민 묵은 비리가 도진다.(밀짚으로 불 때면 묵은 옴이 돋아난다.)]
- 떡 27건[떡 본 짐에 식게ᄒᆞᆫ다.(떡 본 김에 제사지낸다.)]
- 독 7건[두린 아이신디 독새기 멕이민 둔ᄒᆞᆫ다.(어린 아이에게 달걀을 먹이면 둔하다.)]
- 메역 2건[꿈에 바당이 강 메역 ᄌᆞ물아 뵈민 사흘 전이 비 온다.(꿈에 바다에 가서 미역 따 뵈면 사흘 전에 비 온다.)]
- 멜 2건[저실 바당 멜 하영 든 핸 사름 하영 죽나.(겨울 바다 멸치 많이 든 해는 사람 많이 죽는다.)]
- 모물 1건[꿈에 모물 시꾸우민 귀난 일 난다.(꿈에 메밀 비추이면 모난 일 난다.)]
- 물 13건[갭인년 숭년에도 먹당 남은 게 물이여.(갑인년 흉년에도 먹다가 남은 것이 물이다.)]
- 물꾸럭 1건[꿈에 물꾸럭 시꾸우민 예산이 파산되다.(꿈에 문어 비취면 예산이 파산된다.)]
- 물웨 2건[가시아방 웨 먹음도 지만쏙.(장인 오이 먹기도 제각각.)]
- 밥 16건[급히 먹은 밥 목 건다.(급히 먹은 밥 목에 걸린다.)]

- 범벅 1건[어비아들 범벅 ᄀ뭇 긋엉 먹으라.(아버지와 아들 범벅 선 그어서 먹어라.)]
- 보리 6건[보리 ᄂ룻에 늙은이 죽나.(보리 산꼬대에 늙은이 죽는다.)]
- 보말 2건[보말도 궤기라고.(보말도 고기라고.)]
- 복쟁이 1건[복쟁이 똥물 먹듯.(복어 똥물 먹듯.)]
- 부루 1건[부루밧디 똥싼 갠 저 개 저 개 ᄒ다.(상추밭에 똥싼 개는 저 개 저 개 한다.)]
- 비ᄌ 1건[비ᄌ 먹은 오장에 똥 ᄀ리 듯.(비자 먹은 오장에 똥 갈기 듯.)]
- 생이 3건[생이궤기 먹으민 말만 재게 ᄀ나.(새고기 먹으면 말만 빨리 말한다.)]
- 소곰 3건[소곰 읏이 저리지 말라.(소금 없이 절이지 말라.)]
- 술 5건[상뒷술에 벗 사귄다.(상두술에 벗 사귄다.)]
- 시리떡 2건[시리막애떡을 먹으민 등 굽나.(시릿번을 먹으면 등 꾸부러진다.)]
- 식게 10건[가난ᄒ 집 식게 돌아오듯.(가난한 집 제사 돌아오듯.)]
- 쏠 4건[닐 조반쏠 엇이민 ᄌ녁을 안 먹는다.(내일 조반쌀 없으면 저녁을 안 먹는다.)]
- 안주 2건[안주 안 먹으민 사위 덕 못 본다.(안주 안 먹으면 사위 덕 못 본다.)]
- 약 4건[청도 약이옝 ᄒ민 씬다.(꿀도 약이라고 하면 쓰다.)]
- 음식 44건[음식 싱겁게 먹으민 몸에 걸 돋나.(음식 싱겁게 먹으면 몸에 털이 돋는다.)]
- 음식도구 5건[미운 마누라 남죽에 니 죽인다.(미운 마누라 국자에

이 죽인다.)]
- 장 9건[말 좋은 집 장 고린다.(말 좋은 집 장 고린다.)]
- 젯 1건[우는 애기 젯 준다.(우는 아기 젖 준다.)]
- 좁쏠 4건[좁쏠에 두융 판다.(좁쌀에 뒤웅 판다.)]
- 죽 4건[더운 죽에 푸리 늘아들 듯.(더운 죽에 파리 날아들 듯.)]
- 콩 7건[동지날 콩죽 쑤엉 먹으민 고뿔혼다.(동지날 콩죽 끓여 먹으면 감기걸린다.)]
- 탈 6건[개염지탈 탕 먹으민 허물난다.(개미딸기 따서 먹으면 종기난다.)]
- 퉤끼궤기 1건[놈으우 된 때 퉤끼궤기 먹으민 얼챙이 난다.(임신한 때 토끼고기 먹으면 언청이 난다.)]
- 틀 1건[틀 탕 먹은 할애비 허대듯.(틀 따서 먹은 할아비 노닥거리듯.)]
- 풋 3건[꿈에 구신이 풋을 뻐여 뵈민 그 집이 망혼다.(꿈에 귀신이 팥을 뿌려 뵈면 그 집이 망한다.)]
- 호박 4건[동맨 호박 손가락질 호민 털어진다.(동맨 호박 손가락질 하면 떨어진다.)]

5) 『제주도속담사전』(고재환, 1999)

- 고사리 2건[고사리 좋은 헤 메역 풍년 든다.(고사리 좋은 해 미역 풍년 든다.)]
- 과일 1건[복숭겐 밤에 먹어사 둔다.(복숭아는 밤에 먹어야 달다.)]
- 개역 1건[혼 둘에 계역 싀 번 즈베기 싀 번 헤 먹으민 집안 망혼다.(한 달에 미숫가루 세 번 수제비 세 번 해 먹으면 집안 망한다.)]
- 깅이 2건[의지 엇은 웨삼춘 보름물찌에 죽엉 깅이 보말도 못 잡아먹나.(의지 없는 외삼춘 보름 무수기에 죽어서 게 고둥도 못 잡아먹는다.)]

- 꿰 4건[꿰떡도 누엉 먹젱 ᄒᆞ민 눈에 가시 든다.(깨떡도 누어서 먹으려면 눈에 티끌 든다.)]
- 농사 9건[글겡잇ᄌᆞ록 심을 중 알아사 살림이 노고록ᄒᆞ다.(호밋자루 잡을 줄 알아야 살림이 넉넉하다.)]
- 둠비 1건[둠빗물에 손 덴 메누리.(두붓물에 손 덴 며느리.)]
- 떡 15건[떡 가는 딘 떼여 먹곡, 말 가는 딘 더 부튼다.(떡은 옮겨가면서 떼어 먹고, 말은 옮겨가면서 더 붙는다.)]
- 독 3건[웨조케 궤느니 독 질량 잡아 먹으라.(외조카 사랑하느니 닭 길러서 잡아먹어라.)]
- 말고기 3건[ᄆᆞᆯ궤기 ᄉᆞᆷ는 딘 가지 말라.(말고기 삶는 데는 가지 말라.)]
- 모물죽 2건[모물죽에 야게 건다.(메밀죽에 목 걸린다.)]
- 물 7건[먹는 물에 춤 바끄민 줴 받나.(먹는 물에 침 뱉으면 죄 받는다.)]
- 밥 5건[밥도 쉬민 못 먹나.(밥도 쉬면 못 먹는다.)]
- 범벅 2건[범벅에도 그믓 긋나.(범벅에도 금을 긋는다.)]
- 보리 1건[살쳇보리 거죽차 먹어도 씨앗이랑 상대 말라.(까끄러깃 보리껍질째 먹어도 시앗은 상대 말라.)]
- 보말 3건[보말도 궤기여.(고둥도 고기이다.)]
- 술 9건[술 먹으민 웨삼춘 밧 준다.(술 먹으면 외삼촌 밭 준다.)]
- 식게 1건[먹어 볼 거 엇인 식게에 절ᄒᆞ다.(먹어 볼 것 없는 제사에 절한다.)]
- ᄊᆞᆯ 1건[나록ᄊᆞᆯ이 물 지레 가멍, 산뒤ᄊᆞᆯ이 낭지레 가랴.(나록쌀이 물을 지러가며, 산도쌀이 나무를 지러가랴.)]
- 어류 4건[자리알 잘 벤 헤 보리 풍년든다.(자리돔알이 꽉차는 해에는 보리가 풍년이다.)]

- 웨 3건[어린아이 물웨 크듯 큰다.(어린아이는 물오이 크듯 자란다.)]
- 음식 18건[익은 음식 임제 엇나.(익은 음식 임자 없다.)]
- 장 8건[장 고리젱ᄒ민 소곰부터 고린다.(장 고리려면 소금부터 고린다.)]
- 좁쌀 6건[게염지 좁쌀방울 물엉 들이듯 혼다.(개미 좁쌀방울 물어들이듯 한다.)]
- 지름 1건[지름 줄 씨앗 엇나.(기름 줄 씨앗이 없다.)]
- 채소 5건[호박은 늙을수록 둔다.(호박은 늙을수록 달다.)]
- 콩 6건[옛날 콩죽 쒀 먹은 말.(옛날 콩죽을 끓여 먹은 말이다.)]
- 풋죽 4건[혼 헤에 풋죽 싀 번 쑤민 솟 싯엉 어픈다.(한 해에 팥죽 세 번 쑤면 솥 씻어서 엎는다.)]
- 해산물 1건[퀴솜이 욤아사 시절 좋나.(성게와 말똥성게가 여물어야 시절 좋다.)]

6) 「식생활」(황혜성, 1977)

이 보고서는 제주도의 식생활 전반을 구체적으로 설명하고 있다. 대강의 내용을 보면 우선 제주도 음식재료와 관련해서 농수축산물의 생산 환경을 소개했다. 이런 음식재료를 바탕으로 해서 제주도의 향토음식, 세시음식, 의례음식 등을 보여준다.

① 향토음식—소금과 장류, 곡류로 만드는 음식, 국, 지짐·조림·찜, 전·구이·적, 회, 젓갈, 꿩·닭, 해조(海藻), 채소, 엿, 산 열매, 차(茶)—의 조리법을 간단히 설명하고 있다.
② 세시풍속과 음식 항목에서는 월별 세시에 알맞은 음식을 소개

하고 있다. 즉 정월멩질 음식, 4월 보리그시림과 밀그시림, 유월유두 제석할망상 음식, 7월 백중물천, 7월 칠성제 음식, 8월 추석멩질 음식, 11월 동지불공 음식, 11월 남팽날 음식, 섣달그믐날밤 음식, 망년과서 음식 등이 있다.
③ 통과의례와 음식 항목을 보면 출생음식, 혼례음식, 회갑·진갑 음식, 칠순·팔순 잔치 등이다.
④ 제사음식에서는 일반적의 의례음식을 소개하고 있다. 즉 1월 당제 음식, 3월 한라산신제, 7월 제사음식, 9월 뒷할망제, 10월 제사음식, 산신제, 요왕제, 포제, 당제, 천도불공, 철가리, 칠성눌손봄, 배코시, 코시(告祀) 등이다. 이 외에도 음식과 밀접한 물과 연료, 식생활 기구를 소개하고 있다.

이 조사보고서는 1970년대 제주도의 전통음식용어와 조리법을 기술하고 있으며, 음식용어를 구체적으로 정리하면 다음과 같다.

(1) 소금과 장류

보리장, 고추장

(2) 곡류로 만드는 음식

속떡(쑥떡), 돌레떡, 침떡, 오메기떡, 젯편(제사 시루떡), 반착곤떡, 달떡, 은절미(인절미), 송편, **빼때기떡**, 감제떡, 상애떡, 술떡, 제사떡, 멍석떡, 모멀떡, 메밀만두, 개역, 지름떡, 깅이죽(게죽), 대합죽, 햇병아리고음, 닭죽, 옥돔죽, 고등어죽, 전복죽, 녹두죽, 팥죽, 돼지새끼죽, 생선국수, 메밀국수, 메밀저배기, 밀수제비

(3) 국

> 칼국(떡국), 매역새국, 송피철국, 복쟁이국, 국아장(개장), 갈치와 호박국, 바르쿡, 콩국, 꿩국, 톨국, 정각국, 호박잎국, 몸국, 깅이국, 구살국, 닭고음, 냉국, 생선국(고등어, 각재기, 갈치, 돔)

(4) 지짐 · 조림 · 찜

> 볼락지짐, 잡탕찌개, 복쟁이지짐, 자리지짐, 고등어찜, 새우지짐, 상어지짐, 돼지고기조림, 송아지찜, 두루치기, 수애(순대)

(5) 전 · 구이 · 적

> 고사리누름전, 미스전, 초기전, 옥토미국, 볼락구이, 생선포, 상어포구이, 꿩적

(6) 회

> 비께회, 자리회, 오징어회, 돼지새끼회

(7) 젓갈

> 깅이젓, 소라젓, 게웃젓

(8) 해조

> 미역, 파래, 우미, 톳, 모자반, 청각

(9) 채소

> 칡뿌리, 콩잎쌈, 날미역쌈, 양에, 후추잎장아찌, 풋고추와 물외장아

찌, 고사리반찬, 꿩마농, 물릇, 죽순

(10) 엿

닭엿, 꿩엿, 돼지고기엿, 하늘래기엿, 호박엿

(11) 산 열매

삼동, 산탈, 시러미, 머루, 다래, 볼래, 유름, 오미자, 산물, 댕유자, 병귤, 먹쿠실열매

(12) 기타

꿩·닭	차	술
죽류	소엽차, 자굴차	강술

이 조사보고서는 1970년대 제주도의 전통음식을 일별하고 있으며, 조리법과 음식재료에 따라서 음식 용어를 구분했다. 또한 그 당시까지 제주사람들의 음식과 문화를 짐작할 수 있는 자료라 본다.

7) 『제주도 음식문화』(김지순, 1997/2001)

(1) 주식류

① 밥

곤밥, 잡곡밥, 보리밥, 지름밥, 조팝, 모힌조밥, 지실밥, 초불밥, 콩밥, 팥밥, 감제밥, 반지기밥, 톳밥, 속(쑥)밥, 두칭밥

② 국

난시국, ᄂ물국, 늡삐국, 양에순국, 양에국, 콩나물국, 호박국, 호박잎국, 고사리국, 꿩마농국, 콩국, 속(쑥)국, 프래국, 바르국, 옥돔국, 건옥돔국, 장태국, 미역새국, 우럭국, 갈치국, 고등어국, 각제기국, 멜국, 붉바리국, 벤자리국, 구살국, 솜국, 듬국, 소고기국, 돼지고기국, 돼지고기육개장국, 접작뼈국, 아강발국, 항정국, 칼국, 꿩국, 복쟁이국, 조기국, 쇠숭국, 보말국

③ 냉국

톨냉국, 정각냉국, 듬냉국, 물웨냉국, 메역냉국, ᄂ물냉국, 반치냉국, 우미냉국, 오징어냉국, 해삼냉국

④ 죽

곤죽, 꿩죽, 콩죽, 팥죽, 녹디죽, 깅이죽, 고등어죽, 초기죽, 돗새끼보죽, 닭죽, 보리죽, 소고기죽, 옥돔죽, 대합조개죽, 조죽, 전복죽, 지실죽, 메밀쌀죽, 유죽, 콩주름죽, 마른옥돔죽, 깨죽, 문어죽, 보말죽, 오분재기죽

(2) 부식류

① 지짐(조림)

갈치지짐, 고등어지짐, 멜지짐, 마른멜지짐, 모살치지짐, 복쟁이지짐, 자리지짐, 솔치지짐, 상어지짐, 서대지짐, 벤자리지짐, 볼락지짐, 따치지짐, 보들레기지짐, 우럭콩지짐, 장어지짐, 돗궤기지짐, 멸치젓지짐, 자리젓지짐

② 나물(숙채)

솎음배추, ᄂ물, 콩지름(콩나물), 고사리, 녹디ᄂ물, 양에무침, 양에순, 시금치ᄂ물, 지름ᄂ물(유채어린잎), 호박탕쉬, 콥대산이무침, 패마농

무침, 동지ᄂ물, 메밀잎, 난시, 마니라, 새우리, 고춧잎, 모자반, 톨무침, 청각, 미역채, 무ᄂ물(무채), 진메물

③ 김치

꿩마농짐치, 동지짐치, 배추통짐치, ᄂᆷ뻬짐치, 갯ᄂ물짐치, 솖음베추짐치, 초마기짐치, 세우리짐치, 수박껍데기짐치, 패마농짐치

④ 쌈

부루(상추), 배추, 콩잎, 유잎(깻잎), 양에잎, 호박잎, 메역, 패마농, 콥대사니, 풋고치, 톨, 청각, ᄆᆷ

⑤ 젓

갈치속젓, 멜젓, 깅이젓, 고도리젓, 자리젓, 군벗젓, 개웃젓, 구젱기젓, 구살젓, 솜젓, 오징어젓

⑥ 범벅・ᄌ베기류

감저범벅, 느쟁이범벅, 깅이범벅, ᄆ멀범벅, 속범벅, 톨범벅, 느쟁이ᄌ배기, 메밀ᄌ베기, 보리ᄌ배기, 밀ᄌ베기

⑦ 구이

자리구이, 옥돔구이, 상어포구이, 우럭구이, 고등어구이, 각재기구이, 갈치구이, 소라구이, 초기구이, 볼락구이, 장어구이, 지실구이, 감저구이, 전복양념구이

⑧ 장아찌

마농지, 반치지, 양옛간지, 유잎송아리지, 제피잎지, 고추잎지, ᄆᆷ지, 꿩마농지, 통마늘지

⑨ 회

돗새끼회, 다금바리회, 객주리회, 가문돔회, 돔바리회, 문어회, 붉바리회, 비께회, 상어회, 한치물회, 즌다니회, 해삼회, 자리회, 구젱기물회, 전복회, 고등어회, 갈치회, 숭어회, 우럭회, 군벗물회

⑩ 부침류(전)

북부기전, 간전, 초기전, 고사리전, 느르미전, 미수전, 세우리전, 메밀전

⑪ 적류

돼지고기적, 소고기적, 상어적, 붕적, 구젱기적, 꿩고기적, 노루고기적, 콥대사니적, 패마농적, 태두적, 청묵적, 메밀묵적, 돔비적, 양에적, 오징어적

(3) 떡류

① 일반떡

침떡, 조침떡, 감저침떡, 대죽침떡, 고달떡, 감자돌래떡, 송편, 상왜떡, 빙떡, 기증편, 모믈새미, 물떡, 만디, 기주떡, 조개솔벤, 양에떡, 등절비, 송애기떡

② 제례떡

골미떡, 우찍, 제편, 과질, 강정, 요애, 솔변, 절변, ᄆᆞ멀은절미, 중과, 약과, 고달시루떡, 병것떡, 곤떡, 지름떡

③ 무속떡

돌래떡, 조매떡, 오물떡, 병개떡, 방울떡, 고리동반, 손외성, 발외성,

| 월변, 보시시리, 개떡, 낙가시리, 정정괴 |

④ 엿류

| 마농엿, 먹쿠실엿, 새비엿, 익모초엿, 하늘레기엿, 꿩엿, 닭엿, 호박엿, 돗궤기엿 |

⑤ 국수

| 생선국수, 고기국수, 꿩모멀칼국수, 모멀국수, 콩국수 |

⑥ 찜류

| 콩잎찜, 호박잎찜, 달걀찜, 오분제기찜 |

8) 「제주향토음식 문화와 관광상품화 방안」(오영주, 1999)

(1) 주식류

① 밥류

잡곡류	해조·채소류
반지기밥, 보리혼식밥, 잡곡밥, 조밥, 보리밥, 고구마밥, 메밀밥, 감자밥, 피쌀밥, 감태밥, 지름밥, 풋밥, 곤밥, 대죽쌀밥	파래밥, 톨밥, 곤포밥, 무밥, 본속밥, 쑥밥, 너패밥, 감태밥, 전분주시밥, 무개기밥, 채밥

② 죽류

어패류	육류	잡곡류
전복죽, 옥돔죽, 오븐자기죽, 성게죽(구살죽), 깅이죽, 고등어죽, 물꾸럭죽(문어), 장어죽, 대합죽, 복어죽	돼지새끼죽, 꿩고기죽, 북부기죽, 닭죽	비름죽, 마농죽, 메밀죽, 초기죽, 유죽, 곤죽, 풋죽, 녹디죽, 오개돌죽

(2) 국류

① 국

채소류	해조류	어패류	수조육류
배추된장국, 무된장국, 콩나물된장국,호박된장국, 감자된장국, 호박잎국,난시국, 달래된장국, 고사리국, 양에국, 패마농국, 쑥국, 무메밀가루국, 개자리국, 송피철국	미역된장국, 파래국, 미역새국, 너패국	갈치호박국, 옥돔국, 성게국, 각재기국, 바로국, 멜배추국, 고등어국, 솜국, 깅이국, 복쟁이국, 볼락국, 우럭국, 오징어국	돼지고기 몸 국, 꿩고기국, 말고기국, 소고기국, 닭고기국

② 냉국

채소류	해조류	어패류
물외된장냉국, 배추냉국, 반치냉국	미역냉국, 톨냉국, 우미냉국, 청각냉국, 몸냉국	군벗냉국, 성게냉국, 오징어냉국

③ 물회(어패류)

자리물회, 한치물회, 옥돔물회, 소라물회, 군벗물회, 해삼물회

(3) 찬 류

① 쌈(채소류)

부루쌈, 삶은배추쌈, 콩잎쌈, 양에잎쌈, 삶은 양배추쌈, 물미역쌈, 다시마쌈, 호박잎쌈, 유잎쌈

② 무침

채소류	해조류
고사리무침, 패마농무침, 동지나물무침, 양에무침, 난시무침, 유채나물무침, 메밀잎무침, 비름나물무침, 몸무침, 진메물무침, 햇고사리나물무침, 호박무침, 어린느믈무침, 쉐우리무침, 감제뎅구리무침	톨무침, 미역줄기무침, 몸무침, 프래자반무침

③ 조림

채소류	어패류
풋마늘된장조림, 무말랭이조림	자리조림, 고등어조림, 갈치조림, 각재기조림, 멜조림, 자리젓조림, 멜첫조림, 우럭콩조림

④ 구이

어패류	기타
갈치구이, 고등어구이, 자리구이, 작재기구이, 옥돔구이, 소라구이, 전복구이, 오분자기구이, 오징어구이, 상어포구이, 우럭구이	날초기 양념구이, 꿩고기구이, 돼지고기구이

⑤ 튀김류

튀김(어패류)	적류	지짐류	볶음(어패류)
갈치튀김 각제기튀김 멜튀김	전복적, 간적, 꿩적, 묵적, 돼지고기적, 양외적, 풋마농적, 오징어적, 상어산적, 둠비적(두부), 콥대산이적, 호박적, 소고기적, 구쟁기적, 노리궤기적(노루고기)	볼락지짐, 상어지짐, 꿩독새기지짐, 꿩지짐, 고사리지짐, 호박지짐, 모멀ᄀ루지짐, 녹디ᄀ루지짐, 고등어지짐, 복쟁이지짐, 밀ᄀ루지짐, 메밀묵지짐, 새우지짐	마른멜볶음 깅이콩볶음

⑥ 회

어패류	수조육류	기타 음식
해삼회, 소라회, 가오리회, 존다니회, 전복회, 오징어회, 해삼토렴회, 북바리회, 자리회, 비께회(상어), 숭어회, 홍어회	돗새끼회 꿩토렴회	물외(생) 초기전, 메밀묵

(4) 저장식품류

김치류	젓갈류	장아찌류
동지김치, 달래김치, 패마농김치, 초마기김치, 갯ᄂ믈김치, 당근김치, 파김치, 방풍김치, 꿩마농김치, 해물김치, 전복김치	자리젓, 오징어젓, 멜젓, 오분자기젓, 성게젓, 깅이젓, 게웃젓, 갈치젓, 각재기젓, 고등어젓, 군벗젓, 조기창자젓	마농지, 패마농지, 콩지, 물외장아찌, 양에지, 뒴지, 반치지

(5) 별미음식

떡류	면류	범벅류	개역류	엿류	주류	차류
좁쌀시리, 조침떡 감제침떡, 새미떡, 물떡 상외떡, 오메기떡, 빙떡 돌래떡, 쑥떡, 손내성 침떡, 송편, 차조떡, 절편 달떡, 지름떡, 동절미 공정떡, 메밀떡, 술떡 송애떡, 과질보리떡 조절편, 정정괴무친떡 보시떡, 월변, 조매떡 연주청오물떡, 꿰떡 사발떡, 명석떡, 우찍 방울떡, 대죽떡, 새미떡 중가, 각변, 요외 강정, 골미떡, 약과 시리떡, 물콥떡, 모덤떡	메밀칼국수 메밀수제비 보리수제비 밀가루수제비 초기국수 꿩메밀칼국수 생선국수	호박범벅 깅이범벅 톨범벅 메밀범벅 느쟁이범벅 고춧잎범벅 잠제범벅 본속범벅 놈삐범벅 피범벅 밀범벅 흐린조범벅 보리범벅 좁쌀범벅 깅이범벅 대죽범벅	보리개역 콩개역 조개역	돼지고기엿 닭엿 마농엿 꿩엿 갈근엿 몽크실엿 익모초엿 하늘래기엿 호박엿 대죽쌀엿	오메기술 고오리술 강술 고구마술 감자술 우슬주 오합주 생지황술 오갈피죽 시로미술 밀감술 허벅술 볼래술 굿간달기술	당유자차 소엽차 자굴차 갈근차 오미자차 하귤차 금감차

9) 「빈궁기 식생활」(김순이, 1995)

구황음식(救荒飮食)이란 먹을 것이 부족하던 시절에 산과 들, 바다에서 구할 수 있는 야생의 재료들을 음식으로 만들어 먹은 것을 가리킨다. 1970년대까지도 구황음식으로 먹었던 음식재료들이 지금은 제주도의 대표적인 건강음식으로 자리를 잡고 있다.

(1) 밥 종류

섯보리밥, 좁쌀밥, 너패밥, 속밥, 본속밥, 톨밥, 포래밥, 감저밥, 감태밥, 늄삐밥, 콩밥, 피밥, 전분주시밥, 체밥, 무개기밥, ᄀ대밥, 곤포밥, 강냉이밥

(2) 죽 종류

송피죽, 섯보리죽, 호박죽, 속죽, 피죽, 강냉이죽, 개자리죽, 풀죽, 깅이죽

(3) 범벅 종류

모멀범벅, 본속범벅, 늼뻬범벅, 느쟁이범벅, 호박범벅, 전분주시범벅, 프래범벅, 속범벅, 톨범벅, 누룩낭범벅, 피범벅, 깅이범벅

(4) 국 종류

뭄국, 메역국, 고사리국, 고낭귀국, 배체기국, 개자리국, 호박잎국, 콩국, 톨냉국, 물외냉국, 우미국, 양에국, 가시리국, 늼뻬국, 보말국, 멜국

(5) 기타 음식

물릇엿, 개역, 두레기청, 임지떡, 둥글마엿, 풀보리물, 끅엿, 멘네도래기, 뻥이, 쉰달이, 어욱뻥이, 누룩낭떡, 감저떡, 줴기떡

10) 「전통민속주」(황인주, 1995)

(1) 양주곡주

순곡주	약용가향곡주
오메기술, 강술, 고구마술, 감자술, 쉰다리, 허벅술	호박술, 엉겅퀴술, 우슬주, 토사자술, 생지황술, 하학술, 당유자술, 송엽주, 굿간달기술, 팔산주, 오합주

(2) 증류주

순곡증류주	약용가향증류주
오메기소주, 고구마소주, 감자소주, 수수소주, 밀소주, 보리소주	엉겅퀴소주, 우슬소주, 하학소주, 당유자소주, 굿간달기소주, 토사자소주, 생지황소주, 송엽소주, 팔산소주, 참매소주, 돼지고기소주, 닭고기술

(3) 기타 주류(약용가향주)

선인장열매술, 인동고장술, 토사자술, 생지황술, 굿간달기술, 시러미술, 탈술, 위령선술, 천마술, 오미자술, 오갈피술, 황정술, 밀감술, 삼동술, 다래술, 볼래술, 조피술, 개복숭아술, 송갈쑥술, 당귀술, 벨랑퀴술, 게술, 지내술, 뱀술

4. 현대문학작품에 나오는 제주 전통음식

여기서는 제주출신 작가의 문학작품(시, 소설)을 통해서 음식을 어떻게 묘사하고 있는지 알 수 있을 것이며, 독자들이 어느 정도 이미지화 할 수 있는지도 참고할 수 있다고 본다. 제주 전통음식이 조금이라도 드러나는 3편의 소설과 1편의 시를 선택했다.

1) 『지상에 숟가락 하나』(현기영, 1999)

① 반년 양식을 그 방홧불에 태워먹은 우리 세 식구는 외가댁의 양식을 야금야금 축낼 수밖에 없었다. 우리 식구뿐만 아니라 두 이모, 피난 온 친척들 또한 그 양식에 목매달고 있는 형편이라 양식이

모자랐다. 밀기울범벅 같은 거친 음식이 밥상에 오르기 시작한 것도 이때부터였다. 나는 의붓아이 밥 먹듯 늘 배가 고팠다.(54쪽)
② 우리 세 식구가 먹는 형편은 외가 덕분에 그래도 나은 편이었다. 물론 우리도 말이나 먹는 게자리, 콩쿨, 질경이 같은 잡초를 나물이라고 삶아 먹고, 간장이 없어 그 대신에 고등어 절였던 소금물을 사다 썼지만, 그래도 밥만은 밀기울보다 1 대 5로 좁쌀이 훨씬 많았다. 좁쌀에 흙모래 씨뿌린 듯이 까맣게 탄 낟알들이 자주 섞여 있었는데 그때마다 어머니는 방홧불에 잃어버린 조 양식을 생각하며, "개아들놈들!" 하고 푸념을 터뜨리곤 했다.
국그릇은 각각 따로 썼지만, 밥은 양푼 하나에 퍼놓고 세 식구가 같이 먹었다. 우리 식구 역시 방 한 칸에 겨우 몸 붙여 사는, 피난 생활이나 다름없는 형편이라 밥그릇까지 따로 챙길 여유가 없었던 것이다. 밥상도 부엌 구석에 처박아 놓고 사용하지 않았다. 밀기울, 보릿겨 섞인 거친 음식이었지만 나는 늘 양이 모자라 성에 안 찼다. 내가 그 양푼의 밥을 다른 식구보다 더 먹으려고 얼마나 욕심을 부렸던지. 불그죽죽한 밀기울 속에 들어 있는 노란 좁쌀은 그야말로 금싸라기 광맥처럼 보였다. 좁쌀 많은 데를 골라 숟갈로 양푼의 밥을 욕심껏 공략하곤 했는데, 그게 닭이 모이 찾아 흙을 헤집는 꼴이었나 보다. 어머니가 보다 못해 나중에는 제 몫만 먹으라고 양푼의 밥을 숟갈로 금을 그어 삼등분해 버렸던 것이다. 쓰고 질긴 질경이나물을 차마 씹어 넘길 수 없어서 뱉으려 했다가 "삼키라. 그걸 먹었다고 죽진 않으니까" 하고 어머니한테 꾸중을 듣기도 했다.(70쪽)
③ 할머니가 지고 온 바구니 짐에서 개다리소반과 함께 놋주발 대

접 한 벌, 쌀 한 보시기, 감주가 든 사이다병, 사과 한 개, 달걀 한 개를 조심조심 꺼냈는데, 그 물건들만으로 그날 밤의 제사가 치러졌다. 해가 지자 움막 속은 굴 속 같이 어두워졌고 어둠 속에서 어른들이 오랫동안 억새풀 지푸라기를 부스럭거리며 낮은 목소리로 두런거렸다. 밤이 깊어 제 올릴 시간이 되었고 그 숨막힐 듯한 어둠 속에 한 점 불이 켜졌을 때 나는 얼마나 안심되고 기뻤던가. 개다리소반이 제상 대신 쓰여 그 위에 조그만 접시불이 놓였다. 처음 보는 불이었다. 노란 나물 기름 깔린 작은 접시에 창호지를 꼬아 만든 심지를 심어 켜놓은 그 조그만 불방울, 어둠 속의 그 한 점 불빛은 말없이 나를 바라보는 지예의 눈망울에도 옮아가 빛나고 있었다.(73쪽)

④ 장례나 혼인을 치르는 집에서 돼지를 잡으면 고기와 내장을 가마솥에 넣어 삶아내는데, 그때 남은 국물에 모자반만 넣어 끓인 것이 돝배설국이었다. 몇 년 전 교통사고로 뇌를 다쳐 입원한 고향 선배를 문병 갔을 때였는데, 나를 알아보지 못할 정도로 인사불성인 그가 게걸스럽게 입맛을 다시며 계속 돝배설국 타령만 늘어놓는 걸 보고 눈시울을 붉힌 적이 있었다. 평소에는 잊고 지냈던 그 옛날의 맛, 다른 것은 다 제쳐놓고 하필이면 그 기억만이 생생하게 되살아난 것은 무슨 까닭이었을까? 뇌리에 저장된 숱한 체험의 기억들이 고무지우개가 슬쩍 스쳐 지나간 듯 흐릿해진 그 위기의 상황에서 불시에 되살아난 옛 기억, 그 생생한 미각, 마치 유일한 구원의 손길인 양 그가 매달리고 있던 그것, 그러니까 돝배설국은 그에게 있어서 생명에 이로운 것의 상징이었던 셈이다.(106쪽)

⑤ 명절 전날 동네 사람들이 십시일반으로 추렴해서, 돼지 한 마리를 그슬릴 때, 털 타는 그 구수한 누린내가 지금도 코끝에 맡아지는 것 같다. 맛뿐만 아니라 냄새도 이렇게 기억에 강렬한 인상을 남기는 것이다. 지난날의 사물·사건들 중에 기억에서 사라진 것이 허다한데, 배곯던 시절의 그 냄새는 내 후각에 아주 뚜렷하게 남아 있다. 구체적으로 그 냄새는 돼지고기 한 점의 맛과 연관 되어 있다. 한 점의 돼지고기를 나는 얼마나 먹고 싶어했던가! 일 년 중 고기라고 생긴 걸 입에 대보기는 명절이나 제사 때뿐이었다.(106쪽)

⑥ 우리 집 제사는 음력 8월에 몰려 있어서, 나는 일 년 중 그 달을 제일 좋아했다. 추석 명절에다, 일 년 차로 돌아가신 증조부님과 조부님의 제사가 그 달에 있었다. 제사 끝난 다음, 흰 쌀밥과 함께 받아먹은 떡반은 너무도 맛있는 별식이었다. 특히 한 점의 돼지고기 맛은 잊을 수 없다. 입에 살살 녹는 비계 맛이라니! 더도 덜도 아니고 딱 한 점이 내 몫이었다. 돼지고기·구운 생선 각각 한 점, 송편 한 개, 메밀묵 두 점, 사과·귤 각각 한 조각…. 이렇게 자손들에게 돌아가는 떡반은 어른 아이 할 것 없이 양이 똑같았다. 집안의 제일 연장자인 할머니 몫도 마찬가지였는데, 그것마저 당신은 묵 한 점만 먹는 시늉을 하고 나머지는 모두 손자들에게 나눠줘 버리곤 했다. 불심이 깊은 분이라 돼지고기는 아예 입에 대지도 않았다.

그런데 우리 오누이는 아버지 덕분에 특별 대접을 받았다. 섬 밖 외지에 나간 자손에게도 떡반이 똑같이 나와서, 아버지의 몫은 우리 차지였던 것이다. 평소에는 잊고 지내던 아버지의 존재

가 실감으로 느껴질 때가 바로 그러한 경우였다.(107쪽)

주식은 당연히 보리와 조였고, 대용식으로 고구마도 많이 먹었다. 가을·겨울에는 저녁 한 끼쯤은 으레 고구마로 때웠다.(오죽 고구마를 지겹게 먹었으면, 훗날 내가 군고구마도 입에 못 대는 식성으로 변했을까.)(254쪽)

2) 『보제기들은 밤에 떠난다』(오성찬, 2001 : 176~178)

여기저기서 소라와 고둥을 잡던 아이들이 내 주위로 몰려들었다. 사냥에서 포수가 노루를 잡으면 따라간 사람에게 분짓을 나누어주는 것처럼 바다에서도 문어를 잡으면 아이들에게 다리 하나씩을 나눠주는 오래 전부터의 풍습이 있었다. 그날 나는 다섯 아이에게 다리 하나씩을 떼어 나눠주고, 나도 그들과 함께 다리 하나를 입에 물고 입가에 줄줄 물을 흘리며 그것을 씹어 먹었다. 그러나 찝찔한 것뿐 다른 별 맛을 느낄 수는 없었다. 허나 두 개의 다리와 몸통을 집으로 가지고 와서 죽을 쒀 가족들과 함께 둘러앉아 먹을 때 죽 속에 든 그것의 쫄깃쫄깃한 맛은 아마 내가 죽을 때까지도 잊지 못할 것이다. 그리고 꿈속에서까지 만났던 그 놈을 어쨌든 잡을 수 있었던 것은 신나는 일이 아닐 수 없었다.

문어만 즉석에서 먹을 수 있는 것은 아니었다. 성게도 그 자리에서 돌멩이를 가지고 두 조각이 나게 빻아서는 몸통 속의 노란 알맹이를 손가락으로 꺼내어 먹으면 그렇게 맛이 좋을 수가 없었다. 성게 속은 미역을 넣고 국을 끓여도 맛이 좋지만 생체로 먹어도 맛이 그만이었다. 성게와 비슷한 솜은 알맹이도 적을 뿐더러 맛이 매우 썼다. 그러나 어른들 중엔 오히려 그 쓴맛을 더 좋아하는 사람들도 있었다. 소라도 즉석에서 알맹이를 내어 먹을 수가 있었다. 아이들은 대개 돌멩이로 껍데기를 부수고 그 속에서 알맹이를 꺼내 창자가 있는 부위와 몸통 속에 들어 있는 나일론 끈 같은 부위를 제거한 다음 그것을 먹었다. 그렇지 않고 막 먹는 사람도 있었지만 바닷가의 사람들은 대개 그 부위를 꺼낸 다음 먹었다.

미역도 새 미역과 먹는 모자반은 뜯어먹고, 톳은 그 당시는 마구 뜯어다가 흉년에 가루 약간씩을 버무려서 범벅을 만들어 먹기도 했다. 그것이 '갑오년 흉년'에 섬사람들의 구황식물이 되었던 것을 섬에서는 모르는 사람이 거의 없었다. 나도 해방이 되던 이듬해 흉년에 우리 식구들과 함께 톳밥만을 무려 열이틀이나 먹은 적이 있었는데, 그러고 나서 변을 볼 수가 없어 '똥구멍이 째지는' 고통을 참아내야 한 적이 있었다. 돼지를 기르는 재래식 변소인 돗통에 앉아서 디딜팡 아래서 도새기는 꿕꿕거리지, 똥은 안 나오지, 이런 때의 괴로움은 당해보지 않은 사람은 모를 것이다.

군부와 조개류도 현장에서 딱지를 떼 내고 그냥 먹을 수가 있었다. 다만 고둥은 주머니 같은 데 잡아넣는 아이들이 있었으나 그것을 즉석에서 깨 먹지는 않았다. 그것들은 나중 집으로 가지고 가서 무쇠솥에 물을 붓고 삶아서 탱자나 구지뽕 가시를 꺾어다가 그것으로 속을 빼 먹으면 맛이 있었다. 더러는 그것들을 넣고 '고매기국'을 끓여서 밥과 함께 먹기도 했다.

3) 『4·3 장편소설 침묵의 세월』(오경훈, 2001 : 514~515)

행림은 어린시절 톳(鹿尾菜)밥을 먹었던 기억을 잊지 못한다. 어쩌면 오늘의 자신은 그때의 일로 만들어진 것이 아닌가 하는 생각이 들었다.

학교에 다니기 전 친구네 집에 놀러간 일이 있었다. 어렸으므로 그쪽 생활이 얼마나 어려웠는지는 알 수 없다. 마침 그쪽은 점심을 먹고 있었는데 행림이 친구를 기다리느라 부엌 앞에 앉아 있자 저쪽이 거북했던지 밥을 먹으라고 권했다. 세상에서 처음 보는 파란 밥이 아니던가.

쌀이 떨어져 굶는 사람들이 바닷가에 있는 해초를 뜯어다 삶아먹고 있었던 것이다. 톳으로 만든 것을 '톳밥'이라고 불렀다. 행림은 가난한 친구의 집에서 뜻밖에 톳밥을 맛본 것이다. 맛이 있었는지 없었는지는 기억이 없다. 친구와 먹은 톳밥은 별미였다는 정도의 기억이다.

행림은 돌아와 어머니에게 톳밥을 만들어달라고 졸랐다. 어머니가 대뜸 눈을 부라리더니 부지깽이를 쳐들었다.

"기껏 키워놓았더니 거렁뱅이 되려고 하는구나. 다시도 그 집에 놀러갈 테냐, 응? 아주 그 집에 가서 톳밥 먹으며 살 테냐."

어딘가 얻어맞은 기억이 있다. 행림은 왜 그처럼 부드럽던 어머니가 성을 내었는지 이해할 수 없다.

4) 『돌할으방 어디 감수광』(김광협, 1984)

이 시집은 제주방언을 사용한 민요시집이다. 여러 편의 시 중에서 제주음식을 소재로 한 시 제목을 정리하면 다음과 같다.

(1) 전기고장 타다그네(진달래꽃 따다가, 20쪽)

(2) 가다그네 박아져그네 일어사질 말게 홉서(가다가 엎어지면 일어나지 말게 하세요, 30쪽)

(3) 모인좁쌀 감저밥(메좁쌀 고구마밥, 48쪽)

(4) 지슬고장 흰 고장(감자꽃 흰 꽃, 66쪽)

(5) 감저 혼 출구덕(고구마 한 바구니, 84쪽)

(6) 팔월 멩질 돌아오난(팔월 추석 돌아오니, 92쪽)

(7) 콩국 먹는 날(콩국 먹는 날, 104쪽)

(8) 좁쏠 혼 말 부름구덕에 지곡(좁쌀 한 말 바구니에 지고, 132쪽)

(9) 식은 조팝 혼 도고리(식은 조밥 한 함지박, 144쪽)

(10) 굶으나네 부황이주(굶으니까 부황이지, 148쪽)

III

섬사람들의 음식

2장에서는 문헌에 등장하는 음식재료와 음식의 종류를 살펴보았다. 3장에서는 섬의 음식이야기를 논의하면서 신화와 전설에서는 음식을 어떻게 다루었는지 곁들여서 알아보겠다.[9] 사실 2장의 이야기들은 3장에서 논의할 근거를 찾기 위함이었다.

제주도 관련 연구는 거의 제주도를 단일문화권으로 놓고 논의해왔으며 지역별 차별성을 경계짓기가 모호하기도 하다. 이번에 주변섬을 관찰대상으로 삼은 것은 이곳은 언제나 제주도의 주변으로 치부하는 경향이 있기 때문이다. 주변섬의 역사와 문화는 어떤 모습인지 음식문화를 통해서 살펴보고자 한다. 필자는 2000년 벽두부터 제주도와 주변섬 여성들의 문화(역사, 민속 등)에 관심을 갖고 조사하고 발표할 기회가 있었다. 또한 제주방언의 실체가 보존되어 있는 음식용어에 관심을 갖게 되었으며 주변섬의 음식문화를 헤집어보는 것은 약 10년간 현장조사를 결산한다는 의미이기도 하다.

제주의 언어(제주방언), 민속신앙, 여성사, 여성문화 등을 연구하면서 음식생산의 주체는 누구인가에 눈길이 갔다. 그 주체에 따라 전승방법, 전승 과정 등이 나타난다면 특정지역 문화전승자는 위대하게 추앙받아야 할 것이다. 설화(신화, 전설, 민담 포함)는 구전문학이지만 오늘날 기록문학화 되고 있다. 음식문화 또한 이런 과정을 밟을 것이다. 제주도가 관광지로 부상되면서 제주음식이 상품화 대상으로 떠올랐다. 섬 지역 역시 관광지로 알려진지 오래다. 이 섬들을 방문하는 방문객은 어떤 음식을 좋아하고 의도적으로 먹으려고 할까? 이러한 고

---

9) 신화와 전설에 나타난 음식이야기 출처는 현용준(1976), 『제주도신화』・『제주도전설』; 진성기(1959/1978), 『남국의 전설』; 제주대학교 탐라문화연구소(1995), 『제주설화집성(1)』 등이다.

민은 음식상품 생산자들의 몫이고, 필자는 다만 지역의 고유한 음식과 그것을 가리키는 이름들이 제 모습을 간직하고 전승되기를 바란다.

한국사회에서 '다문화'는 보편적인 용어이다. 다문화의 생산자나 향유자는 가족, 지역, 국가의 경계를 넘나든다. 사람이 집을 떠나서 낯설음을 직면하는 제일 요소는 '언어와 음식'이다. 이 두 요소가 해소된다면 어느 곳을 다니거나 어디에 살더라도 어려움이 없다. 내국인은 언어가 해결되니까 음식이 당면 과제일 수 있다. 그러나 지역의 정체성을 확립하는 요소는 언어이다. 이런 관점에서 주변섬의 언어를 관찰하는 대상으로 음식용어를 선택했다. 음식용어는 단순이 명명된 것이 아니고, 어떤 사상과 문화가 배어있는가를 찾아보는 것을 병행했다.

앞에서도 말했듯이 제주도를 연구할 때는 본섬만을 논의대상으로 삼아왔다. 제주도가 한국의 변방으로 서러워하면서 제주섬의 주변섬을 변방으로 내몰고 있다는 사실은 깨닫지 못하는 것 같다. 그런 의미에서 필자는 제주의 주변섬을 논의 대상으로 삼았다.

구술자료를 선택한 것은 생활 속의 음식문화를 엿보기 위함이다. 제주의 주변섬(유인도 : 마라도, 비양도, 가파도, 우도, 추자도)을 이야기할 때 보통 면적과 인구수를 기준으로 해서 큰 순서대로 배열하는 것이 일반적이다. 그렇지만 이 글에서는 항상 꼴찌에 오는 섬을 맨 앞에 배열하여 큰 순서로 이야기를 전개해 나가겠다. 섬의 문화를 알아보기 위하여 여러 번 여러 사람들을 만나서 이야기를 들어보았다. 자신들의 경험을 솔직하게 전달해 준 문화전달자와 영감을 준 사람들에게 이 자리를 빌어서 고마운 마음을 전한다. 음식이야기는 그들의 의식과 행동이 응축되어 있는 무형문화유산으로 필자가 대신하여 전달하는 정도이다.

마라도사람들의 음식

마라도는 대한민국 최남단이라는 위상은 높지만 인구는 적은 편이며, 관광지로 각광받는 것에 비해 고유한 문화가 사라진다는 아쉬움이 있다. 현재 거주하는 원주민은 적지만 그들의 기억을 되살려서 근현대 음식문화를 정리하고자 했다. 마라도의 문화와 역사를 잘 기억하고 있는 소중한 사람들이 들려주는 이야기를 통해서 마라도의 음식이 어떤 모습으로 살아남았는지를 알아보았다. 자연환경이 인문환경에 영향을 끼쳐서 음식에도 변화가 있을 것이다.

1. 신화에 등장하는 음식

마라도의 의례음식을 알아보기 전에 제주도의 신화와 전설에 등장하는 음식 관련 이야기를 먼저 알아보겠다.

1) 「개벽신화(開闢神話 ; 천지왕본풀이)」(현용준, 1976가)

이 신화에는 다음과 같이 쌀과 간장이 등장한다. 이는 농경시대로 곡식을 주식으로 삼았음을 짐작할 수 있으며, 기초 양념이 간장임을 알 수 있다. 또한 불이 있어서 화식(火食)을 했음을 보여준다.

천지왕은 지상의 총맹왕 총맹부인과 혼인하고자 지상으로 하강했다. 총맹부인은 천지왕을 잘 대접하고 싶었지만 가난하여 저녁밥을 지을 쌀도 없었다. 궁리 끝에 수명장자(부자이며 마음씨가 아주 고약함)에게 가서 쌀을 빌렸는데 흰 모래를 섞어서 한 되를 주었다. 총맹부인이 이 쌀을 9번 씻고 밥을 해서 천지왕과 마주했다. 천지왕이 첫술을 떴는데 돌을 씹었다. 총맹부인이 수명장자의 악행을 설명하자 천지왕은 수명장자의 악행을 철저히 조사했다. 수명장자의 딸들은 가난한 일꾼들에게 고린 간장을 먹이고, 아들들은 말발굽에 오줌을 싸서 물을 먹인 것처럼 거짓으로 알리고 말을 굶겼다.

2) 「三姓神話」(이원조, 『탐라지』)

이 신화에는 오곡씨앗과 마소가 등장하며 농경시대임을 보여준다. 이로써 제주사람들은 곡식을 주식으로 삼았으며, 제주섬과 주변섬 사람들은 밥을 지어 먹었음을 짐작할 수 있다.

제주목 남쪽 3리쯤에 삼성혈이 있으며 옛날의 毛興穴이다. 『고려사』와 「고기」에 이르기를 "태초에 인물이 없었는데 세 신인이 땅에서 솟아나왔다. 지금 진산(한라산) 북쪽 기슭에 모홍이라는 굴이 있는데 바로 그곳이다. 맏이는 양을라, 다음은 고을라, 세 번째는 부을라라 하였다. 세 사람은 거친 벽지를 돌아다니며 사냥하여 그 가죽으로 옷을 만들어 입고 그 고기를 먹으며 살았다. 하루는 자줏빛 진흙으로 봉한 나무함이 동쪽 바닷가에 떠온 것을 보고 가까이 가서 열어보니 안에 돌함[石函]이 있고, 붉은 띠에 자주색 옷을 입은 사자 한 사람이 따라와 있었다. 돌함을 여니 푸른 옷을 입은 처녀 세 사람과 망아지, 송아지 및 오곡의 종자가 들어 있었다. 곧 (사자가) 말하기를 "나는 일본국 사신인데 우리 왕이 세 딸을 낳고 이르기를 서쪽 바다 가운에 있는 산에 신의 아들 세 사람이 내려와 장차 나라를 세우려고 하나 배필이 없다 하고, 이에 신에게 명하여 세 딸을 모시고 오게 되었으니, 마땅히 배필로 삼고 대업을 이루소서." 하고 사자는 홀연히 구름을 타고 가 버렸다. 세 사람은 나이 차례로 나누어 장가들고, 샘물맛이 좋고 땅이 비옥한 곳에 나아가 활을 쏘아 땅을 정하니, 양을나가 사는 곳을 第一徒, 고을나가 사는 곳을 第二徒, 부을나가 사는 곳을 第三徒라 하였다. 비로소 오곡을 파종하고 또 망아지와 송아지를 기르니, 날로 부유하고 번성해 갔다.

3) 「소천국(宋天國)과 백주(白主)」(진성기, 1959/1978)

이 신화에서는 생식(生食)의 시대를 보여준다. 또한 '기장, 팥, 콩' 등 작물의 재배를 비롯하여 고사리를 꺾어서 먹는다는 내용과 열매를 따 먹는 등 식물의 섭취를 보여준다.

> 소천국은 하상천자국 가는머들 잔소남밭 밑에서, 백주는 왕대윗성 가림질 밑에서 각각 탄생하였다.
> 소천국은 생식하며 배고픔을 면하고 가죽으론 옷을 만들었다. 사냥으로 살 수 없어서 농사를 짓기로 했다. 그는 쟁기를 마련하여 한라산 앞에다 기장씨 아홉 말, 팥과 콩을 아홉 말 뿌릴 수 있는 넓이의 밭을 마련하였다.
> 소천국이 농사지을 소를 잡아먹어 버리자 별거하게 되었다. 백주는 윗송당으로, 소천국은 아랫송당으로 각각 헤어져 갔다. 아랫송당에 온 소천국은 오백장군 오백서의 딸을 첩으로 삼았으며, 백주는 고사릴 캐고 나무 열매를 따서 그걸 양식으로 삼았다.

다음에 전하는 '벡줏도'(현용준, 「세화본향당신화」, 1976가) 이야기에서는 본향당 제물을 짐작할 수 있다.

> 벡주또는 서울 남산에서 솟아난 임정국의 따님이다. 그녀는 허선장의 딸로 벡주또는 그 집에 가서 하룻밤 잤다. 음식대접을 하려니 아기씨는 벡주또의 식성을 물어보았다. 벡주또는 "손으로 벤 음식은 손 냄새가 나서 못 먹고, 칼로 벤 음식은 쇠 냄새가 나서 못 먹고, 실로 밀

어 끊은 정과나 말 발톱 같은 백돌래, 얼음 같은 백시루, 놋그릇의 멧밥, 청감주, 청근채, 계란 안주를 먹는다."고 했다.

4) 「자청비」(현용준, 1976가)

이 신화에는 혼례와 상례의 유래, 오곡씨앗 등 농경시대의 서막을 잘 보여준다. 다음은 오곡씨앗을 뿌리고 농경신으로 좌정한다는 결말 부분이다.

자청비와 문도령은 오곡씨를 갖고 7월 보름에 인간세상으로 내려왔으며, 이때부터 백중제를 지내게 되었다. 자청비는 오곡씨를 가져온다는 것이 메밀씨를 놓고 왔다. 하늘 옥황에 가서 메밀씨를 갖고 와 보니 여름 파종시기가 지났다. 그래도 그 씨앗을 뿌리니 다른 곡식과 같이 가을에 거둬들였다.
이때부터 문도령과 자청비는 농신(農神)인 세경이 되고 정수남이는 축산신(畜産神)이 되어서 많은 목동을 거느리고 마소를 치며 칠월에 마불림제를 받아먹게 되었다. 그래서 문도령을 상세경, 자청비를 중세경, 정수남이를 하세경이라 부르게 되었다.

5) 「감은장아기」(현용준, 1976가)

제주여신으로 독립심과 자신감 충만을 상징하는 '감은장아기'가 있다. 이 여신은 자신의 운명을 수용하고 개척했다. 이 신화에는 '놋그릇과 은그릇' 등 식기류가 등장하고, 제주 대표 목축인 검은암소와 쌀, 술 등의 음식이 등장한다.

옛날에 남자 거지 강이영성이서불과 여자 거지 홍은소천궁에궁전궁납은 먹이러 구하러 다니다가 결혼했다. 홍은소천은 딸을 낳았는데 아주 가난하니까 동네사람들이 도와주었다. 은그릇에 밥을 먹여 키워서 '은장아기'라 불렀다. 은장아기가 두 살 때 두 번째 딸을 낳고 놋그릇에 밥을 먹이니까 '놋장아기'라 불렀다. 막내딸은 나무 바가지에 밥을 먹여서 '감은장아기'라 지었다. 감은장아기가 태어난 후부터 부자가 되었다.

하루는 은장아기를 불러 '너는 누구 덕에 사느냐?'고 물으니 하늘, 땅, 부모님 덕이라 대답하고 놋장아기도 똑같이 대답했다. 그런데 감은장아기는 '제 배꼽 아래 선 그뭇덕'으로 잘 산다고 하니까 부모의 눈 밖에 나서 쫓겨나게 되었다. 부모는 화가 나서 검은암소에 감은장아기의 옷을 싣고 내쫓았다.

감은장아기는 검은암소에 옷과 쌀을 싣고 정처 없이 길을 가다가 마퉁이네 집에 도착했다. 아들 세 형제 중 막내만 감은장아기에게 친절했다. "門前(門神) 모른 공사[恭神 : 祭儀] 있으며, 주인 모른 나그네가 있는가?"

두 사람이 결혼한 후 작은아들이 마를 파던 곳을 가보니 금덩이와 은덩이였다. 이를 검은암소에 실어 집에 오니 부자가 되었다. 하루는 감은장아기가 남편에게 거지잔치를 하자고 의논했다. 백일 간 거지잔치를 했는데 마지막 날 부모를 발견했다. 부모는 자신이 살아온 이야기를 하고 감은장아기라 하면서 술잔을 드리니 놀라서 술잔을 떨어뜨리는 순간 눈을 떴다.

6) 「태자(太子) 괴뇌깃도(都)」(진성기, 1959/1978)

이 신화에는 '조, 피' 등의 곡식이 등장한다.

이 고장 堂神의 원조 소천국에게는 아들이 열여덟이 있었는데, 태자는 그의 열여섯 번째 아들이다.
어느 날 태자는 농사가 천하의 대본이라 하여 교래리 히비기골왓이라는 좁씨도 아홉 섬, 피씨도 아홉 섬, 도합 열여덟 섬 갈 수 있는 넓이의 밭에 점심을 차려 놓고 밭갈이를 하러 갔다. 밭을 가는데 삼배절 중이 삼신산을 돌아보고 내려오다가 시장하여 태자에게 부탁했다. 점심밥을 내주니 중은 祭飯 삼 술을 얻어 먹고 지나갔다.

7) 설문대할망 이야기

제주창조여신으로 유명한 설문대여신의 이야기에는 죽과 음식도구인 솥이 등장한다.

(1) 「오백장군」(현용준, 1976나)

옛날 어떤 어머니가 아들 오백 형제를 데리고 살고 있었다. 식구는 많은데다 마침 흉년이 들어 끼니를 이어 가기가 힘들게 되었다. 어느 날 어머니는 아들들에게 "어디 가서 양식을 구해 와야 죽이라도 끓여 먹고 살 게 아니냐."고 타일렀다. 오백 형제가 모두 양식을 구하러 나갔다.
어머니는 아들들이 돌아와 먹을 죽을 끓이기 시작했다. 큰 가마솥에다 불을 때고 솥전을 걸어 놓고 돌아다니며 죽을 저었다. 그러다가 그만 발을 잘못 디디어 어머니는 죽솥에 빠져 죽어버렸다.

(2) 「오백장군(五百將軍·靈室奇巖)」(진성기, 1959/1978)

옛날에 설문대할망이 아들 오백 형제를 거느리고 살았다. 하루는 먹을 것이 없어서, 아들들이 먹을 것을 구하러 나갔다. 어머니는 아들들이 돌아오면 먹이려고 죽을 쑤다가 잘못하여 그 커다란 가마솥에 빠지고 말았다.

8) 「산방덕(山房德)」(진성기, 1959/1978)

인간의 생명수인 물이 등장하는 신화와 전설이 있다. 설문대여신의 야기에는 물의 깊이를 실험하는 '용연 – 지장샘 – 물장올'이 등장하지만 식수로 사용한 물통은 등장하지 않는다. 전설로 살아남은 「산방덕(山房德)」이야기에는 산방덕의 눈물이 생명수로 이어지는 과정을 보여준다. 제주도 곳곳에 남아있는 용천수는 그 마을사람들의 식수로 소임을 다했다. 어쩌면 제주의 모든 물은 산방덕의 눈물에 기원하고 있는지도 모른다. 이 물 이야기를 제시한 것은 제주의 섬사람들이 음식을 만들 때 필수요소를 들여다보기 위함이다.

산방산 남쪽 중복에 산방굴사가 있다. 옛날 이곳에서 산방덕이라는 처녀가 출생하였다. 그 여자는 고승이라는 남자와 결혼하였다. 산방덕의 미모를 탐하는 남자들은 많았는데 그 중에도 당시 주관이라는 직에 있는 남자는 자기의 직권을 이용하여 어떻게든 산방덕을 빼앗으려고 하였다. 그는 고승에게 억울한 누명을 뒤집어 씌워 재산을 몰수하고, 귀양을 보냈다.

산방덕은 인간 세계에 내려왔음을 한탄하였다. 산방덕은 다시 산방굴에 들어가 바위가 되어 버렸다. 지금 그 바위 밑에는 샘물이 떨어지고 있는데, 이것은 자기의 불행과 인간 세계의 죄악을 슬퍼하여 흘린 산방덕의 눈물이라 한다.

이상으로 신화와 전설 중 음식과 관계가 있는 것들을 찾아보았다. 이 자료들은 마라도에 국한되는 것이 아니라 제주도 전체에 해당되는 이야기이다.

여러 이야기를 즐겁게 보고 들으면서 우리나라 최남단 마라도의 음식문화를 들여다보겠다.

2. 제사의례와 음식용어

통과의례란 사람이 태어나서 성년이 되는 단계, 혼인단계, 상장례와 제사를 지내는 일련의 과정을 가리킨다. 이때 각 의례마다 특별한 음식을 만들어서 기념한다. 여기서는 마라도의 의례 관련 음식 종류와 그것을 부르는 용어를 알아보고자 한다.

보통 제관을 기준으로 하여 2~3대 선조의 제사를 지내는데, 조선시대「주자가례」에 따라 마라도에서도 제사의례는 잘 지켜졌다고 본다. 의례음식은 예법을 따르며, 계절에 따라 구할 수 있는 재료로 만들었다. 즉 제사는 대표 의례로 기본 제물은 유지되고 있다. 제사음식으로 시루떡, 적갈, 탕쉬, 제주(祭酒) 등은 지금까지 전승되고 있다.

1) 시리떡(시루떡) 만들기

제사에 사용할 떡을 만들려면 쌀을 물에 담갔다가 방애에서 빻았다. 이 도구는 집집마다 있었다. 백설기(시루떡)는 의례용 떡이고, 고구마시리떡은 일반용 떡이다.

시루떡을 만들려면 도정하는 과정이 필요하고, 농사를 짓지 않아서 재료구입에 애로사항이 있다. 마라도에서 제사명절 등 의례음식을 준비하려면 배를 타고 모슬포 등지로 나가서 음식재료를 구입해 왔다.

감저시루떡은 감저뼷데기(절간고구마)를 가루로 만들어서 시루떡을 만든다. 감저가루에 날감자를(고구마)를 적당한 크기로 자른 후 섞어서 시루를 찐다. 이 떡은 아주 맛이 있다. 시루는 사기로 된 것을 사용했다. 제사 때 이웃과 나눠 먹으려면 떡이 많이 필요하므로 시루떡 외에 밀가루로 빵떡(기중기)을 만들었다.

2) 적(炙)의 재료

제사음식 중 적갈(적)은 돼지고기, 소고기, 오분자기 등을 적꼬지에 꿰어서 올린다. 마라도는 해산물이 풍부해서 소라를 채취하는데 이는 제사음식으로 부적격 판정을 받았다.

"식게 때 구젱기적 ᄒᆞ민 둥그는 ᄌᆞ손 난다.(제사 때 소라적을 올리면 뒹구는 자손 낳는다.)"는 속담처럼 제사음식으로 소라적을 올리면 소라가 구르는 것처럼 자손이 굴러서 좋지 않다고 여겨서 올리지 않는다.

3. 당굿의례와 음식용어

제주도는 마을마다 신당(神堂)이 있으며 당골들을 중심으로 해서 정기적인 의례와 비정기적인 의례가 행해진다. 마라도에는 '할망당'이 당신으로 좌정해 있으며, 정월에는 정기적으로 방문하고 요왕제도 지낸다. 이런 의례 때에는 경건하게 제물을 준비하고 당신을 찾아간다. 마라도할망당은 해신당으로 마라도사람들이 바다밭을 일터로 삼아 노동할 때 보호해 준다고 믿고 있다.

1) 할망당신의 내력담

마라도를 찾아가면 할망당 안내문에 그 유래가 적혀 있다. 다음은 『제주도전설지』(제주도, 1984)[10]에 채록된 자료이다.

> 옛날 마라도에는 사람이 살지 않았다. 단지 모실개(모슬포) 사람들이 배를 타고 고기를 잡으러 갔다가 쉬고 돌아올 뿐 인가가 없는 섬이다.
> 어느 해에 한 배 주인이 고기와 소라 등을 잡고, 해산물을 캐러 가는 사람들을 배에 태우고 마라도로 들어갔다.

---

10) 이 자료에는 「가파도 아기업게 바위」로 채록되어 있지만 마라도할망당의 좌정 내력담으로 더 유명하다. 그래서 가파도를 마라도로 수정해서 제시했다.

마라도에서 일을 마치고 사람들이 돌아오려고 배를 띄우려 하자 바다에 풍랑이 일기 시작했다. 삼사일 기다려도 파도는 더욱 거셀 뿐이어서 도저히 떠나올 수가 없었다.

하루는 선주(船主)가 밤에 꿈을 꾸었는데 한 할머니가 나타나 "아기업은 처녀를 섬에 놔두고 가야지 그렇게 하기 전에는 떠나지 못한다."고 하는 것이었다.

꿈을 깬 선주는 꿈속의 일을 확실히 믿을 수가 없었다. 하루 더 기다려 보기로 했다. 파도는 여전히 거세었다.

이제는 싣고 온 양식도 다 떨어지고 모두 굶어죽게 될 형편이었다. 선주는 모든 사람들에게 배에 타도록 명령을 했다.

그런데 아기업게(아기업저지)는 싣지 말아야 할 텐데 하고 생각한 선주는 아기업게에게 한 가지 부탁을 했다.

"저 곳에 잊어버리고 떨어진 물건이 있는 데 가서 가져오라."

아기업게가 물건을 가지러 배에서 내리자 파도가 잠잠해졌다. 그 틈에 선주는 배를 몰고 모슬포로 돌아와 버렸다.

삼년동안 선주와 사람들은 아기업게를 잊고 살다가 마라도에 가 보니 바닷가 바위에 뼈만 남아 있었고 그 옆에는 아기 업은 처녀와 같은 모양을 한 바위가 서 있었다.

아기업게는 자신을 내버려 두고 배가 떠나자 바닷가에서 슬프게 울다가 돌로 굳어졌다.

마라도할망당신의 유래처럼 바다에 희생된 아기업게(아기업저지)의 영혼을 달래기 위하여 당제를 지내기 시작하면서 이 할망당은 성소가 되었다. 마라도사람들은 지금도 할망당신이 자신들을 잘 보살펴 준다고 믿고 있다.

2) 당신(堂神)에 대한 예의

당골들은 정월보름제를 위해서 제물을 미리 준비해 뒀다가 할망당을 방문하고, 그 외는 각자 수시로 당을 찾아간다. 마라도 출신들은 다른 곳에 나가 살더라도 정월 보름제에 참석한다. 오래 전에는 정성하는 사람은 월 1회 정도 할망당에 다녔지만 지금은 당골에 따라 다르다. 정월은 상달이라 적어도 연 1회는 할망당에 간다.

할망당 제일(祭日)은 규정되지 않았지만 주로 중순(12~20일 사이)에 다닌다. 초순에 할망당을 찾아가면 구설수가 있다 하고, 말일에는 효험이 없다고 알려졌다. 보통 3일과 7일이 할망날이어서 11, 13, 17일 정도에 할망당에 간다. 할망당은 주로 새벽에 가며 제를 마친 후 반드시 음복을 하고 돌아온다.

3) 당 제물과 음식용어

마라도할망당에는 주로 정월과 추석에도 다니는 사람이 있다. 신당에는 제단에 구멍이 세 개 있어서 이곳에 제물을 드린다. 당 제물은 메 3기(할망신 몫), 요왕몫 1기를 준비한다. 바다 사고 시 사망자가 있으면 그 몫으로 메를 하나 더 올린다. 당에는 제숙 3 마리를 올리고, 요왕에는 제숙을 올리지 않는다. 제숙은 마라도에서 잡히는 생선으로 올린다. 과일(사과, 감, 배 등)과 제주(감주, 주스, 소주 등)도 준비한다. 과일로는 감, 배는 필수이고, 그 외에 형편에 맞게 선택한다. 적갈로는 소고기적, 돼지고기적, 어적 등을 올린다. 게영(갱)은 올리지 않으며, 해산물은 채취할 때만 어적으로 올린다. 소라는 10월(2008년부터 9월)부터 해경해서 다음해 5월까지 잡는다. 6월에는 성게, 8월에는 오분자기를 잡으니까 때에 따라 적으로 올린다. 초와 향을 피운다.

정월에 요왕제를 드리며, 지드림용 제물을 준비한다.

4. 세시의례와 음식용어

마라도에는 세시풍속에 따른 절기별 특별음식이 없지만 드문드문 먹었던 음식이 있다.

○ 닭 먹는 날

정월에 병아리를 사다 키우면 3~4월이 되면 한 사람 먹을 정도로 크고, 음력 6월 스무날이 되면 가족이 먹을 정도로 중닭이 된다. 닭 음식은 여름철 보신용으로 먹었다.

5. 일상 음식용어

1) 주식류

○ 보리밥

보리밥은 보리쌀로만 지었다. 가을에 감저(고구마)와 검은콩을 수확하면 이런 것을 보리쌀과 섞어서 밥을 지어 먹기도 했다.

마라도에서도 보리농사를 지은 적이 있으며, 이때 보리를 도정하려면 모슬포에 있는 방애공장(정미소)에 가서 도정해 왔다. 마라도에는 물방애(연자매)가 없었다.

2) 국류

(1) 김국

돌김을 바다에서 채취해서 된장으로 간을 하고 김국을 끓인다. 돼지고기와 생선국에도 돌김을 섞는다. 자연산 돌을 채취하는 방법은 다음과 같다.

돌 위에 붙어 있는 김을 손으로 뜯는다. 지금은 낚시꾼들이 드나들면서 미끼들이 바위에 남아있어서 자연적인 김이 잘 자라지 않는다. 그래도 가끔 돌김을 채취해서 국을 끓여 먹는다. 돌김은 주로 섣달과 정월에 자라는 것을 채취해서 깨끗이 씻은 후에 된장을 풀어 넣고 끓이며, 이를 김국이라 한다. 이 음식은 마라도 대표음식이다.

(2) 해삼탕

해삼은 여름에 많이 잡았는데 지금은 잘 나지 않는다. 해삼을 썰어서 양념을 하고 냉국으로 먹는데, 이를 해삼탕이라 한다.

3) 찬류

○ 군벗무침

군벗(군부)으로 반찬을 만든다. 군벗을 삶아서 껍질을 떼고 돌 위에서 박박 밀어서 하얗게 깨끗이 손질한 다음 초장에 찍어 먹거나 간장에 무친다.

군벗 말고도 여름철에 먹는 해산물로 보말이 있는데 마라도사람들은 주로 삶아 먹는 정도였다.

4) 양념

마라도에는 소금밭이 없고 가뭄이 들 때 빌레(암반) 위에 바닷물이 고였다가 마르면 그것을 긁어서 소금으로 사용했다.

돼지고기국이나 생선국에는 간장과 소금을 입맛에 따라 사용한다. 마라도 대표 양념으로는 된장과 소금, 간장이 있다.

6. 구황 음식용어

1) 범벅

마라도사람들은 구황음식으로 범벅을 먹었다. 감저가루범벅, 밀가루범벅이 있다. 밀가루와 늘감저(날고구마)를 썰어서 범벅을 만든다.

제주의 오래된 음식으로 범벅은 무속신화 「이공본풀이」(현용준, 1976 ; 진성기, 1959/1978)에 나온다.

> 한락궁이가 15세가 되어서 아버지의 부재를 확인하고 어머니에게 맡겨놓은 징표를 들고 길을 떠난다. 한락궁이 어머니는 아들의 요청에 따라 메밀범벅과 명주 석자를 준비해 준다.

제주사람들이 범벅을 식량으로 먹은 이야기는 속담으로도 전해온다.

> 에비아들 범벅 ᄀ뭇 긋엉 먹으라.(아버지와 아들 범벅 선 그어서 먹어라.)
> 범벅에도 그뭇 긋나. (범벅에도 금을 긋는다.)

2) 톳밥

마라도에서는 1950년대에 톳밥을 먹었다.

3) ᄑ래국(파래국)

파래는 국재료이며, 된장국을 끓일 때 파래를 넣는다.

7. 음식문화 환경

마라도에서 바람은 중요하다. 샛바람 불고 마파람 불면 날씨가 나쁜데 장마철에는 주로 이런 바람이 분다. 샛바람이 불면 비가 오고, 마파람이 불면 파도가 세다. 이런 자연환경에서 음식재료 구하기는 쉽지 않았다.

마라도에서도 보리, 고구마 등 농사를 지었지만 해풍이 심해서 1980년대 중반부터는 농사짓기가 조금씩 사라졌다. 그 대신 풍부한 해산물을 채취해서 곡식과 바꿔 먹었다. 즉 여성들이 물질해서 소라, 전복 등을 팔아서 가정경제에 도움을 주었다. 남성들은 조그마한 배(풍선)를 이용해서 그물로 고기를 잡은 후 모슬포에 가서 팔았다. 포구가 없어서 풍선을 올렸다가 바다로 나갈 때는 내려놓았다.

마라도에서 생산되는 해산물로 소라, 전복 등이 있으며, 해녀들이 주공급원이다. 해녀들은 이런 해산물을 팔았으며, 나중에는 음식재료로 사용했다. 이러한 해산물을 채취하는데 필요한 도구들이 있다. 전복은 빗창으로 떼고, 소라는 손으로 잡는다. 글겡이(호미)로 오분자기와 성게를 잡는다. 오분자기가 돌틈에 붙어있을 때 글겡이가 필요하다. 문어는 갈쿠리로 잡는다. 보말은 돌 위에 붙어 있어서 손으로 잡는다. 마라도에서는 오분자기를 바르라고 하고 이것을 담는 그물주머니를 찰리라고 한다. 찰리는 자루에 해당하는 제주방언이다.

마라도의 대중교통수단은 여객선이다. 겨울철에는 파도가 세어서 여객선 출항에 제약이 있기 때문에 식량을 미리 구해서 저장해 두었다.

마라도사람들은 음식재료를 바다에서 힘들게 구했으며, 음식을 만들기 위하여 필수 요소인 물을 귀중히 다루었다. 즉, 상수도시설이 되기 전에는 빗물을 이용했으며 지금도 빗물통이 남아있다.

8. 음식용어 분석

마라도에서 오래 전부터 만들어 먹었던 의례음식과 일상음식에 나타난 음식용어의 구조를 분석해 보겠다.

1) 음식용어 일람

제사음식에는 시리떡, 적(돼지고기적, 소고기적, 오분자기적), 메, 게영, 과일, 제주, 지숙(생선), 탕쉬 등이 있다.
당 제물로는 메, 제숙, 과일, 제주, 적, 게영 등이 있다.
일상음식에는 보리밥, 김국, 해삼탕, 군벗무침 등이 있다.
구황음식에는 범벅(감저가루범벅, 밀가루범벅), 톳밥, 프래국(파래국) 등이 있다.

2) 음식용어 조어(造語) 과정

의례음식의 대표격인 적은 '돼지고기·소고기·오분자기 + 적'의 구조로, 이는 음식재료명과 음식종류의 결합형이다. 적(炙)은 날고기를 적당한 크기로 잘라서 적꼬치(대나무로 가늘게 만듦)에 꿴다. 이것을 숯불에 구웠다. 그러다가 연료의 발달에 따라 곤로→연탄→가스렌즈를 사용해서 구웠다. 집안에 따라 적갈 재료를 양념한 후에 꿰기도 한다. 적을 만들 때 조리법에 따라 먼저 구운 다음 양념을 하든지, 양념을 한 다음 굽는다.

제사명절을 지내는 한국인들은 적이라는 음식명을 들으면 재료와 생김새, 맛을 기억하고 추정한다. 이는 대표적인 의례음식이어서 가능하며 지금도 의례와 함께 음식이 전승되고 있다. 적의 재료는 시대와 형편에 따라 추가되지만 마라도에서도 다른 지역과 마찬가지로 돼지고기와 소고기는 필수이고, 그 외 해산물적은 선택적으로 만든다. 마라도에서는 오분자기적을 만드는데 소라적은 올리지 않는다.

일상음식으로 먹었던 보리밥, 김국, 해삼탕 등을 분석하면 우선 '보리(쌀)+밥'으로 재료와 음식종류의 구조이다. '김+국'이나 '군벗+무침'에서는 해삼과 김, 군벗은 음식재료이고 국과 무침은 음식종류와 조리법이다. 음식명만 듣거나 보면 바로 연상이 가능하다.

김국은 마라도의 독자적인 음식이다. 자연산 돌을 채취해서 국을 만들어 먹는다. 다른 섬 지역에는 없는 음식으로 '김국'은 마라도의 전통음식이라 할 수 있다.

'감저가루(고구마가루)·밀가루+범벅', '톳+밥', '파래+국'은 재료와 음식종류의 결합이다. 범벅은 마라도는 물론 제주도의 대표적인 구황음식이었다.

'시리+떡'은 예외적으로 도구와 음식종류가 결합되었다. 그런데 시루떡을 백설기라고 부른다. 이때 백은 '희다'이고, 설기는 시루떡을 가리킨다.

마라도의 음식용어를 보면 '음식재료+음식 종류'로 구성되어서 어떤 음식인지 금방 알 수 있다. 음식용어에서 드러나듯이 무엇으로, 어떻게 만들었는지를 직접적으로 나타낸다. 이는 사람들이 용어만 들어도 어떤 음식인지, 즉 의례음식인지 일상음식인지, 세시음식인지 등 의례와 음식의 관계를 쉽게 알 수 있다. 또한 이러한 음식을 잘 모르는 사람도 쉽게 접근할 수 있어서 이러한 음식을 먹고자 하는 사람들은 낯설지 않고 바로 먹을 수 있다는 장점이 있다.

마라도의 음식용어는 재료와 조리법, 음식종류가 표면적으로 드러나서 직접적으로 호불호를 알려주는 장점이 있으며, 소비자의 선택에 즉각적인 영향을 미친다.

마라도는 사면이 바다인 섬이어서 음식재료는 전부 바다에서 구한다. 또한 음식의 종류는 단출하고, 조리법도 간단하다. 어류나 해산물은 직접 구할 수 있어서 불편하지 않은 것 같다. 해산물을 채취하지만 주로 경제작물로 인식해서 판매를 하고, 가정경제 소득원이라는 인식이 강하다. 그래서 자신들이 일상음식으로 먹는 재료로는 활용도가 낮은 편이다. 마라도에서는 전통음식이 특별하지는 않고 오래전부터 만들어 먹었던 음식이 이어지고 있으며, 음식재료 구입 여부에 따라 조금씩 달라진다.

비양도사람들의 음식

비양도사람들이 어린 시절부터 먹어보고, 지금까지 먹고 있거나 기억하고 있는 비양도의 음식을 들여다보았다. 즉 비양도의 음식문화가 어떻게 여성들을 통해서 전승되고 있는지를 알아보고자 한다.

1. 당신 영접과 의례 음식용어

1) 당굿의례 예절

비양도에는 본향당이 하나 있으며 그 당을 술일본향(개당/하르방당/도체비당)이 라 부른다. 당굿(현재는 마을제 겸용으로 짝수 해에 지냄)을 하려면 먼저 택일한다. 현재는 비양도본향당 매인심방이 없어서 다른 마을에서 청해온다.

이 당은 본향당으로 지금도 당골들의 섬김을 받고 있으며, 정월명절과 추석은 정기적인 의례로 진행되고 있다. 정월에 당굿을 할 날이 정해지면 마을사람들이 공동으로 제물(祭物) 비용과 음식을 준비한다. 물론 심방의 사례비도 마련한다. 당굿이 끝나면 마을사람들은 공동으로 음복하고 축제처럼 하루를 보낸다.

당에 갈 때는 각 당골별로 제물을 만들어서 올렸는데, 지금은 쌀이나 돈을 갖고 가서 올리기도 한다. 당구덕(제물을 담는 바구니)에 담고 가서 이름을 올려서 축원하고 굿이 끝나면 심방이 점을 치는데 그해 운이 나쁜 사람은 그 쌀로 액막이를 하거나 별도로 요왕제를 드린다.

2) 당 제물과 음식용어

　당굿 제물 준비 과정을 보자. 마을에서 제물을 만들 사람 일부를 선정한다. 선정 조건은 특별하지 않다. 시작은 특별하지 않으나 제물 담당이 정해지면 별 문제가 없는 한 계속 맡게 된다. 당굿 규모가 크기 때문에 제물의 양도 많다. 제차(祭次)에 따라 의례음식을 바꿔서 올린다.

　당굿 시작 시간은 택일 후 정하는데 새벽이나 오후에 결정되기도 하고, 다음날 시작하기도 한다. 당굿을 하려면 제관을 선정하고, 제물준비는 여성이 담당한다. 이 여성은 마을사람으로 일을 열심히 하고 결혼해서 다복하게 사는 사람으로 선택한다.

　본향을 맞이할 때는 제물로 돼지를 잡으면 내장을 빼낸 후에 날 것 그대로 통째 제상에 올려서 굿을 한다. 돼지는 마을에서 잡는다. 당굿이 끝나면 이 돼지를 삶아서 마을사람들이 공동으로 음복한다.

　본향제 제물 떡에는 시루떡과 돌레떡이 있다. 조그마한 사발에 쌀가루를 넣고 시루 대용으로 사용했다. 이 사발을 솥 안에 엎어놓고 찌면 시루떡이 되었다. 돌레떡은 반드시 준비하고 시루떡은 형편에 따라 준비한다. 제물은 하나의 접시에 모아 놓으며 수효는 정해진 것이 없다. 옛날에는 골감주 한 주전자 정도를 준비했고, 소주나 음료수 등 당골이 마음내키는 대로 준비한다.

　명절때는 본향신 몫으로 제물을 준비한다. 제물로는 메 2기(본향당신 몫1, 김씨 할머니 몫1), 제숙 2, 게영(갱) 1, 소주, 과일 세 가지(귤, 배, 사과 등), 채소 한 그릇, 적갈 등 명절음식으로 준비한 것은 전부 올린다.

　본향제를 지낼 때 당골들은 몸조심을 하는데 만약 부정한 일이 있으면 시작할 때부터 동참하지 못하고 '초감제'(굿의 제차)가 끝날 때에 참석한다. 여기서 부정한 일이란 길을 다니다가 죽은 짐승을 보거나 상가에 다녀오거나 몸에 상처가 나서 피를 흘리거나 생리하는 여성 등이다.

당골들이 굿청에 갈 때는 목욕재계하고 깨끗한 옷을 입는다. 당굿이 끝나고 돌아올 때는 마음을 정갈하게 먹고, 남과 싸우지 않으면 좋다고 한다. 만약 남과 다투게 되면 쌓은 복이 허물어진다고 여긴다.

3) 요왕제와 음식용어

요왕에 가는 날이 정해진 것은 아니고 어업인들이 꿈자리가 사납거나 기분이 나쁘면 가서 빌고 왔다. 비양도(한림, 수원 등)에서는 음력 2월 초하룻날 영등신을 맞이했다.

당굿을 할 때 요왕제를 지낸다. 당골들 각자 지드림용 제물을 만든 후에 바닷가로 가서 요왕신(사신 요왕) 몫 메 4기, 영등신 몫 메 1기를 준비하고 치성을 드렸다. 제를 지낸 후 메는 걸명해서 바닷가 돌틈에 둔다.

요왕제 제물을 보면 백지에 메 1기, 채소, 과일, 과자, 삶은계란, 동전(100원, 500원짜리 등) 등 준비한 것을 모두 놓고 포장한 다음 이름을 적는다. 이런 것이 4개다. 바다에서 사망한 가족이 있으면 그를 위해 하나 더 준비한다. 당골이 혼자 비념하면서 지드림을 한다. 이때 바다에 잘 가라앉도록 돌멩이를 매달기도 하는데, 이렇게 준비해도 가라앉지 않는 경우도 있다. 영등달에 요왕제를 지내게 되면 영등신몫을 하나 더 준비하고, 다른 달에 하게 되면 요왕몫만 준비하면 된다.

4) 뱃고사와 음식용어

배를 새로 만들거나 사 오면 뱃고사를 지낸다. 뱃고사를 지낼 때는 배에 올라가야 하므로 밀물일 때 시간을 보면서 한다. 배의 선두에 제물을 올린다. 가운데 제숙과 과일을 놓고, 바로 밑줄 가운데 메를 올리고, 그 옆에 제주를 놓는다. 뱃고사 제물도 당제물과 같다. 뱃고사는 선주가 직접 지낸다. 이 음식은 가져와서 식구들이 나눠 먹는다.

배를 새로 만들면 본향에 가서 선왕님을 모셔온다. 이때 심방이 "여자 선왕이다. 남자 선왕이다." 하면서 신을 청한 다음 굿을 한다. 새 배 선수식을 할 때는 부조도 한다.

5) 영등굿 의례

(1) 「영등대왕」(진성기, 1959/1978)

어부들이 먼 바다에서 외눈박이들의 공격을 받게 되자 영등대왕의 도움으로 무사히 고향으로 돌아오게 된다. 이때 영등대왕은 '영등달 초하룻날엔 날 생각하라.'고 당부했다. 외눈박이는 분한 마음에 영등대왕을 세 토막을 내어 죽였다. 그의 시체는 바다에 버리고, 머리는 소섬(우도)에, 사지는 한수리에, 몸체는 성산에 올랐다. 어부들의 수중액(水中厄)을 면하게 해 준 영등의 고혼을 위하여 소섬에서 정월 그믐을 영등맞이 祭日로 정하였으며, 이월 초하룻날에는 영등제를 지낸다. 그때 영등대왕이 제사를 잘 받으면 고향으로 돌아간다 하며, 이 영등대왕이 어부들을 돌보아 주는 조상이라 믿게 되었다.

(2) 「영등할망」(진성기, 1959/1978)

옛날에 한 포목장사가 제주에 들어오다가 비양도 근처에서 홀연히 태풍을 만나 익사하였다. 그의 시체는 네 쪽으로 찢겨서, 머리는 협재, 몸뚱이는 명월, 손발은 고내와 애월에 각각 표착하였다. 이 상인이 영등할망이라는 신이 되었다. 그의 명복을 빌어 주면 해상 사고를 막을 수 있을 뿐만 아니라 곡식도 풍성해진다 하여 해마다 음력 2월 초하루부터 보름간(지금은 3일로 단축) 제사지낸다.

제사를 지낼 때는 무당이 主祭하게 되는데, 영등할망이 오면서 미역의 씨앗을 골고루 바다에 뿌리면 미역이 대풍이요, 씨앗 주머니를 잊으면 미역을 전혀 걷을 수 없게 된다. 그 외에도 금년은 산도(밭벼)가 상이라면 산도가, 조가 상이라면 조농사가 잘 된다.

영등신을 보내는 날(음력 2월 15일)에 볏짚으로 배를 만들어 오색 단장을 하고, 갖가지 제물을 조금씩 실어 먼 바다로 띄워 보낸다. 이것은 영등할망이 떠난다는 표시인데 이때 동북풍이 불면 영등의 넋이라고 한다.

두 이야기는 영등굿의 유래를 보여준다. 영등달(음력 2월)에 영등신이 들어올 때는 어부들과 해녀들은 조심했으며, 행동의 금기 관련 속담도 전해온다.

6) 가정신앙의례와 음식용어

(1) 조왕제와 음식

제사 때 문전제를 지낸 다음 걸명을 만들어서 집 밖에 뿌린다. 이렇게 문전제가 끝나면 그다음에 조왕제를 지낸다. 솥덕에 음식을 올려놔뒀다가 우영팟(텃밭) 등 주변에 뿌린다. 요즘은 문전상을 차리면서 조왕상도 같은 시각에 준비한다. 조왕상에는 소주를 올리지 않는다.

문전상에는 메(매), 게영(갱), 구운 생선, 채소, 떡, 소주를 올리고, 조왕상에는 메, 게영, 떡, 식혜, 채소 등 문전상과 같은데 소주는 안 올린다. 조왕은 어머니신이어서 소주대신 식혜를 올린다. 문전제 걸명은 집 주변에 뿌리고, 조왕제 걸명은 솥덕 옆 수돗가, 물통 등에 놓아두었다가 처리한다.

조왕상은 문전상처럼 별도로 차리는 것이 아니고, 솥뚜껑에 음식을 올렸다. 가옥구조가 현대식으로 바뀌면서 정지(부엌)가 사라지고 싱크대를 설치하게 되면서 쟁반에 제물을 놓고 싱크대 위에 올려서 제를 지낸다. 문전제가 끝나면 조왕상도 같이 마무리한다.

제사음식은 원래 것은 변하지 않고, 시대와 형편에 따라 추가로 더 만들어서 올린다. 제사음식에는 마늘 등 향료는 넣지 않는다.

(2) 안칠성과 음식

비양도에서는 일제강점기에는 안칠성을 모시는 집안이 있었지만 광복 이후에는 거의 사라졌으며, 21세기인 현재는 이 의례를 행하는 집안이 없다. 농사를 지을 때(전통적인 농경사회) 칠성할망(안칠성)이라 해서 고팡에 칠성할망 적시(몫)로 곡식항아리 위에 모셨다. 이 의례는 집안의 제사명절 때는 반드시 지내고, 사람에 따라 1년에 1회 안칠성굿을 했다. 이 (안)칠성굿은 심방을 청해서 굿을 하는 것이다. 문전제를 지낸 후 별도의 제물을 준비해서 안칠성에 올렸다. 안칠성에서 만든 걸명은 제가 끝나면 밖에 뿌린다.

오래 전에는 밧칠성을 모시는 집안도 있었다. 밧칠성은 주로 뒤뜰에 모셨다. 안칠성은 조상을 모시는 것이어서 후손이 지내지 않아도 괜찮지만 밧칠성을 모시면 다른 곳으로 이사를 가더라도 같이 모셔갔다. 밧칠성굿은 1~2년에 1회 지내는데 안칠성보다 규모가 컸다.

2. 출산의례와 음식용어

1) 생선미역국

비양도여성들이 출산 후 먹었던 음식을 알아보자. 먹을 음식이 부족했던 시절에는 산모는 주로 생선메역국을 먹었다. 가정 형편에 따라 다르지만 출산하면 ᄂ물(나물)과 메역(미역)에 생선을 넣고 끓여서 먹는데, 일주일에서 보름이 돼야 돼지고기국을 먹을 수 있었다.

2) 모유와 밥

비양도 어머니들은 아기가 태어나면 1~2년 정도 모유 수유를 하다가 이유식으로 밥을 먹였다. 이유식은 특별한 것이 없고, 쑬ᄀ를(쌀가루)을 볶아서 죽을 끓여 먹이는 정도였다. 특히 해녀들이 물질하러 가면 젖을 먹이지 못하니까 흰죽을 끓여서 그 물로 요기를 했다. 이것도 여의치 않으면 젖동냥을 다녔다. 아기가 배고파서 보채고 울면 할 수 없이 물질하러 가지 않은 어머니를 찾아가서 젖을 먹이거나 애기할망들이 젖을 먹이러 불턱으로 데리고 갔다.

해녀의 아이들만 젖동냥을 하는 것이 아니라 산모 중에 젖이 부족하면 동네 여성들이 동참해 주고, 아기어머니가 한림장이나 다른 볼일이 있어서 외출한 시간이 오래면 젖동냥을 했다. 마을 여성들은 아기들의 배고픔을 기꺼이 해결해 주는 모두의 어머니들이었다. 그런데 젖동냥을 하려면 비슷한 시기에 출산해야 가능했다.

해녀들이 물질과 농사에 종사할 때는 요즘처럼 육아와 교육에 몰입할 수 있는 환경이 아니어서 해녀의 아기들은 거의 방치상태로 놔두면 알아서 컸다고 해도 과언이 아니다.

3. 혼인의례와 음식용어

비양도에서 잔치를 하려면 음식재료가 마땅치 않아서 한림 등 다른 마을에 가서 재료를 사왔다.

1) 돼지고지와 몸국(모자반국)

잔치 음식의 필수인 돼지고기를 준비하려면 집에서 돼지를 키웠으며, 여의치 않을 때는 살아있는 돼지를 사다가 마을에서 잡기도 했다. 이 당시에는 동네사람들이 협심해서 잔치 음식을 준비해 주었다.

적어도 잔치하기 이틀 전에 바닷가에서 돼지를 잡은 후에 큰 솥에서 삶는다. 솥은 한 말~서 말들이용이 있었다. 이 솥은 집집마다 소유하는 것이 아니라 빌려서 사용했으며, 나무로 불을 지펴 돼지고기도 삶고, 밥도 했다. 돼지고기를 삶은 후에 그 물을 버리지 않고 춤몸(모자반)과 돼지뼈를 넣고 푹 고았다. 이것이 그 유명한 몸국이다. 몸국은 동네사람들이 모두 먹었으며, 잔치 전날까지 이 국으로 대접했다. 즉 몸국은 주로 돼지를 잡는 날 먹었다.

2) 잔치 음식용어

비양도의 잔치 음식으로는 생선국, 쌀밥, 돼지고기, 순대, 두부 등이 있다. 잔치 음식으로 메역국은 끓이지 않았다. 생선은 옥돔, 다금바리, 북바리 등 준비하는 대로 사용했다. 생선을 낚는 집은 미리 준비하고 그렇지 못하면 사다가 썼다. 1950년대는 쌀이 귀한 때라 잔치밥은 쌀과 보리, 팥을 섞어서 지었다. 신부와 신랑상, 상객상에는 특별히 흰쌀밥을 올렸다.

하객들에게는 반지기밥(혼식밥)에 고깃반으로 돼지고기 석 점~다섯 점, 순대를 놓았다. 돼지고기가 귀한 시절이라 주로 순대를 만들어서 접시를 채웠다. 잔치 음식으로 빼 놓을 수 없는 것이 마른 두부다. 두부는 집에서 만들든가 사다가 사용했다.

한 제보자의 말을 빌리면 자신이 결혼한 1950년대나 딸이 결혼한 1980년대나 잔치 음식은 특별히 달라지지는 않고, 경제사정에 따라 맛있는 음식을 더 준비했다. 즉 잔치 음식은 크게 변하는 것이 아니고, 시절에 맞게 품목이 추가되었다. 잔치국으로는 생선무국(주로 옥돔 사용)을 끓였는데, 날생선은 비린내가 난다고 해서 말린 생선을 국의 재료로 사용하는 집도 있다.

비양도여성들은 대부분 해녀들이어서 자신이 직접 채취한 전복, 소라, 문어 등 해산물을 잔치 음식으로 사용했다. 횟감으로는 조기를 사다가 썼다. 비양도는 해안마을이라 바다에서 구할 수 있는 어류와 해산물이 잔치 음식의 재료이다.

3) 신부상 음식용어

생활이 어렵던 시절에는 잔치 음식을 준비할 형편이 되지 않아서 닭 한 마리 잡아서 잔치한 집이 있을 정도였으며, 지금까지도 신부신랑상에 오르는 잔치 음식이다. 삶은계란은 정해진 수효는 없고 형편에 따라 올린다.

신부상에는 닭, 삶은계란, 두부, 돼지고기 등을 올리며 이는 과거부터 현재까지 전승되고 있다. 이 외에 해녀들이 있으면 직접 채취한 해산물을 덤으로 올리는데, 전복, 소라 등 해산물을 잔치 음식으로 사용했다.

4) 가문반 음식용어

가문잔치는 잔치 하루 전날에 치르며 친척들이 모두 모여서 다음날 절차를 의논하고 점검한다. 이를 '가문잔치'라 부른다. 이 날은 친척과 동네사람들의 날이며 생선무국을 끓여서 대접했다.

가문잔치날 가문어른들을 대접하는 '가문반'이 있다. 가문반은 특별하진 않지만 집안에서 준비한 모든 잔치 음식을 골고루 담는다.

5) 잔치멩질과 문전제

잔칫날 새벽에 조상멩질을 지낸다. 잔치 음식을 제물로 사용하며, 조상에게 신고하는 의례이다. 이 때 아버지 친가와 어머니 친가의 조상들을 한 자리에 청한다. 후손들이 잔치 먹으러 오듯이 죽은 조상들을 모두 청해서 대접한다. 잔치 음식을 모두 올리고, 돼지고지는 적꼬치에 꿰어서 적으로 올리고, 마른생선은 구워서 올린다. 조상멩질이 끝나면 신랑집에서는 신랑이 집을 나서기 전에 문전제를 지낸다. 이때 잔치 음식과 돼지머리를 올린다. 신랑은 삼 배를 드리고 음복한다. 조상멩질은 종교에 따라 선택하지만 유교식은 모두 지낸다.

신부집에서도 조상멩질을 지내고 문전제는 지내지 않는다. 신랑이 들어올 때 홍세함을 올려놓는 상으로 대신하고 예장상을 준비한다. 이 의례는 지금도 전승되고 있다.

6) 이바지 음식용어

비양도여성이 다른 마을로 시집가면 잔칫날 신랑집에 갔다가 당일날 돌아오지 못하므로 다음날 인사하러 친정집을 방문한다. 비양도

내에서 결혼을 하면 당일날은 신랑집에서 지내고 다음날 친정집을 방문한다.

결혼식 다음날 친정집에 올 때는 이바지 음식을 갖고 오는데, 돼지고기 한 다리나 쌀 한 말, 잔치 음식으로 준비한 것, 술 등 형편에 맞게 준비해서 구덕(바구니)에 넣어서 지고 왔다. 이바지 음식은 여성이 지고 오는데 이 날 신랑측 사돈이 동행한다. 신랑어머니는 오지 않고, 신랑아버지와 다른 친척이 와서 이바지 음식을 나눠 먹는데 이를 '사둔잔치'라고 하며, "사둔 인사 왐저."라고 한다. 이때 친정 친척들을 청해서 사돈인사를 하고, 동네사람들이 모여서 구경한다. 사돈잔치가 끝나면 신랑은 처가에 남고 다른 가족들은 떠난다. 신랑측에서 가져온 이바지 바구니에 친정에서 준비한 잔치 음식을 넣고 사돈 편에 다시 보낸다.

7) 죽은 혼사[死婚] 의례

비양도에는 죽은 혼사가 있는데 주로 스무 살이 넘어서 죽으면 혼례를 치러준다. 이때는 살아있는 사람들의 혼인절차와 같다. 중매쟁이를 통해 중매혼을 하며 택일해서 결혼날짜를 정한다. 혼인절차가 끝나면 다음부터는 어디에서 제사를 지내겠다고 알리고 신랑집으로 모셔간다. 이때부터 신랑집에서 제사를 지낸다. 제사는 각자 기일에 하거나 신랑 기일에 맞추어서 합제를 한다.

죽은 혼사도 사돈잔치를 하고, 신부집에서 이불, 옷 등 예단을 준비한다. 신부신랑 옷은 의식이 끝나면 산으로 가서 태운다.

신부 무덤은 신랑측으로 이묘하고 벌초 등도 담당한다. 죽은 혼사 때 음식은 잔치 음식과 같다.

4. 상장례와 음식용어

1) 상례 음식

(1) 풋죽(팥죽)

초상 때는 사돈댁에서 팥죽을 쑤어간다. 만약 사돈이 없으면 상주 측에서 장만한다. 팥죽은 허벅(물동이)에 담아 간 다음 큰 그릇에 쏟아 부어서 대접했다.

상가의 팥죽을 보면 팥은 한 되, 쌀은 이보다 더 많이 넣어서 쑤면 보통 한 허벅이 되었다. 사돈이 여럿이면 상주와 일꾼들이 먹고도 남을 정도로 팥죽이 많다. 사돈이 돌아가셨다는 소식이 오면 그때부터 팥죽을 쑨다. 요즘은 형편에 맞게 라면이나 떡 등 다른 음식을 가져간다. 사돈은 성복 전에 팥죽을 쑤어가고, 부조는 따로 했다. 성복이 끝나면 상주들은 상복을 갖춰 입고, 음식을 먹을 수 있으며 조문객을 맞이한다.

(2) 돌레떡

초상 때 제상에 올리는 음식은 제사음식과 같다. 장지에서 돌레떡을 주는데 굿의례 때 준비하는 돌레떡과 다르다. 굿 음식 중 돌레떡은 조그마한 접시로 본을 떠서 만들거나 손으로 돌리면서 만든다.

초상 때 장지에서 사용하는 돌레떡은 큰 접시 정도인데 손으로 빙빙 돌리면서 만든다. 돌레떡은 모물가루(메밀가루)를 주로 사용하지만 모물가루 준비가 어려우면 좁쌀가루로 만든다. 요즘 같으면 뻥튀기 정도의 크기이다. 상주마다 답례로 하객에게 돌레떡을 주면 한 사람이 여러 개를 받는다. 요즘은 돈으로 부조를 하지만 과거에 떡으로 부조를 할 때는 장밧디(장지) 떡을 지고 가서 반기를 나눠 주었다. 사람에 따라 돌레떡 10개~30개를 받았다. 친척들은 고적(공동부조)으로 돌레떡을 만들어 주었다.

돌레떡 재료인 메밀과 좁쌀은 사다가 사용했다. 모힌좁쌀(메조)은 점성이 약해서 반죽하기 어렵고, 흐린좁쌀(차조)로 돌레떡을 만들었다. 1940년대 후반까지도 돌레떡을 반드시 준비했으나 6·25전쟁 이후부터 이 떡을 나눠주는 풍습이 서서히 사라졌다.

(3) 장지(葬地) 음식

영장날 아침 발인하고 떠날 때 제를 지낸다. 차례상을 준비하고 망자와 이별한다. 발인제 음식은 제사음식과 같고 상주가 제관이 된다.

관을 집안에 모실 때 방향이 정해져 있다. 지관이 택일할 때 관의 방향과 놓을 시간을 정해주면 그에 따른다. 관이 집을 떠날 때는 마루로는 나가지 않고, 창문으로 나간다. 관이 나가면 친척 중 장지에 가지 않는 어른이 항아리를 갖고 방에 와서 내리쳐서 깨뜨린다. 그런 다음 깨끗이 청소하고 마무리한다.

이 날은 상두꾼[鄕徒-]들을 잘 대접했다. 굵직하게 썬 돼지고기를 적꼬치에 꿰어서 하나씩 나눠 주었다. 비양도에서는 주변 밭에 묘지를 썼다. 장지에서 매장이 일찍 끝나면 집에 와서 점심을 먹고, 그렇지 못할 때는 장지에서 밥을 먹었다. 이때 솥과 음식재료들을 장지에 갖고 가서 음식을 만들어서 대접했다. 장지음식으로는 돼지고기찌개, 콩국 정도였다.

콩국 만드는 과정을 보면 배추(봄에는 쑥을 사용함)에 콩가루를 버무려서 물이 팔팔 끓으면 넣는다. 쑥콩국은 지금도 비양도 음식으로 전승되고 있다.

　장지(葬地)에서 주는 답례품으로는 수건을 주로 사용했다. 출가한 딸들이 친정부모 장례 때 장지에서 답례품을 준다. 떡으로 하다가 물건으로 주는데 딸들이 공동으로 준비하거나 각자 준비하는 등 형편에 맞게 대접한다. 음식을 줄 때는 딸들의 시가(사돈)에서 장례음식을 준비하고 장지에 와서 나눠주었다.

　이런 풍습은 지금도 남아있으며, 장지에 온 손님들에게 "이건 어느 상제 거고, 이건 어느 상제 거우다." 하면서 나눠 준다. 장지에서 음식을 줄 때는 떡구덕을 갖고 가 담아 왔다. 사돈의 형편이 어려우면 딸상주가 준비하고, "이거 우리집에서 헤 왓수다." 하면서 나눠준다.

　상례 기간 중 밤에 먹는 간식은 사돈이 준비해 가서 대접하는데, 딸몫, 며느리몫으로 대접한다.

　「자청비」(현용준, 1976가)에는 상례법이 등장한다.

　　자청비와 문도령이 혼인을 하고 하늘 옥황에서는 며느리 칭찬이 자자했다. 어느 날 자청비는 서천꽃밭의 막내딸이 생각났다. 문도령은 저간의 사정을 말하고 "한 여자를 억울하게 박대할 수 없다."며 그녀의 남편이 되어 주기를 청했다. 즉 한 달 중 자청비와 15일, 막내딸과 15일 지내는데 남편이 이상하다고 하면 과거시험 보느라 달라졌다고 하라는 거짓말까지 알려주었다.
　　자청비 말대로 서천꽃밭 막내딸과 신혼생활은 달콤해서 시간 가는 줄을 몰랐다. 기다리다 지친 자청비는 까마귀에게 편지를 보냈다. 그때야 정신이 번쩍 들어서 말 안장을 거꾸로 놓고, 관을 쓴다는 게 행전을 둘러쓰고, 두루마기는 한쪽 어깨에만 걸치고 하늘로 갔다. 그 시간에 자청비는 머리를 풀어 손질하고 있다가 말방울소리가 나자 바쁜 척하며 머리를 짚으로 묶고 문간으로 마중하러 갔다.
　　"낭군님아, 낭군님아. 모든 차림새가 바쁜 차림새이니 法之法이나 마련하세요." 이때부터 부모가 돌아가시면 정신이 없고 바쁘므로 초상 나고 성복하기 전에는 통두건(윗부분을 꿰매지 않음)을 쓰고, 두루마기는 한쪽 어깨에만 걸치는 법을 마련하고, 여자상제는 머리를 풀어 짚으로 묶는 법이 생겼다.

  2) 귀양풀이와 음식

 비양도에서는 장례식이 끝나면 귀양풀이를 한다. 귀양풀이를 하는 것은 망자와 그 주변에 나쁜 잡귀가 많아서 그를 위로하고, 자식들이 있는 집에서는 산 자들을 위해서 이 굿을 한다. 굿의례 제물로 시루떡, 돌레떡을 준비한다. 장지에 가지 않고 귀양풀이 제물을 준비해 주는 사람이 있다.

5. 제사·명절 의례와 음식용어

  1) 제사 음식용어

    (1) 떡류

 의례의 대표 음식으로 시루떡이 있다. 시루떡을 만들 때 쌀가루를 사용하지만 좁쌀가루도 사용한다. 모힌좁쌀(메조)과 흐린좁쌀(차조)을 섞어서 사용한다. 쌀가루가 부족하면 시루 밑에 좁쌀가루를 넣고, 그 위에 팥을 뿌리고, 그 위에 쌀가루를 넣는다.

 시루떡을 찔 때는 정말 조심해야 완성되므로 "떡 시리 앚정 짐 올리기 전에 강 오줌 눠 동 와도 팍팍하면 안 되고. 막 앚앙 잡소리허고 그냥 뭐 해 불어도 경허고. 막 바람 불어도 안 되고." 등의 경고문이 전해지고 있다. 시루떡은 온전하게 만들기가 매우 어려워서 이 떡을 잘 만드는 사람을 청해서도 만든다.

제물은 집안에 따라 조금씩 다르다. 처음에는 인절미(사각형), 모멀떡, 곤떡, 돌레떡, 시루떡, 반달떡, 반달송편, 조개송편 등을 올렸으며, 지금은 송편, 하얀 돌레떡, 시루떡, 지름떡(기름떡)을 올리지만 집안에 따라 돌레떡과 지름떡은 선택 사항이다.

(2) 계영(갱)

계영은 소고기, 돼지고기, 생선 등과 메역(미역)으로 만든다. 바다에서 죽은 사람을 위한 제사 때는 생선국을 올리지 않는다. 제사 때 계영으로 미역국을 올리는데, 잔치나 상장례 때는 미역을 국의 재료로 사용하지 않는다.

(3) 적(炙)

적갈(적) 재료로 돼지고기, 소고기는 필수이고, 상어, 해산물(문어, 오징어, 소라적 등)은 선택사항이다.

냉장고가 없던 시절에 제물을 변하지 않게 보관하기가 어려웠다. 적갈 재료는 미리 사 오지 않고 제일(祭日)이 다가오면 구입했다. 바람이 불고 날씨가 나쁘면 배를 이용하지 못할 것에 대비해서 미리 사 오면 돼지고기와 소고기는 삶아서 그늘에 보관했다. 적갈용 고기를 삶아서 오래 놔 두거나 너무 오래 삶으면 질기고 맛이 없다. 겨울에는 날고기를 눈 속에 보관했으며, 여름철 제사가 제일 불편했다.

비양도에서는 대나무로 적꼬치를 만드는데 주로 남성이 만들고, 남성이 없으면 이웃에게 부탁을 한다. 적갈은 남성과 여성을 딱히 구분하지 않고 만들지만 진설하는 것은 반드시 남성몫이다. 집안에 제관이 없으면 친척 남성이 와서 진설해 주는데 여성이 진설해도 흉이 되지 않는다.

집안에 제사가 있으면 해녀들은 물질을 가지 않고 제물을 준비한다. 제물준비는 주로 여성들이 담당하며, 남성들은 적갈이나 적꼬치를 만드는 정도이다.

비양도에서 제삿날 특별히 조심하는 것은 없고 여성과 남성이 똑같이 적갈과 제물을 만들며 이는 옛날이나 지금이나 같다.

(4) 탕쉬

고사리, 콩나물, 미나리 등 채소를 올렸다. 두부를 길쭉하게 잘라서 고사리탕쉬와 같이 올린다. 고사리탕쉬에 두부 대선 전(부침개)을 잘라서 올리기도 했다.

(5) 두부전

두부전을 올리는데 두부전 대신에 전을 부쳐서 정사각형 모양으로 자른 후 적꼬치에 꿴다. 집안에 따라서 두부전과 전을 같이 준비하거나 둘 중에 하나를 준비한다. 두부전도 처음에는 적꼬치로 만들어서 올렸는데 지금은 접시에 그대로 올린다. 전을 만드는 재료는 메밀가루나 밀가루를 사용했다. 전을 적꼬치에 꿰려면 조금 두껍게 만들었다.

(6) 메밀묵

메밀을 사다가 맷돌로 갈아서 묵을 만들었다.

(7) 보리떡

제사떡으로 보리쌀과 쌀을 맷돌로 갈아서 제물을 만들었다. 보릿가루로는 보리떡을 만들었다.

초상 때도 보리떡(보리빵)을 만든다. 보릿가루에 기주를 넣고 부풀린다. 보리빵은 제물이라기보다는 손님들을 대접하기 위해서 만든다.

(8) 제주(祭酒)

제사 때 제주는 주로 감주이고, 고소리술도 만들어서 사용했다.

비양도의 의례와 관련하여 제기(祭器) 보관 장소를 보면, 집안에 따라 다르지만 보통 제기는 궤나 서랍장 위에 놓는데 고팡에 보관하던 시절도 있다. 제기 보관 장소는 특별히 정해진 것이 없고, 남의 눈에 띄지 않는 곳에 보관했다.

2) 명절 음식용어

비양도에서는 4대 명절을 지냈다.

(1) 한식멩질

비양도에서는 일제강점기에 집안에 따라 한식멩질을 지냈으며, 형편에 따라 서서히 사라진 풍속이다.

(2) 단오멩질(명절)

단오멩질은 광복 후까지 지냈고, 추석과 같이 제물을 준비했다. 단오가 5월이라 농번기이고 더울 때여서 아침에 차례를 지내고 보리를 베러 밭으로 갔다. 일제강점기에는 정월멩질을 못하게 감시를 해서 양력명절(1월 1일)로 지내도록 풍습의 변화를 요구했다. 이 당시에는 단오멩질을 하지 못하게 해서 아무도 몰래 살짝 지냈다.

(3) 벌초와 묘제

비양도에서는 음력 8월 초하룻날 모듬벌초를 해 왔으며 지금은 집안 형편에 따라 음력 7월에도 벌초를 한다.

제사명절을 지내지 않는 조상들을 위해서 묘지에 가서 제를 지낸다. 묘제는 주로 음력 3월에 지내며, 문중에서 제일을 정한다.

묘제 제물은 제사음식과 같다. 친척들이 묘지에 가므로 거기서 먹을 음식을 준비한다. 문중에 따라 조금씩 다르지만 주로 문중에서 1년씩 돌아가면서 제물을 담당한다. 묘제는 자손들이 많이 참석할 수 있는 날로 정해서 제를 지내고 음복을 한 후 문중회의도 개최한다.

3) 이웃마을의 제사 음식용어

다음은 비양도와 생활권이 같은 한림읍 한림리에서 전해오는 제사음식과 준비과정이다.

제사음식으로 적갈을 담당한 사람은 남성들이었으며, 남편이 없으면 아내가 만들었다. 제상을 벌이는 것도 남성들의 몫인데, 이를 담당할 남성이 없거나 아들이 어리면 친척 남성이 와서 도와준다.

냉장고가 없던 시절에 돼지고기 보관방법은 미리 사다가 간장에 담가둔다. 제삿날 이 고기를 사용하려면 물에 넣고 끓이면 짠맛이 조금 사그라진다. 여름에는 파리도 달려들었다. 시루떡을 준비한다. 백설기를 찌는데 쌀가루가 귀하니까 좁쌀가루 위에 쌀가루를 살살 뿌려서 시루떡을 만들었다. 백설기는 좀더 형편이 좋아지면서 만들었고, 주로 조침떡을 만들어서 이웃과 나눠 먹었다. 이 떡은 제사명절, 대소사 때 단골 음식이다.

동네사람들에게 조침떡을 반으로 테우면 부조가 있었다. 보리쌀, 좁쌀 등이 부조였다. 1950~1960년대 잔치 때는 보리쌀 2되, 팥 2되 등이 부조 내용이었다. 소상 때는 조침떡과 고깃반을 주었다. 잔치 때는 특별한 음식이라야 돼지고기 석 점은 정해진 품목이었다.

6. 세시의례와 음식용어

1) 봄철 음식

(1) 쑥

5월 단오날 쑥을 캐서 약쑥으로 사용했다. 비양도사람들은 지금도 단오날 쑥을 캐서 그늘에 말렸다가 사용한다. 이 쑥은 출산 후 산모와 아기의 목욕재료로도 사용한다.

또한 이사 갈 때 동티(동토) 예방법에도 이용되었다. 즉 '쑥+고춧가루+소금'을 섞어서 태우고 연기가 날 때 집을 한 바퀴 돌면서 쐰다.

(2) 보양식(엿)

닭엿을 만들어 먹었다. 집에서 키우든가 사다가 만드는데 특별한 세시음식은 아니다. 닭을 삶은 후 골감주를 넣고 고면 엿이 된다. 조그마한 단지에 담아두면서 먹는데 이것이 엿단지이다. 보약이나 별미로 먹었다. 돼지고기, 마늘, 굼벵이 등에 골감주를 넣고 달여서 엿을 고아 먹었다. 이들은 일종의 보양식이다. 굼벵이는 간에 좋다고 알려져서 엿을 만들지 않고 주로 달여서 먹었다. 굼벵이로 엿을 만들 때는 댕유지와 생강, 마늘을 넣고 같이 끓였다.

2) 여름철 음식

여름철에 개고기를 먹었다.

음력 6월 스무날은 복날이라 해서 닭 음식을 먹었다. 봄에 병아리를 사다가 키운 다음 6월에 식용으로 썼다. 삶아서 온가족이 같이 먹고, 죽을 쑤어 먹었다. 이 세시풍속은 지금까지 남아있다.

7월 백중날 물맞이 풍속이 있었다. 비양도에서는 물맞이하는 곳이 없어서 협재굴(한림읍 협재리 소재)에 가서 물맞이를 했다. 협재굴 속으로 들어가면 신이 있다고 해서 머리 아픈 사람 등 몸이 아픈 사람은 물맞이를 했다. 점심을 준비하고 가서 하루 종일 있다가 오거나 다음날 다시 가는 사람이 있었다.

개역(미숫가루)은 여름에 만들어 먹었다. 보리장만이 끝나면 도정하지 않은 보리를 집에서 볶는다. 맷돌에 갈아서 가루로 만들었다. 체로 쳐서 먹을 수 있게 골라내었다. 가루만 먹으면 맛이 없으니까 소금과 사카린을 양념으로 넣었다.

개역은 물에 타서 먹고, 밥에 버무려서 먹었다. 밖에 나다닐 때는 가루를 갖고 다니면서 물에 타서 먹으면 간단한 요기가 되고, 간식으로도 일품이었다. 냉장고가 없던 시절에는 여름에 밭에 가서 김을 멜 때 물을 그늘에 두었다가 개역에 타 먹었다. 이 물은 미지근하거나 듯듯했다. 용천수가 있으면 시원한 물이 솟아나서 먹을 수 있었지만 비양도에는 그런 물이 없어서 여름에도 뜨뜻한 물을 먹었다.

칠월칠석에는 칠성제를 지냈다. 불교인들은 절에 가서 칠성불공을 드린다. 절에 가지 않는 사람은 밭에서 칠성제를 지냈다.

여름철 대표 음료수 겸 간식은 개역이고, 겨울철 음료수는 없었다.

3) 겨울철 음식

동짓날 풋죽(팥죽)을 쑤어 먹었다. 주로 아침에 풋죽을 쑤는데 바쁜 일이 있으면 저녁에 쑤기도 했다. 동지풋죽은 이웃과 나눠먹기도 하지만 집집마다 쑤어 먹었다. 풋죽을 쑨 다음 올레에도 뿌리고, 우잣(울타리)에도 뿌린다. 이는 잡귀를 물리친다는 의미이다. 불교인들은 동지불공을 드린다.

음력 섣달은 썩은 달이라 하고 묵은 해여서 부정 타지 않는 달이라 한다. 그래서 개고기엿을 만들어 먹고, 말고기를 먹어도 부정 타지 않는다. 반면 정월은 상달이어서 말고기를 먹지 않는다.

비양도에서는 월별에 따른 특별식을 먹었다.

7. 일상 음식용어

식탁의 예절이란 지금처럼 식사 공간이 정해져 있지는 않았지만 나름대로 질서가 있었다. 집안에 따라 아버지는 독상을 하고, 아들에게도 독상차려 주는 집안도 있었다. 어머니와 나머지 식구들은 다른 상에 모여 앉아서 밥을 먹었다.

밥을 먹을 때 양푼에 공동으로 먹는데 국은 각자 사발에 떠서 먹었다. 밥상이 없으면 바닥에 놓고 먹었다.

1) 주식류

(1) 밥

비양도에서 먹었던 밥 종류로는 반지기밥, 조밥, 대죽밥 등이 있다. 대죽밥은 수수로 지은 밥이다.

(2) 죽류(해산물)

비양도에서는 보말죽, 오분자기죽, 소라죽, 깅이죽(게죽)을 만들어서 먹었다. 해녀들은 자신이 채취한 해산물을 음식재료로 사용했다. 보말, 오분자기, 소라, 깅이를 기름에 볶다가 쌀을 넣고 죽을 끓인다. 문어죽도 먹는다. 문어는 푹 고아서 죽을 만든다. 이 죽들은 지금도 먹는다. 이런 음식과 비법은 자식들이 다른 곳으로 가서 살더라도 전승되고 있다.

비양도에서 잡히는 코끼리조개는 생김새가 코끼리를 닮았다. 이 조개는 삶아먹고, 날것으로 먹고, 구워 먹고, 죽을 쑤어 먹는다. 또한 제사 때 적갈로도 올린다.

해산물 외에도 곡식을 사용해서 죽을 쑤어 먹었다. 메밀쌀로 밥이나 죽을 만들어 먹는다. 이를 메밀밥, 메밀죽이라 한다. 버섯죽, 녹디죽(녹두죽), 팥죽, 콩죽, 돔비죽(동부죽) 등이 있다.

2) 국류

(1) 콩국

콩국은 장지(葬地)에서 별미로 먹으며 집에서도 만들어 먹는다. 콩국을 끓일 때 미역, 무, 배추, 쑥 등 기호에 맞게 넣는다. 쑥을 깨끗이 씻은 후 콩가루를 묻힌다. 물이 팔팔 끓으면 이것을 넣고 살살 저으면서 한번 더 끓이면 콩국이 된다.

(2) 국류(해산물・어류)

비양도는 해안마을이라 해조류를 식용했다. 파래는 무쳐서 먹거나

(파래무침), 국(파래국)의 재료로 사용하고, 밥의 재료로는 쓰이지 않았다. 파래국을 만들 때는 된장으로 간을 했다. 미역, 미역새, 파래, 너패(넓패) 등은 모두 국의 재료이다. 여기에 된장이나 간장으로 간을 한다.

바닷고기국은 소금으로 간을 해야 맛이 좋다. 고등어국, 갈치국(호박과 갈치가 주재료임), 옥돔국, 멜국, 볼락국, 우럭국, 각제기국에는 소금간을 한다. 육고기로 국을 끓일 때는 간장으로 간을 하는데 소금도 조금 섞는다.

고등어죽도 먹는다. 고등어국에는 무를 넣는다. 고등어국에 멜을 넣고 먹기도 한다. 옥돔죽이 있다. 오징어국도 있고, 오징어찌개도 있다.

자리회는 제주사람들이 오래전부터 먹어온 음식이다. 요즘은 자리를 잘 잡지 않아서 다른 곳에 가서 사다가 먹는다. 오징어(한치)로는 주로 물회를 만들어 먹는다.

전복은 날것으로 먹고, 구워 먹고, 죽으로도 먹는다. 해삼은 날것으로 먹는데 쪄 먹기도 한다.

깅이국(계국)이 있다. 깅이를 빻아서 즙을 낸 후 그 물로 국이나 죽을 만든다. 이 때 소금간을 한다. 깅이국에는 메역이나 무, 파래를 넣고 끓이면 콩국처럼 응고되면서 덩어리지고 맛이 있다.

보말은 국이나 죽으로 먹고, 무쳐서 반찬으로 먹는다. 반찬을 만들 때는 보말을 삶아서 벗긴 후에 냄비에 넣고 양념을 해서 졸인다.

성게는 날것으로 밥에 비벼 먹는다. 성게국에는 미역이나 파래를 넣는다. 성게와 비슷한 솜이 있는데 제철 것은 쓰지 않고 맛이 좋다. 솜은 성게보다 먼저 채취한다. 성게는 오분자기와 섞어서 젓을 만들어 먹는다. 성게젓은 금방 먹어야 하며 오래 놔두면 무른다.

(3) 국류(채소류)

호박잎국, 호박국, 콩나물된장국, 배추된장국이 있다. 보통 된장국이라 하면 된장으로 간을 하고, 야채는 형편에 맞게 사용한다. 즉 ᄂ물(나물), 눔삐(무) 등을 넣는데 이를 ᄂ물국, 눔삐국이라 한다. 양에(양하)는 주로 무쳐서 먹으며, 이를 양에무침이다. 쑥국은 된장으로 간을 한다.

난시국(달래)도 먹었는데, 비양도에는 난시가 많지 않아서 사다가 먹었다.

(4) 물회와 냉국

냉국의 재료는 다양하다. 물웨(물외)는 채를 썰어서 넣는다. 수박껍질도 썰어서 먹었다. 여기에 날된장을 풀어 넣으면 훌륭한 냉국이 된다.

오징어물회, 자리물회 등 회로 먹을 수 있는 것은 냉국의 재료가 되며, 청각, 톳, 미역, 우미도 냉국으로 만들어 먹는다.

군벗(군부)은 삶아서 껍질을 벗기고 박박 문지른다. 하얗게 되면 썰어서 냉국을 만들고, 무쳐서 먹는다.

소라와 해삼은 물회로 먹거나 날것으로 먹는다.

비양도사람들은 농사철에는 된장을 갖고 가서 뜨뜻한 물에 날된장을 풀고 밭에 있는 콩잎을 따서 쌈을 싸 먹었다. 냉된장국(건더기가 없는 국물)이 먹기 싫으면 콩잎을 냉국에 뜯어 넣고 먹었다. 반찬은 특별하지 않고 자리젓이나 멜젓(멸치젓)을 먹었다.

비양도에서는 밭에 갈 때 여름에 점심을 준비하고 가면 변하니까 집에 와서 음식을 싸가서 바로 먹었다. 이때 주로 된장국을 먹었다.

3) 찬류

(1) 쌈 종류

콩잎쌈, 호박잎쌈도 먹었다. 상추, 배추(익힌 것, 날것), 유썹(깻잎) 등은 지금까지 먹고 있다.

(2) 무침 종류

고사리도 무쳐서 먹는다. 패마농(마늘), 마농(마늘), 양에, 새우리(부추)는 무쳐 먹는다. 호박, 감제(고구마)줄기는 무쳐 먹는다. 유채ᄂ물, 매밀잎도 무쳐 먹는다. 들에서 나는 것으로 먹을 수 있는 것은 모두 무쳐 먹으며 국의 재료로도 사용한다.

무말랭이는 조려서 먹고, 장아찌를 만들고, 무쳐먹거나 생선을 조릴 때 같이 넣는다. 톳, 몸(모자반), 프래(파래), 미역줄기는 무쳐 먹는다.

(3) 조림 종류

우럭과 콩을 같이 조리면 우럭콩조림이라 한다. 우럭으로 된장찌개를 만들어 먹는다.

각제기(전갱이)를 조려서 먹고, 멜(멸치)도 지져서 먹는다. 멜은 간장과 물엿을 넣고 조린다. 자리조림도 있는데 이때 **뼈째** 먹을 수 있도록 조린다.

고등어와 갈치는 국이나 조림, 구워서 먹는다. 자리, 각제기, 소라, 오분자기, 전복 등은 구어 먹었다.

냉동 보관 시설이 없던 시절에는 겨울철에 고등어를 잡으면 큰 항아리에 소금을 뿌려서 묻어 두었다가 꺼내서 씻은 후 구워 먹거나 조려서 먹었다. 이런 저장법은 1970년대에도 있었다.

멜, 갈치는 튀겨서 먹었다. 바닷고기는 모두 튀겨서 먹을 수 있다. 멜은 말려서 튀김용, 조림용으로 먹었다.

4) 저장음식류

(1) 김치

김치는 지금처럼 만들어 먹지 못하던 시절에는 배추를 바닷물에 담갔다가 건져낸 후 마늘, 멜젓, 고춧가루를 조금 넣고 버무려서 먹었다. 이 당시는 고춧가루가 귀했다. 좁쌀 끓인 물을 양념에 같이 넣으면 끈적끈적해서 김치가 부드럽다. 즉 좁쌀을 얇게 끓이고 멜젓국물과 설탕을 조금 섞어서 양념을 만들면 맛이 텁텁해도 이렇게 만들어서 먹었다.

김치는 주로 멜젓에 양념으로 버무린다. 여기에 고등어, 각제기 등을 썰어 넣으면 생선이 익으면서 맛이 있다. 저장음식으로는 김치 외에 마농지, 콩자반, 양에지 등이 있으며 물웨는 된장에 묻었다가 먹었다.

(2) 젓갈

비양도에서는 자리젓과 멜젓은 기본이고 오분자기젓, 소라젓, 게웃젓, 갈치젓, 고등어젓, 깅이젓도 만들어서 먹었다. 젓갈 재료는 제철 것을 사용한다.

깅이젓을 만들려면 우선 깅이를 물에 담가서 모래 등 불순물을 빼낸다. 간장에 물엿을 넣고 끓인다. 간장을 식힌 후에 깅이에 붓는다.

깅이와 볶은 콩을 같이 넣고 간장에 담근다. 이것도 깅이젓이라 부른다. 여기에 갖은 양념을 해서 먹는다.

5) 별미음식류
(1) 떡 종류

감제침떡(고구마시루떡)은 감제(고구마)를 썰고 말려서 시루떡을 만든다. 시루떡을 만들 때 한 징(켜)씩 감제가루를 넣고, 달라붙지 않게 무를 채 썰어서 얹기를 반복한다. 이 떡은 별미로 만들어서 먹었다.

(2) 술 종류

골감주와 막걸리가 있다.
좁쌀로 오메기떡을 만든다. 이 떡을 쪄서 누룩으로 버무린다. 가라앉으면 청주가 되고, 쌀에 누룩을 넣고 밥을 쪄서 놔뒀다가 짜면 생막걸리가 된다. 이는 별미로 만들어 먹었다.
쉰다리는 밥이 상하면 누룩으로 발효시켜서 만든다.

8. 구황 음식용어

1950년대까지 흉년이 들 때 구황음식을 먹었고, 1960년대로 넘어오면서 이런 음식을 먹지 않을 정도가 되었다. 그래도 구황음식을 먹었던 사람들은 가난했던 시절을 생각하면서 자녀들을 키울 때는 음식을 아끼라고 하면서 옛날에 먹을 것이 없어서 별것을 다 먹었다는 이야기를 교훈 삼아 전해준다.

1) 톳밥

톳밥 만드는 과정을 보면 우선 톳을 삶은 다음 물에 씻는다. 톳을 잘게 썰어서 보리밥과 섞는다.

2) 범벅

6·25전쟁 전후에 물릇을 뜯어서 보릿가루나 다른 가루 등 있는 것으로 범벅을 만들어서 먹었다.

범벅은 보리범벅, 조범벅, 감저범벅, 보리등개ᄀ루범벅이 있다. 보리등개ᄀ루는 돼지도 잘 안 먹는 것인데 사람이 먹었으며, 이에 비해 보리가루범벅은 고급 음식이었다.

깅이범벅은 밀가루에 버무려서 볶는다. 간장으로 간을 해서 부침개와 비슷하게 만든다.

3) ᄌ베기(수제비)

ᄌ베기는 좁쌀가루, 감제가루, 보릿가루(보리ᄌ베기)로 만들어서 먹었다. 육수로는 가끔 멸치다시다를 사용하고, 야채는 집에 있는 것을 사용한다. 밀가루는 나중에 사용했다.

9. 민간요법에 쓰인 음식재료

비양도에서는 쑥을 치료제로 사용했다. 배가 아프면 쑥즙을 마시거나 끓여서 쑥물을 마셨다. 설사가 있어도 쑥을 끓여 먹었다. 그래서 단오날 쑥을 캐서 말리고 일년 내내 상비약으로 사용했다. 어린 아이들이 넘어져서 상처가 나면 담배나 쑥으로 처방하면 지혈이 되었다. 익모초를 달여서 먹었다.

감기에 걸려서 기침을 하거나 목이 아프면 초약을 먹였다. 이것은 생강에 댕유지와 배를 넣고 푹 끓여서 물을 먹는다. 그러면 열이 내렸다.

석유도 약재로 쓰였다. 몸에 상처가 생기면 석유를 양재기에 넣고 팔팔 끓여서 쑥을 넣고 적당한 온도일 때 상처에 대면 멸균되었다고 한다. 석유가 데워지면 쑥을 석유에 담갔다가 꺼내서 상처에 덮는다. 석유냄새가 나지만 쑥을 사용하면 화상을 입지 않았다.

물룻은 약재이다. 상처가 아물고 새살이 돋아올 때는 물룻을 싸맸다. 물룻은 들에 나는 잡초이며, 이것을 뜯어서 으깬 후에 상처 위에 덮는다.

보릿가루는 약재이다. 상처가 곪으면 불로 칼을 소독해서 짼다. 그런 다음 보릿가루를 볶아서 조금 익히고 소금을 넣고 범벅을 만들어서 상처를 싸맨다. 종기에는 보릿가루범벅을 붙이고, 화상을 입은 데는 골가루를 뿌렸다. 약이 없던 시절이라 어느 치료법이 적용되었는지는 잘 모른다.

체하면 식초를 물에 타서 먹거나 손끝을 땄다. 식중독에 걸렸을 때는 식초물을 먹었다.

피부병이 걸리면 피풍란을 삶아서 그 물로 목욕했다. 또 아야머리딸기를 달여서 먹고, 그것을 피부에 붙이면 좋았다.

치과가 없을 때 이가 아프면 담배를 씹어서 아픈 이에 붙여서 가만히 문다. 이것이 잘 들지 않으면 백반을 이용했다. 아픈 부위에만 백반을 조금 집어넣는다. 치통이 심할 때는 새우리뿌리(부추뿌리)로 문

질렀다. 새우리뿌리를 캐서 깨끗이 씻은 다음 으깬다. 이가 아픈 쪽으로 이것을 꽉 깨문다.

목에 생선가시가 걸리면 백반을 물에 녹여서 가시 부위에 살짝 놓으면 생선가시가 녹았다. 이때 백반물은 치아나 다른 부위에 가지 않고 반드시 가시 부위에만 놓아야 한다.

눈이 아플 때는 소금물로 씻었다. 치약이 없을 때는 굵은 소금을 가늘게 빻아서 사용했다. 칫솔이 없을 때는 손으로 이를 닦았다.

이것들은 모두 의료혜택이 없던 시절의 치료법이며 민간요법에 쓰인 약재들은 쑥, 물릇, 담배, 식초, 백반, 소금, 부추뿌리, 보릿가루 등이다.

10. 음식문화 환경

1) 의례음식 참여자

의례 음식을 준비하는 주 노동자는 여성들이다. 여성들은 낮에는 일을 하고 저녁에는 맷돌에 쌀을 갈아서 제물을 준비했다. 남성들은 제물을 준비할 때 도와주지 않고, 소상 등 큰일을 할 때는 물방애(비양도에는 말이 없어서 쉐방애라 함)에 가서 갈아왔다. 비양도에는 쉐방애가 두 군데 있었다. 방애를 돌릴 때 자기네 소를 가져가서 돌리는데 소가 없는 사람은 빌리거나 직접 자신이 돌렸다.

우선 떡을 만들려면 가루를 방애에 놓고 찧는다. 이 가루를 가는체로 친다. 가루는 모아놓고, 체에 있는 알갱이는 다시 찧고, 치기를 반복한다. 그래도 남는 부스러기는 밥에 넣거나 다른 용도로 사용한다.

비양도에는 물방애(연자매)는 있었고, 클방애(정미소)가 나오면서 이것을 이용했다. 보리와 쌀은 물론 조농사를 하면 조도 마찬가지였다.

농사를 지어서 추수할 때 기계가 없어서 도깨(도리깨)로 타작했다. 비양도 농사품종은 보리, 콩, 조, 고구마 등이며 잘 되지 않아서 의식주 해결에 어려움이 있었다. 그래서 더욱더 바다에 의존했으며, 어류와 해산물이 비양도사람들의 생명줄이었다. 비양도여성들은 모두 해녀이고, 남성들은 어부일 수밖에 없다. 직장이 곧 바다이다. 물질을 하지 못하면 굶어죽기 좋았다.

비양도에서는 남성과 여성이 동등하게 바다밭을 일터삼아 살아왔다. 과거부터 현재까지 비양도사람들은 남녀를 불문하고 공동으로 노동하면서 살고 있다.

2) 음식의 구성요소

대소사(大小事)를 지내려면 물이 가장 중요한데 비양도에는 식수가 풍부하지 않아서 생활하기 어려움이 있었다. 큰일을 치르려면 배에 물통을 싣고 옹포, 한림, 협제 등 이웃마을 용천수를 길어왔으며, 여러 물통이 여의치 않을 때는 한수리 물통도 이용했다. 자신이 소유한 배가 많지 않아서 이웃에서 배를 빌려주면 여러 척이 동시에 가서 물을 길어왔다. 제주섬에서는 물허벅으로 길어다주는 것을 물부조라 하는데 비양도에서는 물을 길어올 배를 빌려주고 운반해 주는 것이 물부조에 해당하며 공동체문화를 형성했다. 배의 바닥에 있는 나무로 된 물통에 가득 담고, 미리 준비한 드럼통에 가득 담는다.

초가집에 살 때는 지싯물(낙숫물)을 받아두면 물 색깔이 발갛게 되는데 먼지가 가라 앉으면 깨끗한 물은 식수로 사용하고, 쌀을 씻으며 그

나머지 물은 허드렛물로 사용했다. 초가집에서 슬레이트로 지붕을 개량하면서 집집마다 개인물통을 만들었으며, 빗물을 받아두었다가 이용했다. 개인물통은 집집마다 크기가 다르며, 물을 오래 담아두면 물맛이 변하지만 특별한 예방법은 없었다. 그래도 물이 워낙 귀해서 이 물을 사용했다.

3) 부조 품목의 변화

비양도에서는 제사 부조로 처음에는 떡(보리빵 등)을 하다가 쌀로 변화되었으며 지금은 음료수(제주 포함)나 돈으로 한다. 경조사 때는 좁쌀이나 보리쌀 부조는 1970년대까지이고, 1980년대로 넘어오면 쌀부조(두 대, 한 말 등)가 생겼다. 경조사용 쌀자루(천으로 만든 것)가 별도로 있었다. 쌀을 자루에 담고 구덕에 넣어서 지고 다녔다. 이런 부조는 적어도 하루 전에 가져갔기 때문에 당사자에게 도움이 되었으며, 이 쌀로 밥을 지어서 대접했다.

쌀부조를 할 때 답례품으로 밥, 쌀, 고기 등을 구덕에 넣어 주었다. 잔치집에 오지 못한 동네어른 몫으로 밥이나 쌀을 보내기도 했다. 이렇게 쌀부조를 하다가 1980년대 중반 이후부터 돈부조로 바뀌었으며, 개인이나 집안에 따라 차이가 있다. 돈부조 금액은 보통 5천원이고 만 원을 하면 큰 부조였다. 이 때 답례품으로는 고기와 떡반을 주로 하고 대상에 따라 밥도 싸 주었다. 이는 잔치나 장례나 같았다. 그러다가 특별한 계기가 있던 것은 아니지만 음식을 갖고 다니는 것이 불편해서 1990년대에는 답례품(물건)으로 전환하는 것이 보편화되었다.

부조는 살림이 궁핍했던 시절에 품앗이의 일종이며, 나눔의 정신을 실천한 사례라 할 수 있다. 후기산업사회로 들어와서 돈부조가 보편화되고, 부조금액이 체면과 사회적 지위 등을 상징하게 되면서 폐단이 많지만 출발은 근검, 협동이다.

11. 음식용어 분석

1) 음식용어 일람

언어와 인간의 삶은 밀접한 관계가 있다는 것은 보편적인 현상이다. 제주방언이 제주문화에 어떻게 살아있는지 실증적으로 보여주는 것이 음식용어이다. 음식이 사라지면 용어는 희미하게 남아 있다가 언젠가는 기억에서도 살아질 것이다. 즉 이러한 음식을 먹었던 사람들이 사망하면 맛과 형태를 경험하지 않은 사람들에게는 사어(死語)로 남을 것이다. 그런데 전통음식이 어떤 형태로든 살아남는다면 이를 가리키는 용어도 살아남을 것이며, 이것이 언어의 생명력이라 할 수 있다.

그런 의미에서 비양도 음식용어를 정리하면 다음과 같다.

제사·명절에는 메, 적(돼지고기적, 소고기적, 상어적, 문어적, 오징어적, 소라적, 코끼리조개적 등), 제숙, 계영(생선·소고기·돼지고기 미역국), 탕쉬(고사리, 콩나물, 시금치 등), 시리떡, 돌레떡, 두부전, 메밀묵, 보리떡, 인절미, ᄆ멀떡, 반달떡, 반달송편, 조개송편, 지름떡, 하얀 돌레떡, 제주 등이며 이는 제주도의 의례음식 종류와 같다.

당굿 음식에는 메, 적갈, 제숙, 돌레떡, 제주, 삶은계란 등이 있다. 문전상 음식에는 메, 계영, 생선, 탕쉬, 떡, 소주 등이 있다. 조왕상 음식에는 메, 계영, 떡, 식혜, 탕쉬 등이 있다. 출산의례 음식에는 생선메역국, 모유, 쌀가루, 흰죽, 밥 등이 있다.

혼인의례 음식에는 돼지고기, 몸국, 생선무국(옥돔, 말린 생선), 순대, (마른)두부, 강회(조기 등), 잡곡밥, 고깃반, 가문반, 신부상(닭, 삶은계란, 두부, 돼지고기), 이바지 음식(돼지고기, 쌀, 술 등) 등이 있다.

상장례 음식에는 퓻죽, 돌레떡, 콩국, 시루떡, 잡곡밥, 보리빵 등이 있다.

세시음식에는 쑥, 닭엿, 돼지고기엿, 마농엿, 개고기, 개역, 퓻죽 등이 있다.

일상음식에는 밥류, 죽류, 찬류, 저장류, 별미류 등이 있다. 즉 김치, 젓갈(오분자기젓, 소라젓, 갈치젓, 고등어젓, 깅이젓, 게웃젓), 콩자반, 양에지, 콩국, 밥(반지기밥, 조밥, 대죽밥, 메밀밥), 해조류국(파래국, 미역국, 미역새국, 너패국) 파래무침 등이 있다. 어류국(갈치국, 고등어국, 옥돔국, 멜국, 볼락국, 우럭국, 각제기국, 오징어국, 깅이국, 보말국, 성게국), 채소국(호박잎국, 콩나물된장국, 배추된장국, ㄴ물국, ㅎ뻬국, 쑥국, 난시국), 물회(오징어회, 한치회, 자리회), 냉국(청각국, 톳국, 미역국, 우미국, 군벗국, 소라국, 해삼국), 죽(보말죽, 오분자기죽, 소라죽, 깅이죽, 문어죽, 코끼리조개죽, 전복죽, 버섯죽, 녹디죽, 팥죽, 돔비죽, 메밀죽), 쌈(콩잎쌈, 호박잎쌈, 상추쌈, 배추쌈, 유썹쌈), 무침(고사리, 패마농, 양에, 호박, 감제줄기, 유채ㄴ물, 메밀잎, 무말랭이, 톳, 몸, 프래, 미역줄기), 조림(우럭콩조림, 각제기조림, 멜조림, 자리조림, 고등어조림, 갈치조림, 깅이콩볶음), 구이(갈치구이, 고등어구이, 각제기구이, 자리구이, 소라구이, 오분자기구이, 전복구이), 튀김(멜튀김, 갈치튀김), 별미음식(감제침떡, 오메기떡, 골감주, 막걸리, 쉰다리) 등이 있다.

구황음식에는 톳밥, ᄌᆞ베기(좁쌀가루, 감제가루, 보릿가루), 범벅(보리범벅, 조범벅, 감저범벅, 보릿가루범벅, 깅이범벅 등) 등이 있다.

민간요법에 쓰인 음식재료에는 쑥, 생강, 식초, 댕유지, 배, 보릿가루, 소금, 물룻, 부추 등이 있다.

2) 음식용어 조어(造語) 과정

음식용어는 재료명을 그대로 사용하거나 음식종류와 조리법이 결합되었다. 떡 종류를 보면 시루떡은 예외이며, 국이나 밥 종류를 보면 음식재료+음식종류로 구성되어 있다. 멜국, ᄂᆞ물국(ᄂᆞ물된장국), 늠뻬국 등에서 보듯이 '멜, ᄂᆞ물, 늠뻬, 미역, ᄑᆞ래+국'이다. '쑥, 깅이, 보리, 고구마+범벅'이나 '보말, 오분자기, 소라, 깅이+죽' '콩잎, 호박잎+쌈' 등이다. 조림이나 구이도 어류명에 조리법이 결합되었다.

상례 음식을 보면 1950년대까지는 상가의 밥은 '쌀+보리쌀+팥'로 지은 혼식밥이었다. 국은 생선이나 고기와 무를 이용해서 형편에 맞게 준비했다. 이때 미역국은 끓이지 않았다. 비양도에서는 주로 미역을 채취했지만 이를 의례음식으로 사용하면 재수없다고 해서 잔치나 초상 때 사용하지 않았다. 다만 미역채는 만들어서 먹었다. 한림에서는 1970년대까지 초상 때는 절편, 삼메떡, 기주떡 등을 만들었다.

비양도 음식용어 조어법을 보면 바다에서 구할 수 있는 모든 재료(해조류, 패류, 어류 등)와 들에서 구할 수 있는 식물(채소 등)의 종류를 생생하게 알 수 있다. 결국 음식재료는 사람들이 쉽게 얻을 수 있는 것이며, 조리법도 간단하다. 이는 제주도의 특징이기도 하지만 신선한 재료를 구해서 짧은 시간에 만들어 먹을 수 있는 지리적 여건이 갖추어져 있어서 가능한 것이다.

　음식을 만드는 공간은 부엌이며, 먹는 공간은 집 안과 부엌이다. 또한 음식재료를 구하는 공간은 들판과 바다이며, 이를 장만하는 곳은 물방애, ᄀ래 등이었다. 음식을 만드는 도구는 주로 솥이었으며, 불의 변천에 따라 냄비와 가전제품으로 변용되었다. 불은 땔감을 이용해서 아궁이에 불을 지폈으며, 땔감은 농사를 지을 때는 보릿낭, 유채낭, 깻낭, 솔잎 등을 사용했으며 석유곤로, 연탄, 가스와 전기로 발전하였다.
　비양도사람들의 음식문화를 통해서 여성들의 위상과 전승의지 등을 살펴볼 수 있다. 섬사람들은 지금도 그들이 어린 시절부터 먹었던 음식과 지금까지 먹는 음식을 기억하고 있다. 음식재료, 음식명, 조리방법 등을 자식에게 알려주고, 그대로 전승되고 있다. 손자들은 어머니의 음식을 먹고 그 맛을 기억하므로 할머니의 음식맛이 그대로 전해지는 것이며, 여성은 문화전승의 주인공과 조력자의 역할을 성실히 수행한다고 볼 수 있다.
　오래 전에 먹었던 음식이지만 지금은 먹지 않는 것들이 있으며, 이러한 음식들은 조리법과 맛을 점점 잊게 될 것이다. 과거에 먹었던 비양도 음식들이 오늘날 건강음식이라 할 수 있다. 드르(들판)에 있는 ᄂ물(나물)을 뜯어서 삶고 멜젓(멸치젓)이나 자리젓에 찍어서 먹을 때는 정말 맛이 있었다. 옛 맛을 기억하면서 가끔 만들어 먹지만 그 맛을 느낄 수 없다고 한다.
　지금 사람들도 옛날 음식을 만들어서 먹으면 좋지만 입맛이 달라서 먹지 않을 것이다. 음식재료를 구하는 것도 그렇고, 만들기도 귀찮아서 먹지 않을 것이라는 생각이 지배적이다.

　비양도사람들은 바다를 일터로 살아왔기 때문에 바람이라는 자연환경에 민감한 편이어서 오래전부터 체득한 지혜가 전승되고 있다. 요즘처럼 일기예보가 없던 시절에는 하늘을 보고 날씨를 점쳤다. 달이 삿갓을 쓰고 그 주변에 별이 바짝 붙어 있으면 3일 이내에 비가 온다. 아침에 해가 떠오를 때 동쪽이 훤하면 비가 오지 않는다. 마파람과 갈바람이 불면 몸이 아주 피곤하고, 몸살 난다. 산모가 몸조리를 잘 못하고 이런 바람을 맞으면 산풍이 있어서 마파람이 불면 머리가 아프다고 하며, 이 바람이 불면 바다가 세다. 갈바람은 일년 중 아무 때나 불며 샛바람과 마파람이 불면 비가 많이 온다. 하늬바람이 불면 날씨가 좋다. 바람과 관련해서 지금도 아기를 키울 때 입에 거품을 물면 '날 우치켜.(비바람이 분다.)', '초파일날 바람 불면 깨농사가 안 된다.'는 이야기가 전해오고 있다. 이런 환경적 요인들이 음식문화에도 배어있으며, 지역의 문화형성에 영향을 미쳤다고 본다.

가파도사람들의 음식

가파도는 대정읍에 속한 섬으로 주 음식재료는 해산물과 어류이다. 가파도사람들이 지금까지 무엇을 어떻게 만들어서 먹었는지 그들의 이야기를 들여다보겠다.

가파도의 주 직업으로 여성은 해녀이고, 남성은 어부이다. 바다의 산물들은 재화이며, 이 중 일부는 음식재료로 사용하지만 대부분 팔아서 가정경제에 도움을 주었다.

1. 당굿의례와 음식용어

1) 당굿 음식용어

가파도에는 할망당이 두 군데 있다. 하나는 상동할망당이고 여기서 가지가른당으로 하동에 할망당이 있다. 상동할망당이 원 할망당으로 일렛당이다.

당골들은 상동할망당을 먼저 방문한 후에 하동할망당을 찾아간다. 어느 한쪽 당만 다니는 당골은 상관없고, 조상 때부터 두 당을 찾아다니는 당골은 이 순서를 지킨다. 당굿을 할 때 심방이 두 명이면 상동과 하동 할망당에 각자 가서 기도드리고 만나면 당굿이 시작된다.

당골들은 일년에 2회 - 정월, 유월(상달) - 정도 당을 찾아가고 그 외는 형편에 따라 다닌다. 정월 보름이 지나면 당골들 각자 택일해서 신당을 찾아간다. 이 시기에 마을제를 지내므로 이 제가 끝나면 당을 찾아간다.

가파도에 개인 심방이 있을 때는 정월에 심방을 청해서 당에 갔지만 매인심방이 없을 때부터는 당골이 혼자 가서 비념한다. 준비해 간 음식을 제단에 진설하고, 신께 비념한 다음 걸명을 만든다. 걸명은 전용 장소에 놓고, 나머지 음식을 거두어서 집으로 돌아온다.

제숙으로 생선(우럭, 볼락 등 어부들이 낚아온 것)과 삶은계란은 메 수효만큼 준비한다. 마라도할망, 웃할망(상동할망당), 개맛할망(하동할망당)에 올리니까 메 3기가 기본이고, 당골에 따라 메 1기를 더 준비한다.

돌레떡(동글락떡, 다대떡)은 손으로 동그랗게 만들었으며, 지금은 병으로 밀어서 둥근 모양으로 찍어 낸다. 겡(갱)은 올리지 않는다.

제숙은 세 군데 올리고 요왕에는 제숙을 올리지 않는다. 돼지고기, 계란, 과일 등을 준비한다. 과일은 3~5가지(배, 사과, 귤, 토마토 등) 올리는데 형편에 따라 홀수로 준비한다.

돼지고기적은 만들지 않는다. 돼지를 잡아서 내장을 깨끗이 씻은 후에 잘라서 상동할망당, 하동할망당, 뱃고사용(물질하는 배)으로 준비한다. 제물용 돼지고기를 따로 보관하고 나머지 부위로 사람들이 나눠 먹는다. 심방이 돌아다니면서 초감제를 한 다음 해녀들과 굿 구경하는 동네사람들이 나눠 먹는다.

선주들은 조업을 하기 전에 당에 간다. 메 4기, 생쌀 한 사발, 돼지머리, 술 등을 준비해서 주로 새벽에 다녀온다.

2) 요왕굿 음식용어

바다의 수호신인 용왕을 위한 정기의례는 연 1회이다. 여기에 얽힌 이야기가 「산호수(珊瑚樹)와 마마신(痘神)」(현용준, 1976가)에 전해온다.

제주도 해녀들의 씩씩한 바다 생활의 일면에는 산호수를 가지고 마마신을 막아낸 흥미로운 이야기가 있다. 상군 해녀의 넋이 산호수에 서려서 이 산호수를 지니고 있는 해녀는 누구나 잡신을 예방할 수 있다고 믿게 되었다.

사람들은 이 마마신이 찾아오면 있는 것 없는 것 할 것 없이 가득히 음식상을 차려 대접을 해야만 했다. 만약 대접을 안 하거나 잘못 대접하면 마마신은 그의 요술 주머니에서 마마 병정들을 마구 풀어내어 마마병을 퍼뜨리게 했다.

온 마을의 곡식을 한데 모아 크게 음식을 차리고 마마신에게 부탁을 드리기로 했다. 마마신은 배불리 음식상을 받고는 언제 부탁 말을 들었느냐고 시치미 뚝 떼었다. 사람들은 마지막으로 부락 회의를 열고, 눈물을 머금고 정든 고향땅을 버리고 피난을 가기로 하였다. 결국 바닷속 용왕님께 부탁을 드리는 수밖에는 별도리가 없다고들 생각하였다.

상군 해녀는 용궁을 찾지 못하자 눈물을 머금고 바닷가 거북에게 호소하였지만 모른다고 머리만 내저었다. 이번에는 바위신령에게 부탁하였다. 바위신령은 용궁길을 안내해 주었다.

해녀는 용왕 앞에 엎드려 땅 위 사람들의 고난을 호소하였다. 용왕은 곧 바닷가 바위신령에게 많은 군사를 내보내어 마마신을 없애도록 영을 내렸다. 바위신령은 용왕의 명령을 받고 군사를 풀어 마마신을 둘러쌌다. 마마신도 그의 요술주머니에서 마마 병정들을 풀어 바위신령의 군대와 맞싸웠다. 큰 바람이 석달 열흘 동안 일었다.

이때 바닷가에는 용궁에 간 해녀가 하나의 산호수로 굳어져 떠밀려 올라왔다. 그 산호수를 보자마자 그의 요술주머니 속의 병정들은 모두 죽어 버리고 마마신은 훨훨 달아나기 시작하였다. 드디어 바위신령은 좋은 기회를 놓칠세라 뒤쫓아가 단숨에 마마신을 잡아 죽였다.

땅 위에는 다시 평화가 찾아왔고 모든 사람들은 상군 해녀의 용기 있는 희생에 감사하며 일터에 나갔다. 이때부터 평생 마마병의 괴로움을 받지 않게 되었다. 사람들은 그 후부터 크게 음식을 차려 용왕님께 제사를 지내었는데, 용왕제는 이때부터 지내게 되었다고 한다.

오늘날 제주도의 수많은 해녀들은 산호수를 지니고 있어서 잡신을 예방할 수 있다고 믿게 되었다. 그러나 산호수를 얻기 어려운 해녀들은 그 대용으로 향기 짙은 녹나무로 낫자루를 만들어 쓰는 풍습이 있다. 이것은 잡신의 침입을 막으려는 데서 연유한 것이다. 한편 잠수 도중 손치(쑤기미 ; 악귀)에게 찔리면 그 낫자루의 녹나무를 깎아 불 테우고 그 연기를 쐬면 낫는다고 한다.

음력 3월에 요왕제를 하며 택일한다. 요왕제 제물은 당골들이(해녀들) 직접 만든다. 모슬포에서 가서 쌀가루를 갈아와서 떡을 만든다. 요왕제 제물을 만들어서 맨처음 만든 제물은 상동할망당에, 그 다음은 하동할망당 몫으로 담아놓는다. 맨 마지막에 요왕몫을 마련한다. 요왕메는 1기를 준비하고, 계란, 사과, 과자, 떡, 소주나 음료수를 준비한다.

남편과 자식이 어부면 그 몫으로 지드림 제물을 준비해서 바다로 가서 각각 드리친다. 종이에 메 1기, 생쌀을 세 번 집어 놓고, 동전 2~3개를 놓고 싼 다음 실로 묶어서 이름을 적는다. 이때 제물이 바다 속에 잘 골라 앉게 돌맹이를 매달고 그 해 터진 방(운수가 좋은 방향)으로 던진다. 당굿이 끝나면 바로 바다로 가서 요왕제를 지내면 의례가 끝난다.

2. 제사의례와 음식용어

제사음식을 준비하기 위하여 모슬포에 가서 장을 본다. 질구덕에 물건을 담고 바리바리 가파도로 가져왔다. 여객선이 자주 운행하지 않아서 제사준비에 어려움이 많았다. 그렇다고 제사의례가 간소하지도 않았다. 아주 오래 전에는 가파도에서 자체적으로 쌀가루를 준비해서 제사음식을 준비했다.

가파도에서는 의례음식을 만들기 위하여 쉐방에(연자매)를 사용했다. 2000년대 초까지는 제삿날 친척집을 방문했지만 지금은 집안에 따라 가족끼리 지낸다.

1) 제물떡류

시루떡을 만들려면 우선 모슬포에 가서 가루로 만들어 왔다. 흐린 좁쌀(차조)은 갈아서 침떡(시루떡)을 만든다. 1960년대까지 이렇게 만들어 먹었다. 멥쌀 한 말을 갈면 시루떡을 하고 일부는 송편과 절편을 만들었다. 지름떡, 인절미도 만들었다. 이런 떡은 제사와 명절 음식이다.

조침떡은 명절떡으로 쓰지 않고 그 대신 모멀쏠(메밀가루)로 중괴, 약괴를 만들었다. 흰쌀로는 솔변, 돌방떡을 만든다. 최근에도 메밀로 중괴, 약괴를 만드는 집안이 있다. 중괴, 약괴를 올리지 않으면 제사나 명절 때 귀신이 음감하지 않는다고 할 정도로 중요한 제물이다. 정월명절에는 빙떡도 만든다.

2) 제숙

제숙은 가파도에서 낚은 것들로 우럭, 옥돔 등이다. 갈치는 비늘 없는 생선이라 해서 제숙으로 사용하지 않는다.

3) 계영(갱)

계영으로는 다금바리에 미역(겨울), 무(여름)를 넣고 끓인다.

4) 탕쉬

탕쉬는 콩나물, 미역, 미나리 등 세 가지를 올리고, 호박탕쉬, 잡채, 시금치도 올린다.

5) 적(炙)

적갈(적)로는 돼지고지적, 소고기적, 방어적을 올린다. 전복은 적으로 올리고, 소라는 올리지 않는다. 소라적을 올리면 둥그는 자손이 난다며 금기하며, 문어적도 올리지 않는다. 전복과 바르(오분자기)는 껍데기에서 속살을 떼낸 후 적꼬치에 꿰서 소금과 참기름을 두르고 프라이팬에서 익힌다.

냉장고가 없던 시절에는 적갈용 돼지고기를 미리 준비한다. 변하지 않게 보관하기 위하여 간장을 넣고 볶는다. 이때 짜지 않게 물을 섞어서 볶는다. 제삿날은 이 볶은 고기를 적꼬치에 꿴다.

제사 때 돼지를 잡아서 추렴하기도 했다. 제사에도 쓰고, 동네사람들에게도 팔았다. 집에서 기른 돼지를 바다에 가서 도축하는데 전문적으로 잡아주는 사람이 없고, 각 가정에서 알아서 장만했다.

3. 혼인의례와 음식용어

1) 가문잔치와 돼지고기

가문잔치란 잔치 하루 전날 가문들이 모여서 지내는 의례를 가리킨다. 이 날 신랑집에서 신부집으로 이바지 음식을 가져간다.

이바지 음식은 주로 돼지고기인데 사돈댁 가문의 친척 수효에 따라 양이 달라진다. 돼지고기, 술, 쌀 등을 준비해서 초저녁에 가져가면 이 쌀로 밥을 하고 고기를 나눠 먹는다. 이때 신부집 친척과 신부 친구들이 다 모여서 잔치 일정을 의논하는데, 이날은 신부의 날이어서 신부를 보내는 마음을 정리한다. 신랑집에서는 이바지 음식을 준비하면서 친척들과 친구들이 모여서 밥과 술을 준비하고 마지막 잔치를 한다.

2) 잔치멩질과 문전제

잔치날 새벽(이 밤과 저 밤 사이)에는 잔치멩질을 하고 문전제를 지낸다. 이 의례음식은 잔치음식으로 준비한 것을 전부 올린다.

신랑은 큰옷을 입고 제를 지낸 다음 신랑 양복으로 갈아입는다. 이날 큰옷(명주로 만듦)을 입지 못하면 죽어서도 입지 못한다고 해서 반드시 입는 풍속이 있다. 큰옷은 흰색으로 만들어서 잘 보관했다가 죽으면 호상옷(수의)으로 사용한다.

3) 신부상 음식

잔칫날 신랑이 신부집에 오면 신랑상을 준비한다. 전복, 오분자기, 구제기(소라) 등 해산물은 다 오른다. 전복과 구제기는 날것으로 올리고, 나머지는 익혀서 올린다. 오분자기는 통으로 참기름을 넣고 구워서 접시에 여러 개씩 놓는다.

국은 생선국으로 다금바리나 돔에 무를 넣으며, 미역은 넣지 않는다. 신랑상에는 무조건 무국을 올린다.

신랑집에 들어가면 신부방이 마련되어 있는데 방이 좁아서 신부와 신부친구들이 같이 앉는다. 대반은 다복한(재혼한 여성은 실격임) 손위동서가 한다. 손위동서가 없으면 사촌에서 담당한다. 대반이 신부의 밥 뚜껑을 열어서 밥을 세 번 뜨고 상 아래에 놓는다. 이는 자청비 적시(몫)라고 한다. 신부가 첫숟갈을 뜰 때 방향은 정해져 있지 않다. 신부상에 오른 국도 생선무국이다. 신랑과 신부의 밥을 뜨는 사람도 정해진 규약이 없다. "새각시 밥허라." 하면 오래 전에는 새각시 밥하는 사람을 빌려서 하고 일당을 주었다.

4) 손님용 음식

옛날에 신부밥에는 보리쌀과 쌀을 섞어서 나름대로 쌀밥을 대접했으며, 손님용은 잡곡밥이었다. 보리쌀 한 되에 멥쌀 한 말을 넣으면 그나마 이 밥은 먹기 좋았다. 그런데 집안에 따라 보리쌀 닷 되에 멥쌀 한말을 섞어서 지으면 보리밥이나 다름없다. 신부상에 올릴 밥을 먼저 뜬 다음 휘저어서 손님을 대접했다. 여기에는 팥도 들어갔다. 손님들은 보리쌀과 곤쌀과 팥이 골고루 섞인 밥을 먹었다.

국은 미역과 초기(버섯)를 볶아서 국을 만들었다. 이 음식은 약 30년 전(1980년대)부터 먹었다. 그 후에는 주로 구살(성게)에 미역을 넣고 구살국(성게국)을 끓였다.

약 20년 전(1990년대)부터 모슬포에서 결혼식을 하고 식당을 이용하게 되면서 집에서는 잔치를 하지 않게 되었다. 가족과 당사자는 미리 나가고 친척들은 잔치 당일에 모슬포로 간다. 날이 나빠서 여객선이 운행되지 않으면 잔치가 끝난 후 집에 오면 대접한다.

예전에 가파도사람들이 결혼할 때는 모슬포에서 사진사를 청해서 신랑집 마당에서 결혼식 사진을 찍었다. 지금은 집에서 잔치를 하지 않고 주로 모슬포 등지에서 의례를 치르고 있다.

4. 상장례와 음식용어

1) 무속신화와 의례

제주도의 상장례법은 유교풍속의 유습이지만 무속신화에 그 사연이 깃들여 있다. 「차사본풀이(인간차사 강님)」(현용준, 1976가)로 전승되고 있으며, 강님이 차사로 이승과 저승을 넘나들게 된 사연을 통하여 수의 준비, 조왕제와 문전제를 지내는 과정을 알 수 있다. 또한 제사를 지낸 후 잡신을 위한 걸명, 초상 때 친척들이 공동 부조하는 고적 등의 유래가 나온다.

큰부인은 강님을 저승에 보내려고 여러 가지를 준비했다. 우선 나주 영산의 은옥미를 꺼내어 가루로 만들고 강남에서 가져온 시루에 떡을 만들었다. 첫째 시루는 문전시루, 둘째는 조왕시루, 셋째는 강님이 저승 가며 먹을 시루를 다 찐 후에 목욕재계하고 새 옷을 갈아입었다. 부인은 집 안을 정결하게 하고 일뤠 동안 조왕님께 축원을 드렸다.
강님이 저승을 떠날 차비를 하며 은대야에 세수하고 저승의복을 입었다. 강님이 저승 가는 증거를 확인하니 흰 종이에 검은 글씨여서 부인은 놀라면서 이는 生人의 조시이며 저승으로 염라대왕을 잡으러 가려면 붉은 종이에 흰 글자를 써 달라고 했다. 이때 낸 법으로 사람이 죽어서 銘旌을 쓸 때는 붉은 바탕에 흰 글자를 쓰는 것이다. 강님이 저승 의복을 입고 보니 언제 부인이 다 준비했는지 물어보았다. 부인인 미리 예견해서 옷을 지어 놔뒀다고 했으며 이때부터 사람들은 죽기 전에 수의를 준비하게 되었다.
강님이 저승길을 가는데 꼬부랑 할머니가 보여서 그를 따라 갔다. 절대 추월할 수가 없어서 생인이 아님을 알고 쉬면서 점심을 먹게 되었다. 같은 시루떡 점심이라 이상히 여기니 당신은 큰부인집 조왕할멈이라며 부인의 정성이 기특해서 저승길을 인도하는 것이라 했다. 강님에게 가다 보면 일흔여덟 갈림길이 나오고 노인이 앉아 있으니 인사하면 알 수 있다고 일러주었다. 그 노인은 큰부인집 일문전(一 門前 : 앞문의 神)으로 강님을 저승길로 인도해 주었다. 이때 나온 법으로 집안에 궂은 일이 생기면 문전과 조왕에게 축원하면 궂은 일이 면해지게 되었다.

　강님이 이승에 와서 불빛을 따라 가 보니 어떤 여인이 걸명(제사를 끝낸 후에 음식물을 바깥에 뿌리는 일)을 하고 있었고, 자세히 보니 큰부인이었다.

　날이 밝자 강님은 부모님께 인사를 드리고 그 사이 어떤 마음인지 물어보았다. 형제들의 서러운 마음도 헤아려서 형제는 옷 위의 바람이라 열두 달 소기까지 복을 입고, 친척들은 큰일 때만 생각나니 친척이 죽으면 고적(의무적으로 떡을 부조하는 것)을 하는 법이 생겼다.

이 무속신화는 제주도 상례와 제례에 보편적으로 적용되는 이야기이다. 가파도 역시 제주섬이어서 이런 의례가 같다. 다만 가파도의 특성상 이런 의례를 행할 때 수반되는 음식의 종류, 준비과정, 예의 등을 들여다보겠다.

　2) 상례 음식용어

　가파도에서는 의례 음식은 배로 실어 나른다. 주로 1990년대 이후부터 전부 외지에서 장의사를 청해서 의례를 진행하고 있다. 옛날에는 마을에 초상이 나면 상주가 집집마다 돌아다니면서 상뒤꾼[鄕徒-]으로 청했는데 젊은이들을 섬을 떠나면서 일해 줄 사람들이 없다. 또한 장례식도 가파도 밖에서 하는데 만약 집에서 돌아가시면 나름대로 음식을 준비한다.

가파도에서 초상 때 일포 음식은 형편에 맞게 준비한다. 회무침이 들어가고, 갈치철에는 갈치구이, 구제기젓(소라젓), 보말무침, 귀살철(성게철)에는 귀살국(성게국), ㄴ물냉국(여름철) 등 제철 재료를 사용해서 음식을 만들고 손님을 대접한다.

가파도에는 관을 보관하는 시설이 없어서 토롱을 했다. 공동묘지 옆에 땅을 깊게 파고 냉동실처럼 만들었다. 이곳은 마을사람들이 공동으로 사용했다. 경운기로 관을 이동해서 이곳에 시신을 보관하고 집에서는 조문객을 맞이했다. 장날은 관을 묘지로 운구해서 묻으면 끝난다.

성복제를 지낼 때 제물로 올리지 않은 떡은 본인의 제사 때 올려도 음감하지 않는다고 해서 가능하면 성복제 제물로 떡 종류를 다 올린다.

3) 조왕제와 문전제

제주도에서 문전제와 조왕제를 지내는 사연이 「문전본풀이(남선비)」(현용준, 1976가)로 전승되고 있다.

문전의 할아버지는 해만국, 할머니는 달만국, 아버지는 남선비, 어머니는 여산부인이며, 一門前은 똑똑하고 영리한 녹디생이다. 남선비와 여산부인은 일곱 아들을 두어서 먹고살기 위하여 貿穀장사를 하려고 남선비는 오동나라 오동고을에 갔다. 오동나라 오동고을에는 노일제대 귀일의 딸이 있는데 간악해서 남선비의 돈을 긁어낼 계책을 세웠다. 작은부인의 악행으로 본부인은 죽고, 아들들의 목숨도 위태로웠다. 막내아들 녹디생이의 지혜로 모두 응징한다. 그 결과, 남선비는 겁결에 올래로 내닫다가 정낭에 목이 걸려 죽어서 柱木之神(정낭을 걸치게 올래 양쪽에 세워 놓은 기둥)·정살지신(정낭의 신으로 정낭을 정살이라 함)이 되었다. 계모는 벽을 뜯고 그 구멍으로 변소로 도망쳐서 쉰

댓 자 머리로 목매어 죽으니 변소신인 厠道婦人이 되었다.
　일곱 형제는 어머니가 누웠던 자리의 흙을 모아서 시루를 만들었다. 여섯 형제가 돌아가면서 한 번씩 주먹으로 찍으니 여섯 구멍이 터지고 녹디생이는 화를 발칵 내며 발뒤꿈치로 한번 찍으니 가운데 큰 구멍이 생겼다. 그때 낸 법으로 시루구멍이 일곱 개이다.
　그때 낸 법으로 오늘날도 명절·기일제사 때에 문전제를 지내고, 그 제사의 제물을 조금씩 떠서 지붕 위에 올린 후, 다시 조금씩 떠서 어머니이신 조왕(竈王)에 올린다. 또한 조왕과 측도부인은 처첩 관계여서 부엌과 변소는 멀수록 좋으며, 변소의 것은 돌 하나, 나무막대기 하나라도 부엌으로 가져오면 좋지 않다는 말이 생겼다.

제주도와 주변섬에서는 제사명절 때 문전제를 지낸다. 조왕제는 굿을 하거나 병굿을 할 때만 같이 지낸다. 문전제를 지낼 때 숭늉에 걸명을 만들어서 조왕에 올려놓는다. 제사 때 걸명은 집안에 따라 만들기도 하고 만들지 않기도 한다. 이 걸명은 지붕 위에 뿌리거나 올레에 뿌린다. 가파도에는 안칠성이 없었다.

4) 도감의 역할

　도감은 의례음식 중 아주 중요한 돼지고기를 관장하는 사람을 가리킨다. 적어도 일제강점기에는 마을에 따라 하인이 있어서 그가 돼지를 잡아주고, 도감도 했다. 그러다가 이 사람들이 사망한 후에 이 업이 끊겼으며, 지금은 집안에서 알아서 도감을 구한다. 도감은 돼지를 잡아서 삶아주고, 먹기 좋게 썰어주는 역할을 한다. 가파도에서는 마을 사람들의 수효가 한 눈에 들어오므로 잔칫날 돼지고기 몇 근이 필요한지 짐작해서 준비할 수 있었다. 잘 차리면 돼지고기 식 칭이라 한다. 한 칭이 백근이니까 식 칭은 300근이며 보통 돼지 2~3마리를 잡았다. 이 정도면 손님들이 실컷 먹었다. 옛날에는 돼지고기를 손바닥크기로 잘라서 넉 점을 놓는다. 접시에 석 점을 펼치고 그 위에 한 점을 올린다.

처음에는 고깃반도 어른반과 아이반을 구별했으며, 나중에는 이런 구별이 없어졌다. 돼지고기 크기로 반을 구별한다. 고깃반을 보면 돼지고기와 그 옆에 두부를 놓는데 추가로 삶은계란 반쪽, 찹살떡을 놓는 집이 있다. 이 음식을 놓으면 접시가 가득하다.

제주도에서 전문적인 도감은 일제강점기부터 활약하다가 6·25전쟁을 겪으면서 변화가 있었다. 그러다가 1950년대 후반부터 전담요원이 없어지면서 마을이나 집안에서 대표적으로 이 일을 맡아왔다. 1980년대로 넘어오면서 여성들도 동참하기 시작했지만 원래 도감은 남성 전용 직업이었다. 제주도의 대표적인 의례음식은 돼지고기와 순대이며 지금도 이 음식은 전승되고 있다.

5. 세시의례와 음식용어

가파도의 정월보름 행사를 보면 1950년대에 이 날은 물질을 하지 않고 집집마다 돌아다니면서 놀았다.

5월 단오날 해가 뜨기 전에 쑥을 베서 그늘에서 말리면 약쑥이 되므로 아침 일찍 일어나서 쑥을 베어왔다. 이 쑥은 출산할 때 산모의 목욕물로 사용하고, 쑥떡을 만들어 먹었다.

음력 6월 20일은 '득 잡아 먹는 날(닭 먹는 날)'이다. 병아리를 사다가 중닭으로 키워서 먹거나 사다가 먹었다.

음력 6월에는 개장국을 먹었는데 1990년대까지는 사람에 따라 특별식으로 만들어 먹었다. 개장국을 만들려면 개고기에 된장을 넣는데 이는 냄새를 제거하기 위함이다. 여기에 고사리, 미나리, 무청 등 야채를 넣고 끓인다. 개는 동네사람들이 추렴으로 잡는다. 이때 할망당에 가려면 개를 잡거나 먹으면 안 되었다. 당골이 할망당에 가려고 준비했는데 마을에서 개를 잡았다고 하면 가지 못했다. 만약 이런 사실을 모르고 할망당에 다녀오면 모를까 안 다음에는 갈 수 없었다.

가파도에서는 말을 키우지 않아서 말고기를 먹은 경우는 없다.

여름에 개역(미숫가루)을 만들어 먹었다. 흉년이 들면 개역으로 허기진 배를 채웠다. 보리를 볶아서 말방애(연자매)에서 간 다음 체로 쳐서 먹었다. 지금은 보리 한 말에 콩 한 되를 넣고 만드는데 여기에 찹쌀과 깨를 첨가해서 만들기도 한다.

동짓날에는 팥죽을 쑤어 먹었으며, 집 안에는 뿌리지 않았다.

가파도 벌초 의례로 음력 8월 1일에 모둠벌초를 해 왔는데 지금은 자손들이 다른 지역으로 나가서 살고 있어서 일요일에 친척들이 모여서 벌초를 하고 있다. 각자 자가용 겸 어선이 있어서 시간에 맞게 자신의 배를 타고 와서 벌초를 한 후 다시 나간다.

6. 일상 음식용어

가파도에서는 청각과 보말은 주로 여름에 채취한다. 이때가 맛이 가장 좋다. 보말(고동)과 청각의 서식 장소가 달라서 각자 형편에 맞게 가서 채취한다. 여름 청각은 삶으면 쫄깃쫄깃하고 맛있다. 가파도의 일상음식은 다른 섬 음식과 유사하다.

7. 민간요법에 쓰인 음식재료

가파도사람들이 주로 사용했던 민간요법을 살펴보면 물질하다가 발을 다치거나 아이들이 넘어져서 타박상을 입으면 쑥을 으깨어서 상처 부위에 덧씌우면 지혈이 되고 상처가 나았다. 해녀들이 물질할 때 직업병으로 두통이 심한데 이때 뇌선을 자주 복용하여 약물 중독이 될 정도이다.

의료혜택을 받을 수 없던 시절에 가파도사람들은 나름대로 민간요법이 있어서 아픔을 치유하면서 환경에 적응했다고 본다.

8. 음식문화 환경

의례음식과 일상음식의 필요충분조건, 식수공급원인 물통의 가치는 화폐로 쉽게 측정할 수 없지만 가파도사람들은 이러한 물을 어떻게 이용해 왔는지 현재 남아있는 물통(용천수, 빗물통 등)으로 짐작할 수 있다.

가파도사람들은 바다밭을 일터로 삼아 살아온 사람들이어서 바람의 영향에 아주 민감하다. 그래서 바람의 성질을 잘 알고 있다. 먹구름이 끼고 바람이 불어서 비가 올 것 같으면 샛바람이 분다고 한다. 샛바람은 여름에 잘 분다. 하늬바람은 음력 팔월 말부터 불고, 높새바람은 한라산으로 불어오는 바람이다. 높새바람이 불 때는 파도가 아주 무섭고, 샛바람이 불 때도 파도가 제일 세다.

다음날 날씨를 짐작할 수 있는 징조로는 해가 질 때 구름발이 검게 변하면 다음날 날씨가 나쁘고 바람이 분다고 보았다. 날씨가 좋으려면 노을이 붉게 물든다. 요즘처럼 일기예보가 없을 때는 가파도사람들은 하늘을 보고 날씨를 짐작했다. 마라도 아래서 구름이 솟아오르는 것처럼 몰려오면 파도가 세어진다. 이는 지금도 마찬가지이다.

가파도는 섬지역이어서 음식재료는 모두 바다에서 구하며 음식재료 공급원의 일등공신은 해녀들이다. 이들의 사랑과 애환이 깃들어 있는 불턱은 지금은 자취를 감췄지만 지금도 '그때를 아십니까'의 주인공으로 손색이 없다.

가파도는 섬을 한 바퀴 돌면서 불턱이 있고 가까운 곳에 물통이 있다. 해녀들이 물질을 하다가 쉬러 물 밖으로 나오면 이러한 용천수를 먹고 몸을 간단히 헹구었다.

해녀들은 고무옷을 입고 물질을 하니까 하루 종일 조업을 할 수 있지만 속옷(천으로 만든 해녀복)을 입을 때는 추워서 물속에 오래 버틸 수 없었다. 그래서 춤들이(만조), 반물쎄기(물이 반쯤 썰물일 때), 조쎄기(아주 썰물일 때)에 따라 물질을 했다. 춤들이에는 불턱에서 휴식을 취하면서 밥도 먹고 아기에게 젖을 먹이기도 했다. 그러다가 반물쎄기가 되면 다시 바다로 가서 조업했다.

속옷을 입던 시절에는 구덕(바구니)에 옷을 담고 가서 불턱에서 갈아입었다. 물질을 마친 후 불턱 근처에 있는 물통의 물을 이용해서 대강 짠물만 헹궈서 일상복을 갈아입고 집으로 온다. 이 당시에는 아침 9시~10시에 물때를 보면서 물질하러 가서 오후 4~5시 경에 마쳤다. 고무옷(고무로 만든 해녀복)을 입게 되면서 아침 7~8시에 나가서 오후 4~5시까지 일을 하고 집에 돌아오면 저녁 6시가 된다.

해녀들의 휴식기는 해산물 산란기 때이다. 구제기(소라) 산란기는

6월말이어서 쉬는데 이때는 보말과 성게를 채취한다. 뱃물질을 할 때는 8월에도 전복을 채취한다.

가파도여성들은 주로 일곱 살 정도되면 헤엄(수영)을 배우는데 작지에 엎어져서 발을 움직이면서 배운다. 그러다가 초보를 넘기면 테왁을 들고 물질을 배운다. 보통 15세부터 물질을 하며 해녀에 따라 상군의 반열에 오른다. 상군일 때는 뱃물질을 하다가 65~70세 정도가 되면 기력이 떨어져서 덕물질을 한다.

9. 음식용어 분석

1) 음식용어 일람

가파도에서 전승되는 당굿 제물에는 제숙(우럭, 볼락, 옥돔, 조기), 돌레떡, 메, 삶은계란, 돼지고기(적이 아님), 과일(배, 사과, 귤, 토마토), 과자, 술 등이 있다.

요왕제에는 돼지머리, 메, 술, 백지, 생쌀, 계란 등을 준비한다.

제사명절 음식으로는 시루떡, 지름떡, 인절미, 조침떡, 중괴약괴, 솔변, 돌방떡, 빙떡, 제숙(우럭, 옥돔 등), 게영(미역, 무), 탕쉬(콩나물, 미역, 미나리, 호박, 잡채, 시금치 등), 적(돼지고기적, 소고기적, 방어적, 전복적, 오분자기적) 등이 있다.

잔치 음식으로는 돼지고기, 생선무국(다금바리), 잡곡밥, 순대, 생전복, 생구제기(날소라), 오분자기구이 등이 있다.

상장례 음식으로는 회무침, 갈치구이, 구제기젓(소라젓), ᄂ물냉국, 보말무침(고동), 귀살국, 돼지고기, 순대 등이 있다.

세시음식으로는 쑥, 닭, 개장국, 개역, 풋죽 등이 있다.

일상음식으로는 청각냉국, 보말무침, 군벗무침, 김치, 마농지 등이 있다.

2) 음식용어 조어(造語) 과정

가파도 음식용어의 구조를 보면 제숙은 계절에 따라 잡을 수 있는 생선이면 된다. 주로 우럭, 볼락, 옥돔, 조기 등이 해당된다. 의례 음식 중 떡은 조어법이 좀 다르다. 시루떡은 도구와 음식종류의 결합이고 지름떡은 기름에 튀겨내는 것으로 조리법과 음식종류로 구성되었다. 조침떡은 좁쌀과 떡의 조어이다. 솔변은 생김새이고, 빙떡은 메밀로 만든 떡이지만 재료가 드러나지 않는다. 적갈은 적(돼지고기, 소고기, 방어적, 전복, 오분자기) 등으로 재료와 음식용어의 결합이다. 적갈 자체가 의례음식이어서 재료는 어류와 육류로 정해져 있으며 해녀들이 해산물을 채취하는 정도에 따라 추가로 준비한다. 그래서 음식용어에는 재료와 음식종류, 조리법이 그대로 살아있다.

잔치 음식인 돼지고기, 생선무국(다금바리), 잡곡밥, 순대, 생전복, 생구제기, 오분자기구이 등에서는 음식재료와 조리법이 드러난다. 다만 순대는 좀 다르다.

상장례 음식인 회무침, 갈치구이, 구제기젓, ㄴ물냉국, 보말무침, 귀살국, 돼지고기, 순대 등을 분석하면 음식재료와 음식종류의 결합이다.

세시음식인 쑥, 닭, 개장국, 개역, 풋죽 등도 다른 음식용어와 마찬가지로 재료와 음식종류의 결합임을 보여준다.

일상음식인 청각냉국, 보말무침, 군벗무침, 마농지 등은 재료와 음식종류의 결합이다.

  음식용어를 보면 가파도 역시 섬지역이라 주로 바다에서 얻을 수 있는 음식재료를 싱싱하게 사용하며, 그런 이름이 음식명에도 그대로 반영되어 있음을 알 수 있다. 가파도사람들은 언제 어디서든 어린 시절 먹어보았던 음식명이나 음식재료를 보면 그 맛을 기억할 것이다. 또한 재료만 보고도 신선도에 따라 조리법을 알 수 있다.

  가파도에는 예전부터 해녀들이 해산물 채취의 주인공들이다. 10대 소녀시절부터 바다에서 얻는 음식재료는 먹거나 팔았다. 그래도 집 밖을 나서면 사방천지에서 어떤 음식재료든지 쉽게 구할 수 있어서 신선한 재료를 이용하여 음식을 만들어 먹었으며, 조리법이 간단하다. 이런 음식과 조리법은 주로 여성들로 전승되는 것이다. 그렇다면 가족이나 마을의 문화 전승 주체는 여성이라 해도 무리가 없을 것이다. 여성들은 한 곳에 정착하면 그 삶은 그곳에서 머문다. 그래서 여성들은 특정 지역의 역사와 문화를 생생하게 기억하며 전승할 수 있는 역사와 민속 박물관의 주인공들이다. 이런 점에서 음식용어는 주로 여성들의 입과 손을 통해서 계승된다고 해도 과언이 아니다. 따라서 제주 섬사람들의 음식문화는 여성문화의 주류라고 본다.

우도사람들의 음식

우도는 제주시 동쪽에 위치한 섬으로 관광지로 유명하다. 이 섬의 여성들은 모두 해녀였으며, 출가물질의 주인공들이기도 하다. 현재 우도에 살고 있는 사람들의 경험을 통해서 우도의 음식이 어떻게 생명력을 유지하고 있는지 알아보겠다.

1. 출산의례와 음식용어

1) 메밀수제비

우도의 산실(産室)은 집이었다. 마을마다 아기할망(산파도우미)이 있어서 출산에 도움을 받았다. 1960년대에는 출산하려면 임신부가 쓰던 방을 산실로 사용했다. 1980년대까지는 집에서 출산했고, 1990년대부터는 주로 병원에 가서 출산했다. 집에 산실을 차릴 때는 방바닥에 담요 등 헌 물건을 깐다. 곤로에서 물을 끓이고, 가위 등을 소독한다. 태반은 따로 담아서 태웠다. 우도에서는 터진 방(그 해 운수가 좋은 방향)으로 가서 태웠으며, 1980년대 후반에는 태반을 비닐로 포장해서 돌을 매달고 바다에 던졌다. 탯줄은 자른 후에 벽에 매달아둔다.

우도에서는 산모가 출산 후 처음으로 먹은 음식은 메밀수제비이며, 메밀가루를 묽게 반죽해서 숟가락으로 푹푹 떠 놓고 익히면 완성된다. 우도에서는 메밀농사를 하지 않으니까 미리 구입한다. 산모가 메밀가루음식을 먹으면 피가 맑아져서 좋다고 한다. 어머니들이 이 음식을 만들어 주었으며 지금까지 전승되고 있다. 출산 후 적어도 일주일 정도는 메밀가루음식을 먹었다. 메밀수제비를 먹으면서 생선미역국도 먹었다.

우도에서는 물질하러 갔던 해녀가 집으로 걸어오는 도중에 길에서 출산한 경우가 있었으며, 이 아이를 질둥이라 불렀다.

2) 삼신할망상(삼신할머니상)

우도는 물론 제주도의 아기들은 모두 삼신할망의 자손으로 그의 보살핌 속에 성장했다고 믿어왔다. 이런 내력을 알려주는 이야기로 「産神과 마마신(삼승할망본풀이)」(현용준, 1976가)가 있다.

> 동해 용왕 딸의 꽃은 뿌리, 가지, 순도 하나여서 시들어서 저승할망(구삼싱할망)이 되고 명진국 따님아기가 심은 꽃은 뿌리는 하나이고 가지는 4만5천6백 가지로 번성해서 삼승할망(생불왕 : 産神)이 되었다. 이 때 동해 용왕 딸은 명진국 따님아기의 꽃을 한 가지 꺾으면서 "아기가 태어나 백일이 지나면 驚風, 驚勢 등 온갖 병에 걸리게 하겠다." 말했다. 명진국 따님아기는 저승할망을 달래려고 "아기가 태어나면 너를 위해 적삼, 머리, 아기업는 멜빵 등 폐백과 좋은 음식을 차려서 주겠다."며 사정했다. 동해 용왕 딸은 저승으로 가고, 명진국 따님아기는 이승으로 내려왔다. 이 후부터 아이가 아프면 저승할망을 위해 음식상을 차린다.

「삼승살망본풀이」에도 전해오듯이 우도에서는 신생아의 안녕을 위하여 할망상을 준비했다. 그 과정을 좀더 들여다보았다.

통과의례에 속하는 출산은 아주 중요하다. 집에서 출산하던 시절의 이야기이다. 출산 후 뒷정리가 끝나면 바로 아기방에 지향상(할망상)을 차린다. 할망상에 메 3기, 물, 실을 올린다. 메 위에 무남제라고 해서 향나무를 꽂고, 찬 물을 떠 놓고, 실을 올린 후에 비념한다. 의례가 끝나면 상을 치운다. 이 할망상은 애기 낳을 때 차리고, 3일째되는 날에는 메를 해서 다시 상을 준비한다.

아기가 아프면 마을에 있는 삼신할망을 청해서 할망상을 차린다. 메 한 그릇 준비하고 비념해 주면 정말로 나았다.

할망상에 올리는 물은 특별하지 않지만 항아리에 있는 물이 깨끗해지면 위로 떠서 올렸다. 우도는 모두 봉천수여서 식수로 적합하지 않았다. 그런데 물항이 정화작용을 했다고 본다.

나는 아기 어떵헐 때 빌어시냐 허믄. 우리 큰아들 낳으네 젓이 아니 든 거라. 젓도 못 멕이구. 경헹 아일 안앙 뎅기멍 놈의 집에 강 젓 빌어 멕이구. 그땐 우유가 어디서, 쌀이 어디서. 어디 강 좁쌀 빌어왕 솖앙 그 좁쌀을 걸령 그걸 입드레 영 대믄 쪽쪽 빨앙 살아나신디. 삼신할망 빌어당 막 젓도렌 경헹 나도 흔번 빌어나서. 그때 할망상은 어떵 차려신고 허난. 쌀 한 사발 놓고, 물 놓고, 실 한 타래 영 놓앙 빌엉게. 삼신할망신디 꿇어 앚앙 영영 허멍 빌엇주.
(우도엔 침 주는) 의원 하르방들이 이서나서. 막 하나서. 아기들이 막 경기허지? 깜박깜박 경기허지이. 경헐 때 가난 침으로 이런 디도 막 찌르고, 머리빡에 콱콱콱콱 찌르고, 이런 손등에도 꼭꼭꼭꼭 찔렁으네 흔 세 살까지는 침 맞히고, 영 땅에 발 디뎡 뎅겨가니깐 건강허구. (아파가믄) 침 자꾸 맞히주. 의원 하르방, 심방 무신 소섬에 엇인 거 엇어. 다 잇주. 이젠 침 놓는 하르방들은 없고게. 게난 보건소 フ튼 디 자꾸 가게.
(양석봉 구술)

3) 3일밥과 아기 목욕

아기가 태어나서 3일째 되는 날은 '3일밥'을 먹었다.

쑥은 산모와 신생아의 목욕물로 사용했고, 쑥뜸으로도 사용했다.

출산 후 3일이 되면 쑥물로 목욕을 했다. 쑥물로 신생아의 손등과 몸, 다리, 등쪽 등을 골고루 잘 닦아주어야 피부가 가렵지 않고 고우며, 겨드랑이나 엉덩이를 깨끗이 닦아주지 않으면 짓무른다. 몸을 씻을 때는 쑥물을 사용하는 것이 가장 좋으며, 이런 것은 어머니에게서 딸로 전수되고 있다.

우도는 물이 부족하여 출산 후 옷은 모아두었다가 바다에 가서 대강 빤 후 궂은물통(허드렛물로 사용하는 물통)에 가서 헹구었다. 빨랫비누 성분이 좋지 않을 때는 양잿물에 빨래를 담가두었다가 빨았다.

4) 영유아음식

과거에는 출산하면 산모들은 갓난아기에게 모유수유가 기본이었으며, 젖이 부족하면 이유식을 병행했다. 쌀을 볶아서 간다. 곤로가 없던 시절에는 쇠(삼발이 모양)로 만든 화덕에 냄비를 올려놓고 불을 지펴서 가루로 죽을 만들었다. 1960년대에 연유가 판매되면서 우유 대신 사용했다. 이 연유도 잘 먹지 않으면 쌀죽을 만들어서 먹였다. 여기에 설탕을 조금 섞는데, 형편이 안 되면 뉴수가나 사카린을 섞었다. 밥을 먹일 때는 불을 지펴서 보리밥을 하다가 끓으면 밥물을 떠서 사카린을 타고 젖병에 담아서 먹이기도 했다. 1960년대에 젖병이 있었다.

해녀들은 출산 후 일주일에서 보름 사이에 조업을 시작했다. 출산 후 물에질을 할 때는 무섭기도 하다. 일찍 물에질을 하면 애기의 배고픔 해결이 문제였다. 우도에서는 "줌수 애기 석 달만 되민 죽 먹나. 석 달 되민 떠 멕이라."(해녀 아기는 태어난 지 석 달만 되면 죽을 먹나. 석 달 되면 음식을 떠 먹이라.)라고 할 정도였다. 해녀 아기는 산모가 물질하러 가면 젖 먹이는데 어려움이 있으므로 아무 음식이나 먹는 것을 배워야 한다는 말이다. 돌 전에 육고기 등을 먹이면 입맛이 변해서 다른 음식은 먹으려고 하지 않는다면서 이런 것은 안 먹이고, 밥과 국을 떠먹이면서 밥 먹는 연습을 시키라는 말이다.

하루 종일 물질을 할 때 여러 번 쉬러 불턱으로 나오므로 젖먹이들은 여기서 기다리다가 젖을 먹였다. 젖먹이 도우미는 할머니나 언니 등 가족이 담당했다.

5) 생일상

집안에 따라서 다르지만 적어도 1980년대에도 큰아들인 경우 백일사진을 찍어주는 정도였다. 이 당시만 해도 돌잔치도 하지 않았고, 환갑잔치도 드물었다. 가족들 생일상도 어색하던 시절이며, 집안어른의 생일상 정도 준비했다. 그러다가 특별한 날로 인식되면서 미역국에 생선으로 한 상을 준비하면 되었다.

2. 혼인의례와 음식용어

1) 돼지고기와 몸국(모자반국)

잔치 이틀 전에는 돼지를 잡고, 하루전날은 가문잔치하고, 3일째 되는 날은 본잔치를 했다. 잔치를 하려면 집에서 돼지를 기르며, 동네사람들이 공동으로 잡아서 장만해 주었다. 돼지를 바다에서 잡으면 구덕(바구니)에 담고 리어카로 집까지 이동하거나 질구덕으로 져 왔다.

1960년대에는 적어도 1년 전에 약혼식을 하면 돼지를 길렀다. 결혼날짜가 정해지고 한 마리로 부족할 것 같으면 친척집에 부탁해서 추가로 돼지를 길렀다. 즉 "날을 받으면 키와 달랜 부탁을 허면 이제 또 되갚음을 해야 하니까 그 집에 큰일이 있을 때는 대신 키와 주고." 옛날에는 약혼 기간이 1~2년 정도여서 돼지도 기르고, 뭄도 미리미리 장만해 두었다. 약혼식과 결혼식 사이가 필요한 것은 혼수품과 음식 준비 과정에 시간이 필요했기 때문이다. 그러다가 모든 것을 쉽게 구입할 수 있게 되면서 이런 기간이 점점 줄어들었다.

　　집에서 돼지를 잡으면 두말들이 큰 솥에서 삶았다. 이 일은 남성들이 담당했다. 돼지고기를 삶은 국물로 뭄국을 끓였다. 본 잔치 전에 돼지 잡는 날 뭄국을 끓여서 동네사람들과 나눠 먹고, 저녁에 가문들이 모이면 이 국을 먹었다. 잔치 전날 동네사람들이 오면 밥과 뭄국을 대접하고, 양동이에 뭄국을 담고 집집마다 돌아다니면서 나눠 먹었다. 이런 풍습은 1970년대에도 있었다.

　　잔치 때 가문반이 있다. 잔치 하루전날 음식을 만들고 남은 돼지뼈와 부스러기들을 모아서 친척들이 모이면 상에 차렸다. 가문반을 만들어서 어른들께 드리고 술 한잔씩 권했다.

　　1990년대까지만 해도 우도에는 뭄이 많았다. 뭄은 파도에 밀려오는 것이 아니라 미역처럼 바위에서 자란다. 그런데 바다가 오염되면서 뭄이 점점 없어지고 있다. 뭄이 길게 자라면 낫으로 베어서 말려두었다가 음식재료로 사용했다.

　　잔치 음식으로 돼지고기는 필수이며, 1960년대에도 두부가 오르지 않았고, 잡곡밥(보리쌀+쌀+팥)을 지었다. 동네사람들이 오면 양푼에 밥을 떠서 먹었다. 고깃반을 보면 돼지고기 석 점에 갈비 하나로 만들며 이를 종이에 싸서 어른들께 보냈다. 이때는 종이라고 해도 변변치 못해서 책장을 찢어서 썼으며, 한 장으로 고깃반을 포장하면 기름이 번져서 한 장을 더 달라고 해서 겹으로 쌌다.

고깃반은 전문적으로 담당하는 도감이 있다. 1950년대는 마을마다 정해진 도감이 있었는데 1960년대로 넘어오면서 이런 사람들이 사망하게 되니까 남성 중에서 이 일을 맡는다. 가족 중에 고기를 잘 썰면 그 일을 맡고, 그렇지 않으면 마을에서 구한다. 1960년대에도 마을에 도감이 있어서 큰일 때는 청해서 삯을 주고 일한다. 만약 천진리에 도감이 없으면 오봉리 등 다른 마을로 가서 도감을 청한다. 도감은 고기 썰어 주는 사람이며 모두 남성이었다. 도감은 일하러 올 때 몸만 오고 본주에서 도마, 칼, 신돌 등을 준비한다. 집안 대소사 때 남자어른이 도감을 청하였다.

큰일을 치를 때는 도감의 감독하에 고깃반을 장만하고 소비했으며, 도감의 허락을 받아야 고기 한 반이라도 얻을 수 있었다. 도감은 고팡에 앉아서 고기를 썰며, 그곳이 도감방이다. 돼지고기는 삶고 식힌 후에 변하지 않게 천장에 매달아 두면서 사용했다. 도감은 잔치집의 손님수를 어느 정도 파악해서 돼지고기를 조절해야 하므로 고깃반을 달라고 해도 마음대로 줄 수가 없었다. 도감은 술과 쌀 관리는 하지 않고 오직 돼지고기만 담당했다.

어느 정도 시간이 지나면 의례주관자와 협의해서 손님수와 고기양을 비교한다. 만약 돼지고기가 부족할 것 같으면 더 준비하라고 일러준다. 요즘처럼 아무 때나 원하는 시간에 구입할 수 없던 시절에는 마을에서 급하게 작은 돼지 하나를 잡아두도록 부탁한다. 아무튼 경조사에 돼지고기가 부족하지 않도록 최선을 다했다. 도감 품삯으로 좁쌀이나 보리쌀 한 말 정도는 주었다. 도감 일이 끝나면 저녁에 그 집으로 가져다주었다. 친척이면 담배 한두 갑을 주기도 하고, 큰일이 끝나면 다음날 청해서 술을 대접하는 정도였다. 우도에서는 1990대에 여성들이 도감일을 하는 것이 보편화되었다.

2) 잔치밥 준비

우도에서 잔치 음식으로 돼지고기와 쌀을 준비하는 것은 아주 중요하며 손님 접대용 밥쌀을 준비하는 과정도 어려웠다. 물이 묻은 보리쌀을 말려서 체로 친다. 이것을 다시 물ᄀ레(연자매)에 가서 갈아야 보리쌀이 된다. 물ᄀ레에 가서 보리를 도정하는데 보리를 물에 적시면서 간다. 잔치 손님이 많을 경우 한 서른 말 정도 도정해서 밥을 했다.

물ᄀ레(연자매)는 동네마다 한 군데씩 있었으며, 이는 마을공동체 소유였다. 물ᄀ레를 움직일 때 주로 말을 이용하지만 여의치 않으면 소와 사람도 동참했다. 물ᄀ레를 이용할 때 순서가 있다. 물허벅(물동이)을 옆에 놓아두어 순서를 정하는데, 보리를 갈 때는 물이 필요해서 물허벅이 있는 것이다. 물허벅 주둥이를 헝겊으로 싸서 보리를 적시면서 대구덕(대나무바구니)에 건진 후 문지르면 껍질이 벗겨진다. 그래서 물이 필요하다.

조를 도정할 때는 물이 필요 없으므로 솔박(나무로 만든 타원형의 작은 바가지)을 순서대로 엎어둔다. 소에 멍에를 씌우고 물ᄀ레를 돌린다. 소가 없는 집은 소가 있는 집이 할 때 어울려서 하는데 두세집이 모여서 공동으로 물ᄀ레를 돌린다. 앞에 있는 사람이 베를 어깨에 둘러메고 뒤에서 두 사람씩 양쪽으로 다섯 사람 정도 같이 돌린다. 이때 한 사람은 빗자루를 들고 보리쌀을 쓸어서 한 곳으로 모은다.

이는 공동체 노동의 본 모습을 보여준다.

보리껍질이 다 벗겨지면 솔박으로 긁어낸다. 이를 멩텡이(망태기)에 담아서 바른구덕(대나무바구니를 헝겊으로 바른 것)으로 져 나른다. 덕석을 펴고 그 위에서 말린다. 체로 쳐서 나뒀다가 날씨가 나빠서 바다일이나 밭일을 하지 못할 때는 이 보리쌀을 꺼내서 돌ᄀ레에 갈고 완전히 도정된 보리쌀을 사용했다. 그러다가 방앗간이 생기면서 이런 노동 과정이 생략되었다.

손님을 대접하는 음식으로는 보리밥과 된장국이 있었다. 된장에 무를 넣고 끓인 것이다. 고깃반도 어른은 석 점, 아이는 두 점씩 놓고 잔치날 아침에 오면 주었다. 돼지고기는 간장에 찍어 먹었다.

3) 신부상 음식

우도의 대중교통수단은 여객선이다. 잔치날 날씨가 나쁘면 배가 뜨지 않을 수 있어서 미리 나간다. 전날 손님이 오는데 만약 날씨가 나쁘면 미리 나갈 것이라는 소문이 온 동네에 퍼진다. 그러면 잔치 손님들은 알아서 미리 찾아온다. 바람이 불어서 배가 뜨지 않고, 결혼 당사자와 가족이 뭍으로 미리 나가 버리면 남아 있는 사람들끼리 잔치 음식을 대접하고 먹는다. 이는 마을사람들끼리 형편을 아주 잘 알기 때문에 가능한 일이다.

요즘 우도 잔치는 이틀 정도이다. 전날 돼지를 잡아서 손님을 치르고 다음날은 예식장에서 결혼식을 마치면 잔치가 끝난다. 예식은 우도를 떠나서 다른 마을로 가서 한다.

1950년대 초반 잔치 음식으로 신부상에 '밥, 국, 물김치, 돼지고기, 닭다리 하나'가 전부였다. 닭고기 일부는 대반상, 우시상에 조금씩 놓았다. 1950년대 신부상에 오른 국은 무된장국에 돼지고기를 찢어서 넣었다. 1960년대 신부상은 '밥, 국, 돼지고기, 닭 한 마리, 구운 생선, 과일' 등을 겸상(신랑상)으로 차렸다. 국은 무, 두부, 돼지고기를 썰어서 간장으로 간을 했다.

잔치 때 신부신랑상에는 미역국을 올리지 않고 손님들에게는 미역국을 대접한다. 신부상에는 무국(소고기, 두부, 무 등)을 올린다. 세월이 흘러도 신부상 차림은 별로 변하지 않고, 다만 좀더 맛있고 특이한 음식을 더 준비하는 정도이다.

다음은 1950년대 우도의 약혼식 풍속이다.

   (나가) 약혼식 헐 때 남자집에서 여자집에 오랑으네 상대방의 사돈들끼리 인사허는디, (남자집에서) 도새기허고 쏠 흔말 앗앙 오랑 그 쏠로 밥 허영 고기 숢앙 가족들 다 같이 먹게. 그거 먹엉 말주게. (신랑하고 신랑아버지영) 중신아비, 중신한 사람이 ᄀ치 오지.

                                              (양석봉 구술)

옛날에는 "잔치할 때 홀어멍은 새각시 밥도 뜨지 말라. 신부상도 차리지 말라. 새각시 바느질도 하지 말라. 대반도 앉지 말라. 신랑·신부 나갈 때 보지 말라." 등 행동금기가 많았는데 지금은 이런 금기사항들이 없어졌다.

4) 잔치멩질과 이바지 음식

우도에서는 집안에 따라 잔치멩질을 한다. 잔칫날 새벽에 잔치음식을 전부 올려서 조상님께 결혼식을 한다고 알리는 의례이다.

잔치멩질을 마치고 신랑이 집을 나가는 시간에 맞춰서 문전멩질

(문전제)을 지낸다. 문전상에는 과일을 올리고, 향을 꽂고, 촛불을 켠다. 그런 후 신랑이 신부집에 도착하면 상 위에 향을 피우고 홍세함을 받는다.

우도에서는 이바지 음식으로 신랑집에서 신부집으로 '돼지 한 마리, 술 한 추니'를 미리 보냈다. 신부집에서는 이 음식을 미리 사용했다. 이런 풍습은 1960년대까지 보편화되었다. 이바지 음식 품목은 신부집에서도 보냈다. 그러다가 주고받는 것이 의미가 없다고 의견 통일을 보아서 차츰 사라졌다. 나중에는 당일로 사돈잔치를 할 때는 신랑집에서 아침에 신부집에 갈 때 '술, 쌀, 돼지고기'를 우시(상객)편에 보낸다. 신부집에서는 빈 구덕(바구니)으로 보내지 않고 별도의 음식을 넣어서 다시 보낸다.

옛날에 우도에서는 집에서 잔치를 할 때 그날 저녁에 신부신랑이 친정에 가는데, 이는 거리가 가까워서 가능했다. 결혼식 다음날 가기도 한다.

결혼풍속 중 신부가 시댁에서 첫 숟가락을 뜰 때 누구를 위한다는 장면이 나온다. 이 유래를 「자청비」(현용준, 1976가)에서 찾아보았다.

> 어느 날 하늘 옥황 궁녀들이 처량하게 울고 있는 것을 보고 그 이유를 물으니 문도령이 주년국 자청비와 목욕했던 물을 떠오라고 해도 찾지 못했다고 했다. 자청비는 자신의 신분을 밝히고 물을 떠 주면서 같이 하늘로 데려가 달라고 했다. 줄을 타고 하늘로 올라가서 팽나무에 올라 문도령네 집을 내려다 보았다. 자청비는 "저 달은 곱다마는 계수나무 박혔구나. 하늘 옥황 문왕성 문도령 얼굴보다 더 고우랴." 노래 부르니 마침 마당에 나와 있던 문도령이 듣고는 서로 만나서 만단 정회를 나누었다.
> 문도령은 부모 몰래 자청비를 방에 숨겨두고 지내는데 늦인덕정하

님이 눈치챘다. 자청비는 부모에게 허락받을 방법을 문도령에게 소상히 알려주고 그대로 했다. 문도령 부모는 "내 며느리될 사람은 쉰 자 구덩이를 파 놓고 숯 쉰 섬을 묻어 불을 피워 놓고 불 위에 작도를 걸어, 칼날 위를 타 나가고 들어와야 한다."고 했다.

자청비는 이 상황을 받아들였다. 문도령은 "자청비야, 오늘 죽더라도 이 문씨 집의 귀신이 될 것이니 하나 섭섭하게 생각 말라."며 위로했다.

자청비는 눈물로 세수하며 백릉 보선을 벗고 박씨 같은 발로 작도 위에 올라섰다. 숯불을 넘고 위기를 잘 넘겨서 작도 끄트머리에 가서 내리려고 한 발을 디딘 순간 긴장이 풀려서 발꿈치가 다치고 자지피가 났다. 자청비는 얼른 속치맛자락으로 닦으니 속치마가 더러워졌다. 문도령과 부모가 달려와서 며느리로 맞이했다. 자청비는 세상에 태어난 보람을 남기겠다며 여자가 15세가 넘으면 다달이 몸엣 것 오는 법을 마련했다.

막편지가 서수왕 따님에게 되돌리니 화가 치밀었다. 막편지를 비벼 불을 붙여 한 사발 물에 타 먹고 문을 잠그고 드러누웠다. 백일이 지나서 방문을 뜯어보니 서수왕 따님아기는 새로 환생해 있었다. 머리에서는 두통새가 나오고, 눈에서는 홀그새(홀깃홀깃하는 새), 코에서는 악숨새가, 입에서는 혀 말림새가 나왔다. 이 때부터 이 새가 들면 부부 사이가 나빠진다.

잔치 때 신부가 신부상을 받으면 먼저 상에 있는 음식을 조금씩 떠서 상 밑으로 놓는 법이 생겼으며, 이는 서수왕 따님을 대접하는 것이다.

3. 제사의례와 음식용어

1) 떡 제물 준비

1960년대에 제사음식으로 조침떡을 만들었다. 흐린좁쌀(차조)을 ᄆᆞᆯᄀᆞ레(연자매)에 갈고 팥을 섞어서 시루떡을 찐다. 메밀로 빙을 지지고, 겨울 제사에는 메밀묵을 만든다. 상왜떡과 감주를 만들었다.

상왜떡 만드는 과정을 보면, 우선 고구마껍질을 벗기고 삶아서 막걸리를 붓는다. 녹으면서 괜다. 걸러내서 밀가루를 넣고 부풀린다. 이것을 쪄서 빵을 만든다. 고구마가 들어가서 맛이 좋았다. 상왜떡은 제사, 대소사에 쓰던 제물이며, 부조떡으로도 만들어 갔다. 이 떡은 손이 많이 가서 정성하는 집이어야 제물로 만들어 갔다. 1970년대까지는 제사 때 상왜떡을 올렸다. 지금 제사떡과 비교하면 상왜떡만 없어졌다.

기름떡은 오래 전부터 만들었다. 처음에 밀농사를 할 때 밀을 돌ᄏ레(맷돌)에 갈아서 사용했다. 기름떡은 동그랗게 떠서 팍팍 누르면서 기름에 지졌다. 제사명절 때 빙떡을 지졌다.

제사 때 시루떡을 만들려면 동네에서 잘 만드는 사람을 청해 왔다. 방앗간에 가서 가루를 갈아 와서 체로 치고, 고운 가루를 만든다. 팥을 삶는다. 통팥을 칸칸이 놓을 때는 많이 필요했다. 시루 놔 주는 할망을 청해서 시루떡을 만든다. 이런 사람은 시루떡을 만들 때 징(켜)을 한 장 한 장 적당히(두께 측정) 잘 놓고, 만든 다음에는 한 빔씩 잘 잘라준다. 조침떡을 만든 다음 백설기를 만들었다. 떡방앗간이 생기면서 의례 떡 준비가 수월해졌다.

지금도 "시루떡 앗저동 화장실도 가지 말라. 오줌도 눕지 말라. 올레베꼇디도 나가지도 말라. 그 시루 다 익엉 들러올 때꺼정 꼼짝허지 말라."는 음식 금기어가 남아 있으며, '시리할망이 돌아다니면 안 된다.'는 말을 보더라도 시루떡을 찔 때 조심해야 됨을 짐작할 수 있다. 이는 불 조절을 하면서 시루떡 만들기가 어려웠음을 알려주는 이야기이다. 정성을 다해도 떡이 잘 익지 않으면 화덕 옆에 물을 떠 놓고, 칼을 시루 옆에 갖다 놓았다. 칼로 시루에 열십자로 그으면서 잘 익기를 기원해도 익지 않으면 익은 부분만 걷어내고 다시 쪘다. 1970년대도 이렇게 했다. 다른 사람이 부엌에 들어와서 시루 옆에 앉아도 안 된다. 이런 것을 잘 지키지 않으면 부정타서 시루떡이 좋게 완성되지 않는다고 믿었다. 시루떡을 칠 때 시루번이 여기저기 터져서 잘 익지 않으므로 조심하고 정성을 들이라는 말이다.

제물로는 시루떡 외에 빙떡, 보리빵떡, 조개송편 등이 있고, 반달떡은 쪄서 솔잎 위에 올려놓고 기름을 살짝 바른다.

제사음식을 준비할 때 금기사항이 있다. 제사음식에는 마늘을 넣지 않는다. 음식에 머리카락이 들어가지 않게 조심하고, 몸이 부정하지 않게 조심한다. 생리하는 여성은 자기 제사음식은 어쩔 수 없지만 남의 집 제사음식을 준비하러 가지 않는다. 여성들이 제사음식을 준비할 때 손이 아주 부족했다.

의례제물 준비 과정을 좀더 살펴보겠다. 우도에서는 대소사 때 떡을 만들려면 노동력이 많이 필요했다. 먼저 돌ᄀ레(맷돌)에 가서 간다. 집집마다 돌ᄀ레가 있었다. 1960대에 우도에는 방앗간이 생겨서 보리를 도정하고, 가루로 만들면서 의례음식 준비가 편해지기 시작했다. 또한 밀가루가 보편화되면서 우도에도 빵집이 생겼다.

그전에는 큰일을 치르려면 고구마를 삶아서 술을 넣고 기주떡을 만들었다. 검질불을 지펴서 떡을 쪄냈다. 동네사람들과 친척들이 공동으로 만들어 주었다.

큰일을 하려면 물이 제일 중요했다. 분업이 잘 되어서 물을 길어오는 팀, 불을 때는 팀이 있었다. 10대 소녀들과 젊은 사람들은 허벅으로 물을 길어오고, 나이든 여성들은 아궁이 불을 땠다. 음식을 잘 만드는 사람들은 떡을 담당했다. 큰일을 하려면 집 안, 마당, 정지(부엌)에 사람들이 가득하다. 큰일을 준비할 때는 노동참여자들이 먹을 음식도 같이 준비한다. 노동의 대가로 특별한 것은 없고, 품앗이로 했다.

  2) 적(炙)

  적갈(적)로는 돼지고기는 필수이고, 소고기적, 상어적, 문어적, 소라적 등이 있다. 제사 때 적갈 만드는 것은 남성의 몫이었다. 적꼬치는 남성이 대나무를 가늘게 깎아서 만든다. 이때 제사를 모시는 집에 남성이 없으면 직계가족 남성이 와서 적갈을 만들어 주었다. 나중에는 집안 형편에 따라 남녀를 가리지 않고 적갈을 만들었다. 한 여성 제보자는 1970년대부터 적갈을 만들었다. 제사용 돼지고기는 동남(성산읍 소재)에 가서 미리 사다가 냉장고가 없던 시절에는 변하지 않게 삶아 둔다. 삶은 돼지고기를 바람이 잘 통하는 그늘에 메달아 두면 날파리들이 달려들었다. 이를 방지하기 위하여 헌 모기장을 이용해서 그물로 만들어 씌웠다.

  적갈 만드는 과정을 살펴보자. 삶은 돼지고기에 소금이나 간장을 넣고 버무린다. 이것을 솥뚜껑에 놓고 지진다. 그런 다음 적꼬치에 꿰고 석쇠를 이용하여 화로에서 한번더 굽는다.

  우도에서는 해녀들이 소라를 많이 채취하므로 제사 때 소라적은 빠지지 않는다. 제삿날이 돌아오면 소라를 채취하러 물질하러 간다. 소라를 썰고 양념을 한다. 적꼬치에 꿴 후 석쇠에서 꼬실꼬실하게 굽는다. 소라적도 처음에는 남성이 만들었다. 요즘은 소라나 문어를 준비할 수 있으면 제물로 올린다. 소라는 잡힐 때 미리 장만해서 냉동 보관했다가 제사음식으로 사용한다. 오징어는 말린 것을 올리거나 날 것을 쪄서 올렸다. 오징어적은 오징어를 통째 사용하는데 오그라들지 않게 칼집을 내어서 간단히 양념을 하고 굽는다.

1970년대부터는 주로 소고기적을 올렸다. 1960년대에는 명절 때 추렴을 하니까 소고기적도 가끔 만들었다. 제사 때 돼지고기가 없으면 저립(생선이름)을 구워서 올렸다. 이 당시에는 소고기를 사다가 토막 내어서 생고기로 간장항아리에 담가둔다. 제삿날 이 고기를 꺼내서 유채기름 정도 바르고 구웠다.

　제사음식은 집안에 따라 조금씩 다르다. 1980년대부터 소고기적과 두부적을 올리는 것이 보편화되었다. 전복적은 통으로 다듬어서 ㄴ물지름을 바르고 석쇠에서 굽는다. 전복은 오래 삶으면 질기므로 가볍게 데친다. 이것을 솥뚜껑에서 살짝 볶는다. 소라는 삶은 후 썰어서 양념을 하고 적꼬치에 꿴다. 이것을 석쇠 위에서 노릇노릇하게 굽는다. 이 음식은 1950년대에도 있었다.

　돼지고기가 귀할 때는 고즐뱅이를 적으로 만들었다. 동네에서 추렴할 때는 내장은 삶아먹고, 고기는 적을 만들었다. 돼지고기적을 만들 때 상방(마루)에 앉아서 도마에서 썰면 아이들은 옆에 쭈그리고 앉아서 부스러기를 얻어먹었다.

　제숙으로는 옥돔, 우럭을 사용한다. 냉동시설이 없을 때는 우럭 등 말린 생선을 보리항 속에 묻어두면 온전히 잘 보관되었다. 가을에 말려서 보리항에 묻어두었으며, 이런 풍습은 주로 1960년대까지 보편화되었다.

　3) 청묵 쑤기

　제사 때 묵적이 있다. 겨울(주로 음력 3월까지) 제사에는 메밀묵으로 적을 만들고 오뉴월이 되면 묵적이 빨리 상하므로 밀가루로 전을 만들어서 적으로 사용했다. 메밀묵은 적꼬치에 꿰어서 사용했다. 지지미는 넓적하게 썰어서 적꼬치를 사용하지 않고 올렸다. 두부전도 올린다. 이는 메밀묵 대용으로 적꼬치에 꿰어서 올렸다.

제사명절이 돌아오면 주로 세화오일장을 다녔다. 1950~60년대에는 메밀을 사다가 집에 있는 ᄀ래(맷돌)에서 간다. 이 가루로 묵을 쑤었다. 이 일은 여성들이(할머니, 어머니 등) 담당했다.

청묵을 쑬 때 정제(부엌)에서 불을 때었다. 땔감이 부족하던 시절에는 보릿대를 쌓아 두었다가 사용했다. 마당 한 구석에 보릿대를 둥글게 쌓아올린다. 보릿대, 조짚, 유채낭 등을 쌓아 두었다가 땔감으로 사용했다. 솥에서 묵을 쑤면 솥 모양이 된다. 이것을 돔베(도마) 위에 올려놓고 직사각형 모양으로 자른다. 묵적을 만들 때는 양을 잘 계산하면서 부스러기가 많이 나오지 않게 만들어야 했다. 의례음식 중 적갈과 묵적은 남성이 마무리했다. 묵적은 적꼬치에 꿰어서 그대로 올리거나 프라이팬에 살짝 익혀서 올렸다. 이때는 유채기름을 사용했다. 식게멩질(제사명절) 때 제상을 벌이고, 적을 만드는 것은 남성이 담당하고 청묵을 익히는 것은 여성이 담당했다.

4) 제주(祭酒) 만들기

우도에서는 집안에 따라 적어도 1970년대까지는 감주를 만들어서 올리다가 1980년대로 넘어오면서 소주로 대체되었으며, 음료수도 올린다. 명절 때는 감주를 만들고 식게(제사) 때는 형편에 따라 감주를 만들었다. 제주로는 감주(골감주, 보리감주), 소주 등을 사용했다.

보리감주를 만들려면 먼저 보리를 볶아서 돌ᄏ레에서 간다. 팔팔 끓는 물에 이 가루를 넣고 엿기름을 섞는다. 이것을 끓인 후에 걸러낸다. 손으로 주무르고 체에 받혀서 걸러낸다. 보리감주는 막걸리와 비슷하다. 보리감주는 제사 때 온 손님들에게 한 그릇씩 대접했다. 제사 때 초저녁에 방문한 손님용으로 보리감주와 콩나물무침을 한 접시씩 내 놓았다. 보리감주는 주로 여름에 만들었으며, 제상에도 올렸다. 겨울에는 좁쌀로 골감주를 만들었다. 그러다가 소주와 음료수가 대중화되면서 감주가 사라졌다.

5) 갱과 메 준비

갱은 주로 생선미역국이다. 겨울에는 무를 넣는다. 생선국에 호박을 넣기도 했다. 갱국으로는 소고기국을 올린다. 농사를 지을 때는 오뉴월이 춘궁기이다. 이때는 바다에 가서 갱 거리용 생선을 낚아온다. 제사하기 3일 전에는 생선에 간장과 물을 섞어서 조리고, 변하지 않게 보관한다. 제삿날은 생선 가시를 다듬어서 갱을 만든다.

갱국은 저릿고기(상어의 일종, 60kg 정도)를 사용하다가 이 고기가 잘 안 잡히면서 돼지고기미역국을 사용했다. 우럭을 끓여서 가시를 발라내고 갱국을 만들었다.

지숙(제숙)은 우럭, 돔, 고즐뱅이를 사용했다. 제숙용으로는 미리 말린 생선을 보리항에 묻어두고 변하지 않게 보관해 둔다.

쌀이 귀하던 시절에 메밥을 지으려면 보리쌀 위에 쌀을 조금 놓는다. 이것을 고스란히 떠서 메로 사용하고, 나머지는 잘 저어서 손님을 대접했다. 거의 보리밥이나 다름없었다. 제사가 끝나면 쌀밥을 보리밥 위에 조금씩 떠 넣었다.

6) 탕쉬와 전 만들기

제사를 하려면 콩나물은 집에서 길러서 사용했다. 시루에 콩을 놓고 물을 주면서 콩나물이 자라도록 키운다. 탕쉬를 보면 콩나물에 무채를 섞어서 만들고, 고사리탕쉬를 만든다. 고사리는 사다가 잘 말려서 좀이 일지 않게 보리항에 묻어 두었다. 호박무침도 올린다.

계란전을 만든다. 계란을 풀고 새우리(부추)를 섞어서 전을 지진다. 집에서 닭을 키울 때는 계란 하나로 5~6개 정도 나오게 아주 얇고 조심스럽게 전을 지졌다. 1970년대에도 솥뚜껑에서 계란전을 지졌다. 나중에 곤로가 보편적으로 쓰이면서 계란전 만들기가 편리해졌다.

7) 걸명

우도의 제사의례를 좀더 살펴보면 제상을 벌인 후에 문전상을 마루 입구에 별도로 차린다. 문전제를 지낼 때 비슷한 시각에 안칠성을 위해 고팡에 가서 올린다.

고팡에는 곡식항아리들이 가지런히 놓여있다. 아무 항아리나 정해서 그 위에 제물을 올려놓는다. 안칠성제는 문전제를 마치는 시각과 비슷하다. 지금은 고팡이 없어서 쌀독 대신에 쌀통 위에 올린다. 안칠성제는 별도로 하지 않고 주로 제사명절 때 같이 지낸다.

제사명절 때 처음에 잔을 올려서 걷어낸 걸명은 지붕 위나 눌(노적가리) 위에 뿌렸다. 두 번째 걸명은 안칠성(고팡)에 올렸다. 고팡이 없어지면서 나중에는 쌀통에 올렸다가 설거지할 때 없앤다. 문전제 걸명은 조왕에 놓았다.

8) 제사 지내기

우도에서는 해가 떨어지면 남성이 제상을 벌이고, 남성이 없으면 친척이 와서 대신 진설하거나 어머니가 벌이기도 한다. 우도는 섬지역이라 날씨가 나쁘면 제삿날 제관이 들어오지 못하므로 어머니나 아내가 벌인다. 여성들 중 제상 예법을 잘 몰라서 걱정되면 친척에게 도움을 청한다.

"뱅풍하고 제상 앗아불 시간 없다."(병풍과 제상을 치울 시간이 없다.) 는 말은 제사명절 수가 그만큼 많다는 뜻이다.

이 외에도 제사를 지내기 위하여 제기를 준비한다. 집집마다 다르겠지만 제기는 주로 별도 상자에 담아서 보관하거나 장방, 찬장 등 제기칸을 만들어서 보관한다.

제기(놋그릇)는 산듸짚으로 닦았는데 바다에서 숫돌을 주워 와서 가루로 만든다. 그런 다음 이 가루를 비누대용으로 사용했다.

우도에는 '가마귀 모른 식게'가 있다. 이는 자손이 없는 조상을 위해서 친척 중에서 제사를 지내주는 것을 말한다.

4. 상장례와 음식용어

1) 영장 음식

예전에는 성복 전에는 밥을 하지 않고 모든 손님이 팥죽만 먹었다. 음식을 대접해야 하는 사돈이 오면 입관하기 전이므로 옆집에 가서 대접했다. 그러다가 상황에 따라 성복 전이라도 팥죽을 쒀서 나누면 굳이 사돈이 담당하지 않아도 되었다. 사돈이 팥죽을 쑤던 시절에는 주로 한 허벅(물허벅) 정도 양이었다. 사돈들은 자신의 집에서 팥죽을 쒀서 허벅에 담고 사돈댁으로 져 와서 어느 사돈임을 밝히면서 대접했다.

  옛날에도 영장 때는 도새기 잡고, 밥허고 국 끓영 먹엇주. 장밧디서 역사꾼은 별도로 도새기고기를 싸그네 막 꼬챙이에 꿰영, 이만큼썩 헌 거 다섯 적씩 꿰영 따로 주고. 역사꾼이고 복친이고 먹는 건 같이 먹는디, 별도로 역사꾼은 고기를 그렇게 더 줘서. 이젠 고기 같은 건 그냥 굵게 안 썰엉 장날에 그냥 반찬으로 놓고, 역사꾼은 또 고기 좀 ㅎ썰 굵게 썰엉으네, 그걸 별도로 주는 거니깐, 뭐 고기 담는 것에 담앙으네 딱딱 고무줄로 영 졸라 맹으네 하나씩 주주게.
  빙떡은 제사 때나 맹질 때, 소상, 대상 때 허게. 영장 땐 안헤나서. 영장 땐 그 빙 누가 지져게. 그런 거 허지도 안허주게 영장 때 국수는 안 줘 보고, 느량 밥만 먹엇주. 사돈 죽으믄 팥죽은 쒀 가. 이제도 팥죽 쒀 가.   (양석봉 구술)

  성복제와 일포제는 제사음식처럼 준비한다. 문상객이 보기 좋게 떡과 과일을 잘 꾸며서 올렸다. 우도에서는 성복제를 지낸 상에 일포축을 고하고 그 상에 메와 적갈만 새롭게 해서 올렸다. 과일은 그대로 사용한다.
  발인날 아침 발인제는 좀 간단히 지낸다. 제상에 과일과 메를 올리고 향을 피우고 초를 켠다. 상주와 친척들이 절을 하고 잔(술잔)을 드린다. 발인날 아침에 상뒤꾼들에게는 고기를 푸짐하게 주고 잘 먹였다. 돼지고기적을 특별히 만들어 주었다. 이들은 흙을 파고 잔디를 입히는 등 노동을 하므로 수건과 담배도 주었다.
  장지에 가서 하관하기 전에 하관제를 지낸다. 하관 후 봉분을 만들고 초우제, 재우제, 삼우제까지 한꺼번에 지내기도 한다. 옛날에는 묘지에서 초우제만 지내고 내려와서 소상, 대상, 담제를 지냈는데 점점 이런 모든 절차를 간소화해서 축으로 간단히 고하고 끝낸다.

우도는 장지와 상가의 거리가 가까워서 아침에 묻으면 점심때쯤에는 집으로 돌아와서 음식을 대접했다. 장지에서는 밥 대신 떡을 나눠주었다. 시루떡(처음에는 좁쌀시루떡을 하다가 형편이 좋아지면서 백설기로 만들었음)을 주는데 이는 형제간들의 답례품이었다. 본주는 가만히 있고, 딸들이 사돈과 같이 와서 그 몫으로 나눠주었다. 이런 풍습은 1970년대 초까지 유행했다. 이후에는 떡 대신 생활필수품으로 돌렸다. '수건 1, 내의 1, 양말 1' 등으로 변경되었다. 이것은 어디까지나 딸들이 담당했다. 이 경비는 사돈이 부담하거나 본인이 부담했다. 또는 여러 딸이 공동으로 구입해서 장지 답례품을 돌리기도 한다. 그런데 다른 지역 풍습과 달라서 마찰이 생기기도 했다.

2) 귀양풀이와 음식

장례식이 끝나면 그 날 오후 귀양풀이를 한다. 우도에 매인심방이 있을 때는 그에게 청하거나 굿에(우도에서는 제주섬을 굿이라 함) 있는 지인을 통해서 심방을 청한다.

종교에 따라 다르지만 귀양풀이와 49제를 모두 지내거나 둘 중에 하나만 하는 사람도 있다. 요즘 귀양풀이는 서너 시간 정도 소요된다. 이 때 망자의 질치기도 같이 한다. 장지 제물(하관제, 초우제 등)을 준비할 때 귀양풀이에 쓸 제물(떡 종류)을 따로 덜어둔다. 과일과 백지 등 기타 필요한 것은 심방에게 부탁한다.

우도에는 어린 아이 무덤이 딱히 정해진 곳은 없지만 동산에 가서 묻었다. 집안에 따라서 다르지만 주로 15세가 넘어서 죽으면 제사를 지내준다.

3) 죽은 혼사[死婚]와 음식

이 혼사의 음식은 잔치 음식과 같게 준비한다. 죽은 혼사는 모두 중매혼으로 생인의 혼례 절차와 같다. 혼수품(이불 한 채, 베개, 방석 등)도 해 오며, 돈으로 주기도 한다. 결혼식은 무덤에서 진행하며, 신랑측에서 신부측 무덤으로 간다. 병풍을 치고 제상을 차린 후 부부의 사진을 올려 놓는다. 축지방을 써서 붙인다. 의식이 끝나면 부부의 사진을 갖고 신랑집으로 온다. 이때부터 신랑의 제삿날 신부도 같이 모신다. 친정에 재산이 있으면 신부제사를 맡기면서 동산이나 부동산을 물려주기도 한다.

5. 마을공동체 의례와 음식용어

1) 농신제(農神祭)와 음식

우도에는 50년 전에(1950~1960년) 용신제가 있었다. 이 의례는 음력 6월에 지낸다. 우도는 마을별로 보통 4반까지 있으며 각 반장이 집집마다 다니면서 제물(보리, 밀 등)을 걷는다. 이것을 돌크레(맷돌)에서 밤낮으로 갈아서 보리빵과 밀빵을 만든다. 빵과 메를 제물로 준비했다.

마을에서는 높은 동산으로 깨끗한 곳을 제단으로 정하고 밤이 되면 동장과 반장 등이 참여해서 풍년이 되게 해달라고 빌었다.

2) 마을제

우도면 천진동과 영일동에서는 지금도 정월에 택일해서 마을제를 지낸다. 마을제를 지내기 전에 정성을 다한다. 제관은 몸에 상처가 나거나 수술한 사람은 안 되고, 상주도 안 된다. 그리고 주변사람들도 부정타면이 이 근처에 가지 않는다. 마을제는 밤 12시에 지낸 후 리사무소에 모여서 마을사람들이 같이 음복한다.

제물을 준비하는 여성으로는 홀어머니는 안 되었는데 요즘은 동참한다. 한 일주일간 제관들이 모여서 공동생활을 하므로 주로 동장집에 모이며 이들이 생활하는데 불편함이 없도록 음식을 준비하고, 정리를 하는데 여성의 노동력이 필요하다. 요즘은 공회당이나 리사무소를 사용한다.

3) 할망당 제물

우도에는 마을마다 사람들의 의지처인 본향당(해신당)이 있으며 제단과 울타리 등 신당이 잘 보존되어 있다. 어업인들이 당골이지만 부모님 종교 따라 다니거나 본인이 선택하며 다른 종교가 들어오면서 당골 수효가 줄어들고 있다.

우도면 천진동에는 서와리당(세화당)이 있으며, 이 당은 세화(구좌읍 세화리 소재)에서 가지가른당이다. 정월 보름, 이월 보름, 칠월 보름 등이 대표적인 제일이며 당골들은 정월과 칠월은 거의 다닌다. 할망당에 드리는 제물로 '과일 3가지, 삶은계란 3개 정도, 술, 쌀 한 사발, 메 2기, 백종이, 물색전' 등을 준비한다. 이 제물은 당구덕(ᄀ는대구덕)에 담아서 지고 간다. 종이와 물색은 신목이나 궤에 매단다.

본향에는 주로 새벽에 가며, 선주들은 당에 가서 고한 후에 뱃고사를 지낸다.

당에 갈 때는 언행을 조심해야 하는데 세화리당은 큰당이라 더욱 조심했다. 이 당에는 남성과 아이들은 가지 못하고, 여성들만 다녔다. 만약 어린아이를 데리고 가면 탈이 난다. 당에 갈 때는 당골들이 각자 돗자리를 갖고 가서 깔고 그 위에 제물을 올린다. 당골에 따라 제를 마치고 빈 그릇만 갖고 온다.

6. 세시의례와 음식용어

1) 봄철 음식

(1) ᄆᆞ멀떡(메밀떡)

우도에서는 정월보름 멩질이 없었다. 일년에 1회 정월멩질 후에 조왕제를 지냈다. 이때 ᄆᆞ멀떡, 쌀떡을 준비하고 심방을 청해서 비념한다. 정월은 상달이라고 해서 신년 의식을 행한다. 개인의 종교에 따라 무당이나 스님을 청해서 각자의 기도방법을 택한다.

(2) 단오쑥

우도에서는 1960년대까지 집안에 따라 단오멩질을 지냈고, 제물로는 보리빵을 올렸다. 보리빵은 밀을 돌크레(맷돌)에 갈아서 만들었다. 우도에는 1950년대부터 방앗간이 있어서 보리를 도정하고, 쌀가루, 보릿가루, 밀가루 등을 사용할 수 있었다.

단오날 쑥을 캐서 말렸다가 쑥뜸 재료로 사용했다. 본인이 직접 쑥뜸을 하지만 마을에 의원이 있어서 주로 무릎이 아프면 쑥뜸으로 치료해 주었다. 타박상에는 쑥을 다져서 처맸다. 쑥은 약재료여서 배가 아프면 끓여 먹기도 했다.

2) 여름철 음식

(1) 닭 먹는 날

음력 유월 스물날은 '둑 잡아 먹는 날'(닭 먹는 날)이다. 집집마다 병아리를 키울 때 독수리가 병아리를 낚아채니까 마당에서 지키기도 했다. 주로 봄에 병아리를 사다가 키우는데 6월이면 중닭 정도 되었다.

(2) 개역(미숫가루)

6월에 보리를 장만하면 새 보리로 개역을 만들어 먹었다. 개역은 물에 타서 먹기, 밥에 비벼서 먹기, 가루로 먹기 등이 있다. 보릿짚으로 불을 때서 솥뚜껑 위에서 보리를 볶는다. 이것을 구덕에 담아서 푸는체(키)로 친다. 돌ㅋ레에 갈아서 가는체로 걸러낸다. 이 개역은 여름철 좋은 간식거리였다.

우도의 검은 모래(검몰래)가 유명해서 모래찜질을 하러 갈 때 개역을 갖고 가서 먹었다. 모래찜질을 하면 옛날 어른들은 다리가 가볍고, 머리가 아픈 사람도 거뜬히 낫는다고 해서 검은 모래를 파서 그 속에 들어가서 눕고, 검은 우산을 써서 얼굴만 내밀었다.

(3) 백중 풍속(음력 7월 보름)

백중날 물맞이 풍습이 있었다. 우도에서는 배를 타고 짓(우도 밖 지역을 말함)으로 나가는 경우도 있었다.

우도에서는 백중날 바닷물에 들어가면 일년 동안 피부병이 생기지 않는다고 해서 바다에서 멱을 감았다. 백중날은 바닷물이 최고로 따뜻하다. 보름날이어서 달이 훤하니까 밤에 바다에 가서 보말을 쓸어 담았다. 밀물이 최고조이고, 젱비름 같은 보말이 많이 나온다. 짠물에 목욕하고 콩밭에 가서 뒹굴면 좋다고 했다.

3) 가을철 음식

추석을 앞두고 벌초를 하는데 집안에 따라 제물(제사제물 종류로 간단히 준비함)을 준비하고 가서 벌초를 한 다음 제를 지낸다. 벌초 때 묘소에 가서 제를 지내고, 한식 때 잡초 제거 등 묘지를 단장하게 되면 술과 과일 정도 준비해 가서 올린다. 요즘은 벌초기계가 있어서 남성들이 벌초하고, 여성들은 음식을 담당해서 제를 벌이는데 도와준다.

산소가 우도에만 있는 것이 아니라 다른 마을에도 있어서 벌초하게 되면 우도에서 배를 타고 나간다. 문중벌초는 한 집안에서 한 사람이 대표로 참가한다. 가지벌초(집안 벌초)는 각자 알아서 한다.

4) 겨울철 음식

(1) 장 담그기

우도에서 장을 담그는 시기는 주로 동짓달에 콩을 삶아서 메주를 만든다. 섣달 그믐에 장을 담는다. 소금물을 만들어서 메주를 띄운다.

(2) 동지 풋죽(팥죽)

동짓날 팥죽을 쑤어 먹었다.

7. 일상 음식용어

1) 주식류

(1) 산듸밥

우도에는 논농사가 안 되니까 산듸쌀을 재배했다. 이 쌀을 돌ㅋ레(맷돌)에 갈아서 송편도 만들었다. 산듸쌀을 도정해서 허벅에 담고 공기가 들어가지 않게 허벅의 주둥이를 잘 막아서 보관해 둔다. 이 쌀은 제사명절 용 메 쌀이다.

산듸쌀과 보리쌀에 두불콩을 넣어서 죽을 쑤어 먹었다. 두불콩은 우영팟디(텃밭에) 갈았다.

팥은 조밭에 드문드문 뿌려 두었다가 장만해서 송편 고명으로도 사용했다. 추석 때는 송편을 만들었다.

(2) 보리밥

옛날에는 보리밥을 먹었다. 조팝도 먹었는데 보리쌀과 좁쌀을 섞거나 좁쌀만 넣어서 지었다. 별미로 산듸쌀로 밥을 지어 먹었다. 보리밥을 지을 때 보리쌀을 익히려면 시간이 걸렸다. 경제적인 여유가 있는 집에서는 좁쌀을 섞어서 밥을 지었다. 조팝에는 자리젓이 제격이며, 자리젓을 통째 손으로 집어서 먹었다.

알보리밥이 있다. 솔보리를 재배해서 여물어가면 다 익기 전에 일부러 베고 새 보리밥을 지어서 오월 단오에 먹었다. 이는 나름대로 명절밥을 지은 것이다.

모힌좁쌀(차조)로 밥을 할 때 된밥을 지으려면 덜 익고, 조금 익게 하려면 떡밥이 된다. 조팝을 지을 때는 좁쌀만으로는 밥이 잘 되지 앉아서 보리쌀을 섞는다. 좁쌀과 보리쌀은 익는 속도가 다르므로 보리쌀을 먼저 삶는다.

곡식이 귀할 때는 보리쌀은 주로 8월까지 먹으며, 9~10월이면 양식이 떨어진다. 이때 장만한 좁쌀은 다음 해 4월까지 먹으며, 다음 보리를 장만할 때까지 5월에 먹을 양식이 없다. 이때가 보릿고개(춘공기)이다.

1970년대 중반에는 웃쌀을 먹었다. 웃쌀은 정부미이며 쌀과 보리쌀을 섞은 것이다. 식구가 없는 집은 정부미로 밥을 지어 먹었고, 식구가 많은 집에서는 정부미에 보리쌀을 더 섞어서 먹었다. 1980년대로 넘어오면서 일반미가 보급되었다. 이때부터 쌀밥을 자유롭게 먹었지만 보리혼식이 보편적이었다. 이는 경제적인 여유가 생겼다는 말이다.

(3) 곤밥(쌀밥)

적어도 1990년대부터 곤쌀밥을 먹었고, 그 전에는 혼식을 먹었다. 쌀이 귀할 때는 보리쌀로 밥을 하고 위에 쌀을 조금 넣었다. 위로 쌀밥을 살살 걷어내서 아버지를 드리고, 나머지 밥을 휘저어서 다른 식구들이 먹었다.

(4) 죽류

전복죽, 소라죽, 오분자기죽, 성게죽, 문어죽, 초기죽, 좁쌀죽, 곤죽(흰죽) 등이 있다. 깅이죽은 별미로 먹었지만 신경통에 좋다고 해서 먹기도 했다. 우럭죽이 있다. 우럭은 구이나 국재료이다. 우럭국을 끓일 때는 무를 넣는다. 무가 없으면 냉이나 파 등 여러 채소를 넣었다. 문어죽은 주로 어린아이들이나 몸이 허약한 사람에게 보약으로 만들어 주었다. 큰 문어를 삶아서 죽을 끓였다. 문어는 잘 빨지 않으면 비린내가 나므로 소금을 넣고 주무른다. 먹물도 뺀다. 손질이 끝나면 문어를 썰어서 기름에 볶는다. 그런 다음 죽을 쑨다.

쌀이 귀하던 시절에는 배가 아프다고 하면 곤죽을 쑤어서 간장에 찍어 먹으면 낫는다면서 약으로 생각하고 먹었다. 좁쌀죽은 좁쌀에 나물을 섞어서 만들었다.

초기죽(버섯죽)이 있다. 버섯은 귀한 재료여서 버섯죽은 어른이 아플 때나 먹을 수 있다.

2) 국류

(1) 국류(해조류·어류)

해조류와 채소는 국의 재료이며, 국은 항상 밥상에 올라왔다. 우도에서 먹었던 국의 종류로는 너패국, 가시리국, 멸치국, 무국, 무된장국, 콩나물국, 메역새국, 가시리국, ㄴ물국 등이 있다. 여기에 된장으로 간을 했다. 콩나물은 귀해서 장텡이에 콩을 놓고 키웠다. 이 콩나물은 주로 제사명절용이다. 1950년대에는 자리젓을 국의 간으로 사용했지만 국을 끓일 때는 주로 된장을 사용했다.

가시리국에는 젱비름을 조금 넣었다. 젱비름국(베말)을 보면 젱비름은 삶아서 내장을 떼어내고 국을 끓인다. 내장을 먹으면 탈이 난다고 했다. 메역채로 된장국을 끓이는데 이때 된장 대신 멜젓 찌꺼기로 간을 하기도 했다.

갈치국은 갈치에 호박을 넣고 끓인다. 갈치국은 호박을 넣고 끓여야 제 맛이다. 갈치호박국(일명 호박국)에 오징어를 넣어서 국물색이 노릇노릇하게 만들어서 먹었다.

호박잎국이 있다. 호박잎을 다듬고 파란물이 빠지게 잘 씻은 후 보릿가루를 섞어서 국을 끓인다. 밀가루를 넣기도 하지만 보릿가루를 넣어야 국맛이 좋다. 갈치를 쉽게 구하지 못할 때는 호박잎에 밀가루를 풀어넣고 된장으로 간을 해서 호박잎국을 끓여 먹었다. 호박잎을 뜯어서 껍질을 벗긴다. 밀가루로 반죽해서 국물에 풀어 넣는다. 된장을 걸러서 간을 한다. 여기에 멸치를 몇 개 넣어서 국물을 우려낸다. 지금 사람들의 입맛을 고려해서 조리법은 조금씩 변한다. 예를 들어 호박잎국을 끓일 때 처음에는 보릿가루를 넣었지만 지금은 밀가루를 넣는다. 호박잎은 쪄 먹기도 한다.

돼지고기국이 있다. 돼지고기에 무, 파를 넣고 국을 끓인다. 이 음식이 귀할 때는 고기를 삶은 물에 돼지고기를 넣고, 무, 파를 넣은 후 밀가루를 풀어 넣는다. 그러면 양이 많아서 여러 사람들이 먹을 수 있었다. 한 사발에 돼지고기 서너 점을 놓았다. 이런 음식은 식구들이 먹지 않으면서 만들지 않게 된다. 돼지고기를 추렴하고 국을 끓일 때 미역을 넣었다.

성게미역국이 있다. 먼저 물을 끓인다. 성게를 넣고 식힌 다음 미역을 넣는다. 이것을 아주 식혀서 먹으면 냉국이 된다.

우도에서 저립을 낚을 때는 국 재료로 쓰였다. 작은 상어 정도 크기이며 이것을 소금에 묻어 두었다가 짠물을 우려내고 국을 끓였다. 갈치나 우럭을 낚으면 반찬으로 사용했으며, 주로 제철 생선을 먹었다.

(2) 냉국

여름에 시원한 물을 붓고 날된장을 풀어넣으면 냉국이 된다. 냉국이나 온국의 양념은 된장이다. 냉국을 만들 때는 된장항아리에서 된장을 떠서 바로 물에 풀어넣는다. 우미냉국, 뭄냉국, 소라냉국, 물웨냉국, 톳냉국, 청각냉국, 군벗냉국이 있다. 이 재료들은 반찬으로 무쳐 먹는다.

미역냉국은 날미역으로도 하지만 미역을 시들시들하게 말리고 잘게 썰어서 만든다. 날된장으로 간을 한다. 우미냉국이 있다. 우무를 채 썰어서 간장으로 간을 하고 냉수를 부으면 된다. 여름에 날이 무더우면 별미로 만들어 먹었다.

여름철 대표음식으로 물회(오징어물회, 자리물회)가 있다. 해삼, 소라 역시 물회로 먹는다. 한치도 낚을 때는 물회를 만들어 먹거나 날것으로 또는 삶아서 먹는다. 오징어로 냉국을 만들거나 삶아서 양념장에 찍어 먹는다. 제사 때는 오징어튀김을 만든다.

3) 찬류

(1) 쌈용

우도에서는 콩농사를 하니까 여름에 콩잎을 먹었다. 여름철에는 주로 보리밥에 된장국(날된장을 생수에 풀어넣은 것)이 전부였다.

호박잎, 넙메역, 콩잎, 깻잎, 배추, 유채잎, 양에잎 등 식물은 다 쌈용으로 사용했다. 양에(양하)는 우영팟(텃밭)에 심어서 기호에 따라 조리해서 먹었다. 우도의 넙미역은 유명하다. 넙미역으로 밥을 싸서 먹는데 날것이나 말린 것을 사용한다.

여름철 음식으로는 콩잎쌈이 있다. 여기에는 멜젓이 음식궁합이다. 콩밭에 가서 콩잎은 솎는 정도만 뜯는다. 멜젓이 없으면 된장을 소스로 사용했다.

(2) 멜(멸치) 음식

우도에서는 과거에 멜 거리는 배를 찻대라고 했다. 마을마다 바다에 가면 원담이 있어서 거기에 든 멜을 잡았다. 멜이 들면 사람들은 그릇을 갖고 원으로 달려가서 멜을 담아왔다. 이것으로 멜젓을 담고, 반찬용으로 사용했다. 멜은 삶아서 말린 것을 된장에 찍어 먹고, 날 것은 말려서 조려 먹었다.

멜국은 멜의 머리를 잘라내고(쓴 맛을 없애려고) ㄴ물(나물)을 넣어서 끓인다.

멜지짐이 있다. 멜은 머리를 자르고 배를 가른다. 파리가 달려들지 못하게 그물망을 덮고 말린다. 말린 멜에 간장을 넣고 조려서 먹었다. 이런 음식은 아주 오랜 전부터 먹었던 것이며 지금은 별미로 만들어 먹는다. 이런 점에서 음식맛과 조리법, 음식이 전승된다고 본다.

(3) 어패류 찬 종류

자리는 구이, 지짐(조림), 물회, 젓갈용으로 쓰인다. 자리에 간장과 물을 넣고 약한 불로 뼈째 먹을 수 있을 정도로 오래 조린다. 지금도 우도 어머니들은 옛날 조리법으로 만들어 먹고 자식들에게도 가르쳐 준다. 이때 양념이 조금씩 달라진다.

우럭은 조림, 구이, 국용으로 사용한다. 우럭을 지질 때는 옛날에는 된장을 조금 풀어넣고, 간장과 물을 넣어서 조렸다. 지금은 마늘, 풋고추, 고추장 등 기호에 맞게 양념을 사용한다. 이는 입맛에 따라 조리법이 변함을 보여준다.

멜이 들 때 각제기(전갱이)도 들었다. 각제기는 구워 먹었다. 갈치,

고등어, 자리, 소라, 전복, 오분자기 등도 구워 먹었다.

우도에서는 1960년대까지는 오징어가 귀했다. 1970년대부터 오징어 튀김도 만들어 먹었다. 처음에는 말린 오징어를 사다가 물에 불려서 튀김용으로 만들었다.

고등어는 보통 성산포항으로 들어와서 파니까 우도에는 잘 없었다. 한 50년 전에는 3~4월에 마늘이 자랄 때에 성산포에서 고등어를 갖고 와서 교환해 갔다. 우도에 고등어가 많이 들어오지는 않아도 사람들이 구입해서 먹었고, 1980년대 말에 상인이 우도에 들어와서 고등어를 팔러 다녔다. 고돌이로 젓갈을 담그고, 고등어는 소금간을 해서 구워먹고 조려 먹었다.

갈치와 고등어를 소금에 절여서 보관했다가 겨울에 먹었다. 신선하게 보관하는 방법이 없을 때여서 항아리에 담아둔다. 이 생선은 굽거나 지져서 먹었다. 절인 생선에 겨울 무을 넣고 국을 끓였다.

깅이(게 : 자팔깅이, 돌킹이, 멩지깅이, 똥깅이 등)는 잡아서 물에 담근다. 내장에 있는 불순물이 빠지면 간장을 넣고 조린다. 이것을 반찬으로 먹었다. 깅이를 밀가루로 입혀서 지지면 깅이범벅이 되었다.

보말(고동)은 주로 간식처럼 삶아 먹었다. 굵은 보말로 미역국을 끓이면 아주 맛이 있다. 보말은 너패(넓패)에 넣어서 국을 끓이고, 간장에 조려서 먹고, 된장에 무쳐 먹었다. 멩지보말, 코보말, 먹보말, 수두리보말 등이 있으며 주로 여름에 먹었다.

군벗에는 쇠군벗과 검은군벗이 있는데 검은군벗이 식용이다. 껍질을 떼어서 삶는다. 검은 부분을 벗겨내고 날된장에 무친다.

과거 도시락 반찬으로는 말린 갈치 구운 것, 멸치 등이 있었다. 아궁이에 있는 불씨 위에서 갈치를 구웠으며, 석쇠가 나오자 이것을 사용했다.

4) 저장음식류

(1) 콩자반

콩자반은 주요 밑반찬이었다. 콩을 삶거나 볶아서 간장에 담근다. 간장과 물을 섞어서 끓인 후 식혀서 콩을 넣는다. 콩에 간장과 물엿을 넣고 조린다.

(2) 마농지(마늘지)

봄에 마농지를 담그면 7~8월까지 먹었다. 간장을 끓여서 담그기를 여러 번 하면 변하지 않고 오래 먹을 수 있다. 마농에 간장을 넣어야 하는데 간장이 부족하면 소금물을 넣었다. 이 음식은 장독대에 놔둬도 변하지 않았다.

(3) 김치류

봄에는 주로 갯ㄴ물김치를 만들어 먹었고, 여름철에는 마땅히 먹을 김치가 없었다. 마농지를 다 먹을 때쯤 어린 배추와 무를 뽑아서 국도 끓여 먹고, 김치도 만들었다. 김치는 요즘처럼 만들지 않고 그냥 소금물에 절였으며, 양념이라고 해도 풋고추와 마늘 정도를 넣어서 만들었다. 고추가 익어 가면 돌확에서 마늘과 같이 다진다. 여기에 멜젓(멸치젓)을 넣고 버무리면 김치가 되었다. 1970년대가 되어야 김장김치라는 말이 보편화되었다.

(4) 젓갈

우도에서 만들어 먹었던 젓갈류에는 게웃젓, 성게젓, 고등어젓, 고도리젓, 멜젓, 자리젓, 갈치젓, 갈치아가미젓 등이 있다. 아가미젓은 갈치내장을 사용하며 여기에 무를 채 썰어서 버무리면 좋은 반찬이 된다. 갈치젓은 아주 작은 갈치로 다져서 만든다.

깅이젓은 간장을 끓여서 담근다. 콩을 볶은 후 가루로 만들어서 깅이젓을 먹을 때 이 콩가루와 깨를 조금 뿌려서 먹었다. 깅이젓에 마늘뿌리를 넣으면 별미로 먹었다.

7월 스무날 조금이 되면 소라를 채취해서 소라젓도 담고, 초국(냉국)도 만들어 먹었다. 소라잡는 것을 '헛물에 뎅긴다고 한다.' 소라를 잡아서 깨끗이 다듬은 다음 단지(작은 항아리)에 담아둔다. 헝겊으로 뚜껑을 덮는다. 익으면 냄새가 구수하고 맛이 있다. 소라젓 단지는 장독대에 두었다. 농사철에 소라젓, 오분자기젓, 성게젓을 반찬으로 먹었다. 이 젓갈은 만들어서 한 철 먹었다.

멜젓, 자리젓은 주로 보리철에 담가두었다가 겨울철 반찬으로 먹었는데 지금은 멜젓을 잘 먹지 않는다. 이 젓갈은 집집마다 장만했다.

5) 별미음식류

(1) 쉰다리

이 음식은 주로 여름에 만들어 먹었다. 냉장고가 없던 시절에 더워서 밥이 상하면 버리기 아까워서 재활용했다. 상한 보리밥을 물에 씻은 다음 누룩이나 밀가루를 적당히 넣으면 부풀어 오른다. 이것을 그릇에 넣고 끓인다. 단맛을 내기 위하여 사카린을 넣었다.

(2) 뻿데기(절간고구마)

간식으로 뻿데기를 먹었다. 뻿데기를 찌다가 사카린이나 당원을 뿌려서 단맛이 나게 했다. 간혹 콩을 삶아서 뻿데기와 먹었다. 이런 간식은 적어도 1970년대까지 많이 먹었다. 겨울에 보리밟기를 할 때 뻿데기를 먹었으며, 남의 밭에 가서 보리밟기를 할 때 점심으로 뻿데기를 쪄서 주었다.

(3) 지지미

호박지지미는 주로 여름에 비가 오는 날 만들어 먹었다. 유채기름을 프라이팬에 붓고 곤로에서 만들었다.

(4) 오메기떡

겨울에는 별미로 오메기떡을 만들어 먹었으며, 이를 모듬떡이라 했다. 10대 소녀들이 동네 친구들끼리 각자 두 사발 정도의 흐린좁쌀(차조)을 모은다. 한 집에 모두 모여서 ᄀ래(맷돌)로 갈면서 가루로 만든다. 이것으로 떡을 만들어 먹었다. 아이들의 작품이라 품질은 좋지 않아도 어른들에게 만드는 방법을 들어보면서 재미로 만들어 먹었다.

끓인 물에 소금으로 간을 해서 반죽을 한다. 콩과 팥을 한 줌씩 모아서 삶는다. 돌확에 찧는다. 오메기떡은 흐린좁쌀(차조)로 둥그렇게 떡을 만들어서 끓는 물에 넣고 삶아낸다. 상 위에 놓으면 물이 빠지며 식는다. 이 떡을 콩가루나 팥가루에 묻힌다. 각자 몫을 사발에 담고 부모님도 드린다. 두 개 정도 먹으면 목이 멘다. 이 모듬떡을 만들어 먹기는 1950년대까지의 이야기이다.

(5) 국수

우도에서는 1970년대에 보편적으로 국수를 사 먹었다. 국수 한 타래에 200원 정도였고 이것으로 대여섯 그릇을 만들었다. 국수를 삶고 씻는데 물이 많이 필요하므로 별미로 만들어 먹었다. 요즘 국수는 덜 짠데 옛날에는 아주 짜서 국수를 삶은 후 적어도 서너 번을 씻어야 짠물이 빠졌다. 육수로는 멸치국물을 사용했다.

(6) 엿 종류

우도에서 만들어 먹었던 엿 종류는 주로 민간요법으로도 쓰였다. 깅이엿(게엿)을 만들어 먹었다. 옛날 어른들이 신경통이나 기관지염에 좋다고 해서 깅이를 먹었다. 깅이엿을 만들려면 우선 깅이를 잡아서 푹 삶는다. 삶은 물을 걸러내고 거기에 흐린좁쌀(차조)을 삶아서 섞는다. 여기에 질금(엿기름)을 넣고 달이면 깅이엿이 된다. 깅이죽도 신경통에 좋다고 해서 쑤어 먹었다.

닭엿이 있다. 닭을 삶아서 닭살만 잘게 찢어 넣는다. 흐린좁쌀을 고와서 그 물에 엿기름을 넣고 끓이면 닭엿이 만들어진다. 닭엿은 배가 아프거나 부인병(냉이 많은 경우)에 먹었다.

대축엿(옥수수엿)이 있다. 대축엿은 기침과 천식에 좋다고 해서 만들어 먹었다. 엿을 만드는 과정은 비슷하다. 대축을 삶아서 건저내고 국물에 엿기름을 섞는다. 오래 달이면 졸아든다. 이것을 단지(조그마한 항아리)에 보관해서 먹었다.

돼지고기엿이 있다. 돼지고기는 삶아서 기름을 걷어내고 엿기름에 넣어서 곤다. 엿에 들어간 돼지고기는 딱딱하다.

마농엿(마늘엿)은 마농과 엿기름을 같이 넣고 푹 곤다. 마농에 설탕을 넣고 익을 때까지 달여서 약으로 먹었다. 이것은 배가 아플 때 먹었다.

1960년대에 이질에 걸렸을 때 병원도 없고, 약도 없어서 닭과 마농을 같이 넣어서 엿을 만든다. 닭의 배 속에 마농을 많이 집어넣고 삶는다. 아주 맵지만 약 효과가 있었다.

익모초엿은 생리가 고르지 못하거나 아랫배가 아프고, 손발이 차가운 사람들이 먹었다. 익모초를 말려서 푹 달인다. 건더기를 건져내고 국물에 흐린좁쌀을 넣고 삶은 후에 걸려내고 엿기름을 넣는다. 이것을 달이면 엿이 된다.

감제엿(고구마엿)이 있다. 감자를 삶아서 으깬다. 여기에 엿기름을 넣고 곤다. 이것을 걸러내고 달인다.

호박엿은 천식에 좋다. 홍역할 때 바람을 쐬면 기관지염이나 천식에 걸릴 확률이 높다. 이런 환자들을 위해서 호박엿을 만들어 먹었다.

8. 구황 음식용어

1) 톳밥

1950년대에 흉년이 들었을 때 쌀이 부족해서 구황음식을 먹었으며 톳밥이 대표적이다. 이 밥은 일년 중 3~5개월 정도 먹었다. 톳을 삶고 물에 담가서 독을 뺀다. 여러 번 물을 갈면서 붉은 색이 빠지게 한다. 톳은 칼로 아주 잘게 썬 다음 좁쌀이나 보리쌀과 같이 섞어서 밥을 한다. 톳밥을 오래 먹으면 몸이 부었다.

톳밥을 먹던 시절에 쑥밥도 먹었다. 보리쌀이나 좁쌀로 밥을 할 때 그 위에 쑥을 얹는다. 쑥이 밥과 잘 붙지 않아서 가루를 묻히고 넣는다. 물룻도 삶아 먹었다. 물룻은 아주 맵고 질겨서 오래 삶아야 했다.

파래밥도 먹었다. 너패(넓패)를 삶아서 국이나 죽을 끓여 먹었다. 뭄(모자반)도 삶아서 가루를 섞어서 국으로 만들어 먹었다. 이 당시만 해도 밥 양이 적어서 국을 끓여 먹었다.

1950년대에는 안남미를 두세 사발 정도 배급쌀로 주었다. 톳밥과 같은 구황음식은 1950년대에 주로 먹었고, 1960년대로 넘어오면서 먹지 않았다. 이때부터 라면이 판매되어서 사 먹을 수 있었다. 우도에서는 유채를 재배하고, 1970년대부터는 우뭇가사리가 환금작물이 되면서 생활에 경제적인 여유가 생겼다.

2) ᄑᆞ래밥(파래밥)

1950년대에도 식용 파래는 반찬으로 무쳐 먹었다. ᄑᆞ래밥도 먹었다. 바다에서 고운 파래를 채취한 후 햇빛에 여러 번 바랜다. 이것을 가루와 섞어서 ᄑᆞ래범벅이나 ᄑᆞ래밥을 만들어 먹었다. ᄎᆞᆷᄑᆞ래(참파래)는 국을 끓여먹었지만 바다가 오염되면서 ᄎᆞᆷᄑᆞ래가 자라지 않는다. 반찬용 ᄑᆞ래는 지름ᄑᆞ래(기름파래)다.

이런 구황음식은 1950년대에 일년 중 보릿고개라고 하는 2~3달(2월~4월 정도) 정도 먹었다. 새 보리가 노릿노릿 익을 때는 보리를 베어서 고고리(이삭)를 뜯는다. 이것을 덕석에 널어서 말리고 방망이로 두드리면서 알갱이를 털어낸다. 알보리를 빨리 만들기 위하여 보리고고리를 삶아서 껍질을 벗기기도 했다. 이 알보리를 돌ㅋ레(맷돌)에 넣어서 껍질을 벗기고, 밥을 지어 먹을 때쯤에는 톳밥, ᄑᆞ래밥을 먹지 않아도 되었다.

3) 범벅

　우도에서는 적어도 1970년대까지는 범벅을 만들어 먹었다. 감제범벅, 메밀범벅이 있다. 메밀을 수확해서 겨울에 돌ㅋ레에 가는데 느젱이(찌꺼기)가 나오면 고구마를 썰어서 느젱이범벅을 만들어 먹었다. 범벅의 주 재료는 감제(고구마)다. 새 고구마가 나오면 일부러 보리쌀을 갈아서 보릿가루범벅을 만들어 먹었다. 보리쌀을 기계방(정미소)에서 간 후 고구마를 썰어서 범벅을 만들었다. 여기에 당원이나 뉴수가를 넣으면 들코롬(달콤)했다. 출(꼴)을 베러 갈 때 이 범벅을 간식으로 먹었다. 감제(고구마)는 쪄 먹거나, 찐 다음 적당한 크기로 잘라서 말려 먹었다. 고구마를 물크랑허게(아주 무르게) 삶아서 막대로 빨아 먹기도 했다.

　좁쌀에 감제를 섞어서 감제밥(고구마밥)을 만들어 먹었다. 겨울에 보리쌀이 부족하면 감제를 저장해 두었다가 조밥을 지었다.

　대축범벅이 있다. 흐린좁쌀(차조)에 대축을 섞어서 범벅을 만들었다.

　우도에서 1970~1980년대에는 주고 고구마를 재배했다. 처음에는 절간으로 만들어서 팔았으며, 나중에는 생고구마를 공장으로 바로 내다 팔았다. 이 후에는 땅콩을 재배했다. 이때부터 여름에는 땅콩농사, 겨울에는 마늘과 보리농사를 했다.

4) ᄌᆞ베기(수제비)

　처음에는 보리느쟁이ᄀᆞ루로 ᄌᆞ베기를 만들어 먹었다. 보리쌀을 돌ㅋ레에 갈고 체로 치면 쌀알이 섞이는데 이 가루를 반죽하고 손으로 조금씩 떼어내서 ᄌᆞ베기를 만들어 먹었다.

보릿가루는 점성이 약해서 반죽하기 어렵다. 손으로 꼭꼭 뭉쳐서 끓는 물에 넣는다. 꽉꽉 죄지 않으면 가루로 다 퍼진다. 이 때 좁쌀이라도 한 줌 같이 넣는다. 이 ᄌᆞ베기에 ᄂᆞ물을 조금 뜯어넣는 정도였다.

보릿가루로 ᄌᆞ베기를 만들어 먹다가 제주밀로 만들어 먹었다. 밀가루가 보급되면서 수제비를 만들고 배추를 넣는 정도였다. 이는 1970년대 초 이후이다. ᄌᆞ베기는 반죽해서 손으로 뜯어 넣는다. 수제비는 반죽한 밀가루를 순가락으로 떠 넣었다. 수제비를 만들 때 자잘한 멸치를 넣어서 육수를 만들었다. 밀가루가 수입되면서 수제비와 칼국수를 만들어 먹었다. 이때부터 빵을 만들기가 쉬워지면서 간식으로, 제사용으로 빵을 만들어 먹었다.

9. 민간요법에 쓰인 음식재료

피부가 가려우면 소금물을 바르고, 속이 불편하면 주로 설탕물을 먹었다. 1950년 전후에 노란 설탕이 나와서 배급을 주면 양재기에 타 왔다. 부모님이 안 계실 때는 아이들이 설탕을 몰래 훔쳐 먹었다.

치통에는 백반을 사용했다. 아픈 부위에 백반을 조금 놓아두면 통증이 가라앉는다. 이가 아프면 소금물을 입에 물거나 뇌선가루를 사용했다.

배가 아프면 지름밥을 만들어 먹는다. 변비에 걸리면 밥을 지을 때 그 위에 ᄂᆞ물지름을 넣고 만든다. 이를 지름밥이라 한다.

배가 아프면 쑥즙을 먹었다. 타박상에는 쑥을 으깨서 싸맸다. 겨울에 쑥이 없을 때 설사를 하면 솥 밑에 붙어 있는 숫검뎅이(숯검정)를 물에 타서 먹기도 했다.

감기에 걸리면 강낭콩과 윤동줄을 삶아서 그 콩을 약 대용으로 먹었는데 맛이 아주 쓰다. 개에 물리면 개 주인의 된장을 빌어서 그 자리에 붙였다.

> (옛날 약이 엇이난) 밧디 강 호미질허당게, 무슨거 베당 손가락 그치믄 게 세 가지 풀을 비비면 좋댄 헹게. 세 가지 풀을 복복 비어당 채미믄 낫주 게. 개자리풀이 좋댄 허여도 아무 풀이나 세 가지 서끄면 좋댄 헤나서. 딸령 먹는 건 저 거시기 칡뿌리. 칡뿌리는 위에 좋댄 허고. 단오날 쑥 들도 다 톧아낫주. 처마밑에 걸엉 말리고. 또 말령으네 떡도 헤 먹고게.
> (옛날에 아프믄) 난 약촌 안 먹은디, 굼뱅인 많이 먹언. 간 나쁜디 좋댄 헹게. 간장 막 나빵 죽어 갈 적에 하나에 5원씩 주엉네 학생들 풀엉으네 막 파당 먹고, 시장에 간 사당으네 딸려먹고, 그건 많이 먹어서.
> (양석봉 구술)

10. 음식문화 환경

우도사람들의 직접·간접 경험을 통해서 근현대 우도음식의 전승과 용어의 생명력을 살펴보고, 우도의 문화환경도 들여다보았다.

제주여성들이 그렇듯이 우도여성들은 물질을 해서 집안 경제를 책임졌다. 우도의 딸들은 10대에 물질을 배워서 도외와 일본 등지로 출가물질을 다녔다. 이 당시만 해도 우도에서는 해녀를 일등 신부감으로 여길 정도로 우도 여성들은 생활력이 강했다.

1) 물적삼 입던 시절

해녀복은 속옷이라 하고 잘 갖춰 입는 사람은 물적삼을 더 입었다. 망사리는 짚으로 꼬아서 만들었다. 짚으로 만든 망사리는 물에 들어가면 무거웠다. 그러다가 남촉낭(종려나무)으로 만든 망사리는 질기고 물도 잘 빠져서 무겁지 않았다. 이 나무는 구할 수 있는 사람 몫이고 나중에는 그물망사리를 사서 사용했다. 짚으로 망사리를 만들 때는 남성이 있으면 짜 주지만 그렇지 못하면 여성들이 짜기도 했다. 어욱(억새)을 베서 덩드렁마께(방망이)로 두드린다. 이것으로 망사리를 짰다.

우도 여성들이 노동을 할 때 남성들은 사람에 따라 보조적인 일을 도와주었다. 즉 아내가 물질하러 가면 남편은 집에서 마당에 보릿대나 조짚을 깔고 덕석을 편 후에 곡식을 말려 주고, 아기도 봐 주고, 집안일도 담당했다. 남편이 이런 일을 도와주지 않으면 아내는 물질을 하고 집에 와서 슈퍼맨처럼 이런 일들을 처리했다.

우도에서는 1960년대에는 주로 미역을 채취했는데 그다지 화폐가치는 없었다. 우미도 해경을 했다. 해경을 할 때는 구역이 정해져 있고 남성들도 허리에 구덕을 차고 우미를 채취하고 해녀들은 물질을 하면서 채취한다.

우도 여성들은 예나 지금이나 물질과 농사를 겸했다. 주로 미역농사를 하던 시절에는 봄에 미역철이 끝나면 여름에는 물질을 잘 하지 않았다. 소라는 판로가 없을 때라 적당히 필요한 만큼만 채취했다.

2) 음식의 구성 요소

봉천수를 떠다 먹던 시절에 우도 여성들은 일어나자마자 물허벅을 지고 물통으로 향했다. 새벽에 봉천수를 떠와서 집에 있는 물항(지새항)을 가득 채웠다. 가끔 항아리를 청소할 때 보면 항아리 속 벽에 물이끼가 끼어 있었다. 이때는 짚으로 만든 수세미를 사용했다. 산듸짚으로 만든 수세미를 사용하면 이끼 냄새가 나지 않는데 행주로 씻으면 물항에서 냄새가 났다. 아침에 2~3회 물을 길어온 다음 밥을 하려면 아주 일찍 일어나야 했다. 여름에는 새벽 3~5시에 일어난다. 딸이 여럿이면 밥당번, 물당번이 정해져 있어서 좀 수월했다.

우도에서는 물이 귀하기 때문에 집집마다 개인물통이 있어서 빗물을 받아서 저장했으며, 지금도 이런 물통을 볼 수 있다.

3) 음식 준비와 노동

집 안에서 음식을 준비하는 지정 공간은 주로 부엌이다. 정제(부엌)로 들어가면 찬장이 있고, 그 속에 대접 등을 보관했다. 아버지용 국그릇과 밥그릇은 큰 것을 사용하고, 아이들은 이 그릇보다 조금 작은 것을 사용했다. 정제에 들어가면 살레가 있다. 살레는 대나무로 세 칸 정도로 칸을 만든다. 살레에는 쥐들이 많이 들락거려서 불편했다.

식사 장면을 보면 아버지 몫으로 독상을 준비하고, 나머지 식구들은 같이 앉아서 먹는다. 밥은 식구들이 양푼밥을 먹고 국은 개인용 사발을 이용했다. 처음에는 국그릇으로 사기그릇을 사용하다가 동으로 된 것, 쇠로 된 것, 알루미늄으로 된 것으로 변했다.

우도에서는 밭에 일하러 갈 때 집이 가까우면 점심 때 집에 와서 먹고, 그렇지 않으면 점심을 준비하고 간다. 밭에 갈 때는 양푼에 밥을 싸 갔다. 어른들은 일을 하고 아이들을 집에 보내서 가져오라고 했다.

밥그릇을 소쿠리에 담아서 간다. 냉국도 넣고, 젓갈을 반찬으로 준비한다. 콩잎은 밭에서 직접 따서 즉석에 먹었다.

4) 부조 품목의 변화

부조금은 시대에 따라 다르다. 우도에서는 큰일 때 ᄀ는대구덕(가는대바구니)에 보리쌀을 부조로 담아 가면 밥을 주었다. 친척들은 주로 보리쌀 한 말 정도 부조했다. 쌀부조는 잔치 전에 가져가서 보탬이 되게 배려했다. 1960년대까지는 주로 제물구덕을 들고 마루로 와서 고팡에 건네주었다. 당시 제사 부조로는 제물(떡), 쌀 한 사발~한 되 정도 등 친소 관계에 따라 제물구덕에 담아왔으며, 답례로 밥과 떡반을 구덕에 담아주었다.

제사 때도 메는 쌀밥을 올리고 잡곡밥은 손님을 대접했다. 동네사람들이 제사를 먹으러 가는데 이를 '식게 동냥 간다.'고 한다. 이 당시에 제물로는 쌀 한 사발 정도 부조했다. 빙떡을 만들어서 차롱에 담아가다가 빵으로 변하고 최종적으로는 돈부조를 했다.

빙떡을 차롱에 담고 식게(제사)집에 가면 차롱 임자를 표시해 두었다가 음식을 담아준다. 제사가 끝나면 다음 날 아침 이웃집에 식게퉤물(떡반)을 돌렸다.

1960년대에 떡부조와 쌀부조가 보편화되었지만 돈부조도 생겨났다. 보통은 10원, 친한 사이는 30원 정도이며 직계가족은 50~100원이었다. 1970년대까지도 쌀부조를 하고, 1980년대에는 돈부조와 섞이다가 1990년대로 오면서 돈부조가 보편화되었다. 1990년대에도 제물구덕 부조가 있어서 마을 청년회에서 억지로 금지했으며, 그래도 듣지 않으면 경조사집 입구에 막아서서 제물구덕을 비우기까지 했다. 제물구덕이 나돌 때는 빵떡(밀가루로 만듦)을 담아왔다. 큰상주는 제물구덕을 받다 보면 일을 할 수 없을 정도였다. 본주에는 떡을 주고 그 밑에는 돈부조를 했다. 각 상주는 돈부조로 받고 본주(큰아들)는 떡만 받아서 쌓이면 이것을 처리해야 했다. 제물구덕이 겹겹이 쌓이면 거기에 다시 답례음식을 놓고 반을 태우다 보면 상주는 이미 지쳐있었다. 그러면서 불편함을 해소하고, 가정의례간소화가 보편화되면서 돈부조로 정착되었다.

11. 음식용어 분석

1) 음식용어 일람

우도의 전통음식을 살펴보면 전승 주체는 주로 여성들이며 지금까지 살아남은 것들은 근현대 약 100년간의 용어들이다. 정확한 시기는 제시할 수 없지만 우도사람들의 입과 손을 통해서 전승되고 있는 음식들로 제보자들의 연령을 고려해 보면 적어도 일제강점기부터 2000년대까지 유지되고 있는 것들이다. 이런 점에서 사물과 그것을 부르는 명칭은 생명이 공존하는 것이며 음식문화에서 용어는 아주 중요하다고 본다. 앞에서 논의한 음식용어를 간단히 정리하면 다음과 같다.

출산음식으로는 메밀수제비, 생선미역국, 쌀밥, 미음 등이 있다. 잔치음식으로는 돼지고기, 뭄국, 쌀밥, 닭고기, 삶은계란, 잡곡밥, 순대, 술, 구운 생선, 과일, 무국, 돼지고기국 등이 있다. 제사음식으로는 떡(시리떡, 조침떡, 빙떡, 조개송편, 기름떡, 조개떡, 상왜떡), 적(돼지고기적, 소고기적, 묵적, 문어적, 소라적, 전복적, 상어적, 오징어적), 청묵, 탕쉬(고사리, 콩나물, 무채), 과일, 메(쌀밥, 보리밥), 계영(생선미역국, 소고기국, 돼지고기미역국), 제주(골감주, 보리감주, 소주, 음료수), 제숙(우럭, 옥돔), 두부전, 계란전, 오징어튀김 등이 있다. 상장례 음식으로는 풋죽, 돼지고기적, 떡 등이 있다. 마을공동체 의례 음식으로는 보리빵, 밀빵, 메, 술 등이 있다.

세시음식으로는 ᄆ멀떡, 쌀떡, 보리빵, 쑥, 닭, 개역, 풋죽 등이 있다.

일상음식으로는 장, 마농지, 밥(쌀밥, 산듸밥, 보리밥, 조팝), 수제비, 칼국수, 쉰다리, 감제뻿때기, 우무, 김치(갯ᄂ물김치, 마농지), 멜지짐, 죽(전복죽, 소라죽, 오분자기죽, 성게죽, 문어죽, 깅이죽, 우럭죽, 초기죽, 좁쌀죽, 흰죽), 국(돼지고기국, 갈치국, 성게미역국, 보말미역국, 오징어냉국, 넙패국, 가시리국, 멸치국, 우럭국, 젱비름국, 무된장국, 콩나물국, 메역새국, ᄂ물국, 호박잎국, 미역냉국, 우미냉국, 몸냉국, 소라냉국, 물외냉국, 톨냉국, 청각냉국, 군벗냉국), 물회(오징어물회, 자리물회, 소라물회, 해삼물회), 무침(호박무침, 호박지짐, 군벗무침), 콩자반, 오메기떡, 국수, 엿(깅이엿, 닭엿, 대축엿, 마농엿, 익모초엿, 감제엿, 호박엿), 쌈(호박잎쌈, 콩잎쌈, 깻잎쌈, 배추쌈, 양에잎쌈), 구이(자리구이, 우럭구이, 소라구이, 전복구이, 오분자기구이, 각제기구이, 갈치구이, 고등어구이), 조림(고등어조림, 깅이지짐, 보말조림, 자리조림, 우럭조림), 젓갈(자리젓, 게웃젓, 성게젓, 고등어젓, 갈치젓, 깅이젓, 고도리젓, 멜젓, 소라젓, 갈치아가미젓, 오분자기젓) 등이 있다.

구황음식으로는 톳밥, 물룻, ᄌ베기(보릿가루, 밀가루), ᄑ래밥, 범벅(감제범벅, 메밀범벅, 보릿가루범벅, 대축범벅) 등이 있다.

민간요법에 쓰인 음식재료에는 소금, 설탕, 지름밥, 쑥즙, 칡뿌리 등이 있다.

2) 음식용어 조어(造語) 과정

우도의 전통음식 조어법을 살펴보겠다. 우선 출산음식인 메밀수제비, 생선미역국, 쌀밥 등은 음식재료인 '메밀, 생선, 미역, 쌀'이 선행하고 '수제비, 국, 밥' 등은 조리 과정이 드러나므로 '음식재료＋음식종류'의 결합구조이다. 수제비는 손으로 만드는 음식이고, 국과 밥은 주식으로 이 음식용어는 제주 전 지역의 공통어이다.

우도는 물론 제주의 대표 잔치 음식인 '몸국'은 몸(모자반)과 돼지고기를 삶은 국물로 만든 음식이다. 이 용어도 재료와 음식종류의 결합이다. 무국은 '소고기, 두부, 무'가 재료이지만 '무'의 재료명이 선택되었다. 우도는 물론 제주도의 전통음식으로 돼지고기국이 있는데 '돼지고기, 무' 등이 주 재료이며 역시 재료명과 음식종류의 결합이다.

제사음식으로는 전승되고 있는 떡 용어를 보면 시리떡은 도구와 음식종류의 결합이다. 조침떡은 재료와 음식종류의 조어로 분석된다. 조개송편은 떡의 생김새와 음식종류의 결합이다. 기름떡은 조리법과 음식종류의 결합이고, 상왜떡은 조리법을 적용했지만 얼른 연상되지 않는다.

적 종류의 조어법을 보면 음식재료 '돼지고기, 소고기, 문어, 소라, 전복, 상어, 오징어'에 음식종류가 결합되었다. (청)묵은 음식종류명이다. 탕쉬로는 고사리, 콩나물, 무채 등이 쓰이며, 채소명으로 부른다. 게영은 고유명사처럼 쓰이고 그 재료에 따라 생선미역국, 소고기국, 돼지고기미역국 등 재료와 음식종류의 결합임을 알 수 있다. 이 외에도 '두부전, 계란전, 오징어튀김' 등을 보면 음식재료와 음식종류의 결합임을 알 수 있다.

'ᄆᆞ멀떡, 쌀떡, 보리빵, 풋죽, 오메기떡' 등을 분석하면 역시 음식재료와 음식종류의 결합이다.

'쌀밥, 산듸밥, 보리밥, 조팝, 톨밥, 프래밥' 등은 재료와 음식종류의 결합이다. '전복죽, 소라죽, 오분자기죽, 성게죽, 문어죽, 깅이죽, 우럭죽, 초기죽, 좁쌀죽, 흰죽'은 음식재료와 음식종류의 결합이다.

'돼지고기국, 갈치국, 성게미역국, 보말미역국, 오징어냉국, 너패국, 가시리국, 멸치국, 우럭국, 젱비름국, 무된장국, 콩나물국, 메역새국, ᄂᆞ물국, 호박잎국, 미역냉국, 우미냉국, ᄆᆞᆷ냉국, 소라냉국, 물왜냉국, 톨냉국, 청각냉국, 군벗냉국' 등은 음식재료와 음식종류의 결합인데 음식재료 생산지가 바다인지 뭍인지를 금방 알 수 있다. '오징어물회, 자리물회, 소라물회, 해삼물회' 등은 음식재료와 음식종류의 결합이다. 특히 제주의 여름음식으로 '물회'가 있으며 주 재료는 해산물이다. 또한 이 음식은 시원한 물을 넣고 된장으로 양념한다. '호박무침, 호박지짐, 군벗무침' 등은 음식재료와 음식종류의 결합이다.

'감제범벅, 메밀범벅, 보릿가루범벅, 깅이범벅, 대축범벅' 등은 음식재료와 음식종류의 결합이다.

'깅이엿, 닭엿, 대축엿, 마농엿, 익모초엿, 감제엿, 호박엿' 등은 음식재료와 음식종류의 결합이다. '호박잎쌈, 콩잎쌈, 깻잎쌈, 배추쌈, 양에잎쌈' 등은 음식재료와 음식종류의 결합이다.

구이는 주로 생선 등 해산물로 '자리구이, 우럭구이, 소라구이, 전복구이, 오분자기구이, 각제기구이, 갈치구이, 고등어구이' 등이 있다. 역시 음식재료와 음식종류의 결합이다. '깅이지짐, 고등어조림, 보말조림, 자리조림, 우럭조림' 등이며 음식재료와 음식종류의 결합이다. 우도나 제주도에서는 지짐 또는 조림이라 하는데 주로 어류를 재료로 만드는 음식을 가리킨다.

우도는 섬 지역이라 젓갈의 재료도 다양하다. '자리젓, 게웃젓, 성게젓, 고등어젓, 갈치젓, 깅이젓, 고도리젓, 멜젓, 소라젓, 갈치아가미젓, 오분자기젓'을 분석하면 음식재료와 조리법의 결합이다.

이상으로 우도의 전통음식용어 조어법을 보면 '도구＋음식종류', '재료＋음식종류' 등으로 구성되어 있음을 알 수 있다. 음식용어에서 재료와, 조리법, 음식종류 등을 드러내는 것은 음식이 단순하다는 것이다. 즉 조리법이 간단하고 재료를 그대로 살리는 음식이라 할 수 있다. 언제, 누가 만들거나 들어도 쉽게 이해할 수 있고, 조리하는데 시간을 절약할 수 있는 이점이 있다.

반면에 서양의 음식용어를 보면 한국식으로 만든다고 해도 표면적인 음식용어로는 음식의 재료와 조리법, 맛 등을 얼른 알 수 없다. 그래서 음식용어 밑에 어떤 재료가 들어가는지, 어떤 맛인지를 알 수 있게 설명되어 있다. 즉 음식점에 가서 서양음식 안내문을 보면 음식이름 옆에 그것이 어떻게 만들어지고, 어떤 재료가 들어갔는지를 간단히 설명하고 있다.

우도사람들은 지금도 개인에 따라 자신이 만들어 먹었던 음식에 추억이 담겨 있으며, 가끔 만들어 먹는다. 민간요법으로 만들어 먹었던 깅이음식은 관절과 뼈에 좋은 것이어서 지금도 추천하는 음식이다. 개인에 따라 부모에게 들은 비법을 답습하고 있다.

우도사람들은 우도가 관광지여서 외지인이 많이 들어오는데 우도의 음식재료를 사용해서 옛날 방법으로 만들어서 팔아야 제 맛이라는 생각을 하고 있다. 그런데 우도식으로 만들면 외지인들이 사 먹지 않아서 고민이다. 예를 들면 우무는 채 썰어서 간장과 새우리(부추)를 넣고 무쳐서 냉국으로 만들어 먹는다. 그런데 외지인들은 이 음식이 입에 맞지 않으므로 그들을 위해서는 다른 양념들을 더 넣는다고 하는데 이런 점은 음식의 변형이라 할 수 있다. 다만 변형의 조건이 무엇이고, 어느 정도이냐에 따라 전통성이 달라질 것이다.

우도의 자연환경은 날씨와 아주 밀접하며, 음식재료 역시 여기에 영향을 받을 것이다. 그래서 우도사람들은 날씨를 어떻게 받아들이고 있는지 들어보았다. 우도에서는 각자 필요한 만큼 깨 농사를 한다. 사월 초파일에 동풍이 불고, 촛불이 잘 켜지면 올해 깨 농사가 잘되겠다는 말이 있다. 이 시기가 지나서 깨를 파종한다.

우도에서 한라산을 바라보고 '산 목이 쭐르난(산 중턱에 구름이 낀 상태) 비 오켜.'라는 말이 있듯이 날씨와 생활이 밀착되어 있다. 바다밭을 이용하려면 바람과 비의 움직임을 잘 간파해야 한다. 일기예보를 정확하게 알 수 없던 시절에는 구전되는 방법으로 판단하며, 바람과 관련된 이야기들이 지금도 전승되고 있다. 즉 사람들이 정신을 차릴 수 없는 바람은 주로 마파람이다. 장마 끝에 파도가 세게 이는 시기가 있다. 바다 사람들은 샛바람이 불면 좋아한다. 이 바람이 불면 해산물이 풍부하다. 주로 보리가 익어갈 때 샛바람이 불면 이삭이 여물어서 좋다고 한다.

추자도사람들의 음식

추자도는 행정구역상 제주도에 속하지만 언어와 풍속이 제주섬과 조금 다르다. 그렇지만 현재 제주도에 속한 유인도이며 제주도의 풍속과 어느 정도 같고 다른지를 음식문화를 통해서 살펴보겠다.

1. 혼인의례와 음식용어

1) 잔치 음식

잔치 음식을 준비할 때는 밥, 반찬, 국 등을 전담해서 담당하는 여성들이 있다. 잔치 음식으로 1970년대~1990년대에는 거의 콩나물국을 끓였다. 콩나물을 삶아서 물을 붓고, 소금으로 간을 한다. 이 콩나물국은 신부상에 올리고 손님대접용으로는 미역국이 있다.

미역국을 먹으면 미끄러진다고 해서 신부상에 올리지 않는다. 어부들이 어장에 일하러 나갈 때도 미역국은 금기 음식이었지만, 지금은 이런 의식이 희박해져서 미역을 일부러 갖고 다니기도 한다. 아무튼 추자도에서는 집안에 큰일이 있을 때 미역국을 잘 끓이지 않으며, 죽도 쑤지 않는다.

잔치밥을 지으려면 보리쌀, 쌀, 팥을 섞은 팥밥을 밥공장(공간이 넓은 방앗간 등에서 큰 솥에 밥을 지었음)에서 한꺼번에 쪄 온다. 신부신랑상에 먼저 뜬 다음 하객을 대접했다. 잔치 음식을 만들 때 특별한 금기사항이 없으며 신부밥을 뜰 때 주의 사항도 없다. 이런 음식들은 2000년대까지 이어지고 있다.

2) 신부상 음식

신부상에는 삶은계란과 닭이 한 마리 오른다. 최근까지도 신부가 신랑집에 들어가면 신부신랑이 겸상을 받고 상을 빙 둘러서 신부신랑의 친구들이 같이 앉아서 잔치 음식을 먹는다.

돼지고기는 삶아서 사각형으로 좀 두껍게 썰어 놓는다. 이 음식은 먹기에 불편해서 신부상에 올린 다음 신부가 밥을 먹으면 내려놓고 먹기 좋은 크기로 썰어서 같이 앉은 친구들이 나눠 먹는다.

 3) 결혼 풍속

추자도에서 추자사람끼리 결혼할 때는 모두 당일잔치를 하며, 제주섬처럼 가문잔치를 하지 않는다. 결혼식날 아침에 신부집과 신랑집에서는 차례를 지내지만 선택적이며, 이를 '신부상, 신랑상'이라 한다.

신랑이 신부집에 도착하면 마루에 신랑상을 하나 놓고 음식을 먹은 다음 신부를 데리고 나온다. 신랑이 집을 나가는 시간과 들어오는 시간은 택일한다. 지금은 예식장에서 결혼식을 하므로 각자 드레스와 연미복을 입고 예식장으로 간다. 과거처럼 신랑이 신부집으로 가서 데려오지 않는다. 결혼식이 끝나면 신랑집으로 가서 저녁까지 잔치를 한다. 추자도는 사실 동네잔치여서 신부신랑의 하객수가 비슷하다. 그래서 결혼식날 신랑집으로 하객들이 가서 음식을 먹으므로 신부집은 오전이면 거의 끝난다. 결혼식 하기 전에 예식장에서 사돈인사를 하고, 식이 끝나면 상객으로 신랑집에 따라가지 않는다.

추자도에서는 1970년대 후반에도 목포에 가서 결혼식을 올리는 사람이 있었다. 이 당시만 해도 추자도와 제주도의 왕래는 드문 편이고, 주로 목포가 생활권이었다. 목포에는 친척들만 가서 예식을 마치고 추자도로 들어와서 잔치를 했다. 바람이 불어서 배가 뜨지 않으면 결혼식하고 4~5일 머물다가 올 때도 있다. 신부신랑이 도착해야 잔치를 했으며, 집에서 간단이 치렀다.

2. 상장례와 음식용어

1) 밥공장과 제물

초상 때에는 밥을 찐다. 밥공장이 없을 때는 큰 솥을 걸어놓고 장작불로 밥을 지었는데 1960년대에 밥 공장이 생겨서 한꺼번에 찔 수 있었다. 쌀과 팥을 섞은 팥밥을 지었다. 미역국을 끓이는데 조개, 소고기 등을 넣고, 소금과 간장으로 간을 한다. 액젓도 사용한다.

초상 때 제상에 올리는 제물로 나물은 3가지~7가지 등 홀수로 올린다. 고사리, 버섯, 녹두채(나물) 등이다. 튀김 3가지를 올리는데, 생선튀김, 호박튀김, 돈저냐(돼지고기전) 등이다. 떡은 시루떡 한 종류만 올린다. 쌀가루 위에 팥을 깔아서 만든다.

장례식날 발인할 때 작지(추자도 바닷가)앞으로 상여가 왔다갔다를 반복한 후 제를 지낸다. 장지에 가면 입관하기 전에 제를 지낸다. 하관 후에 제를 지낸다. 장례식이 끝나면 집으로 돌아온다. 추자도의 장례절차와 의례음식에는 변화가 없다. 결혼날짜를 받은 사람은 상가에 가면 안 되고, 산모도 상가에 가면 좋지 않다고 해서 다니지 않는다.

2) 귀양풀이

귀양풀이는 종교에 따라 선택사항이며, 특정 종교인이 아니면 반드시 지낸다. 추자도에 매인심방(무당)이 있을 때는 그를 청해서 귀양풀이를 한다. 장례식 후 오후에 상주가 귀양풀이를 준비하고, 상주의 집에서 이 의례를 행한다.

3) 삭망과 대소상

개인과 시기에 따라 다르지만 원래 의례는 초하루와 보름에 제를 지냈는데 지금은 1년이면 탈상한다. 경우에 따라서는 장례식을 마치고 산소에서 상복을 벗고 태운다. 이것을 당일 탈상이라 한다.

추자에서는 소상과 대상을 지내는 날 음식을 준비해서 망자의 산소에 가서 제를 지냈다.

4) 부조 품목의 변화

추자도의 부조금 형태를 들여다보았다. 1970년대 후반에도 잔치 때는 돈부조를 했으며 지금까지 이 풍습이 내려오고 있다.

추자도에서는 잔치집이나 상가에 갈 때 구덕을 갖고 다니지 않았고, 답례품도 주지 않았다. 추자를 떠나서 제주섬이나 다른 지방으로 가서 결혼식을 할 때는 참석하지 못한 사람들에게 답례품을 주는데, 추자도에서 할 경우에는 음식을 대접하는 것으로 끝난다.

추자도에서는 사돈집에 초상이 나면 특별한 음식을 하지 않고 돈부조만 한다. 이는 제주섬과 다른 점이다. 제주섬에서는 풋죽(팥죽)을 마련한다. 추자도 경조사 부조는 각 상주별로 하는 것이 아니라 본주에만 한다.

3. 제사의례와 음식용어

1) 제물의 종류
(1) 갱국(羹국)

추자도에서는 제사 때는 갱으로 생선국을 올리고 손님들에게는 콩나물국을 대접한다. 콩나물국은 소금으로 간을 한다.

(2) 제숙

제사음식으로는 산적, 부침개가 있고, 생선 종류가 많아서 많이 올린다. 생선은 삼치, 조기, 농어, 돔 등을 올리는데 종류별로 3마리씩 쪄서 3종류를 올린다(5~6가지 쪄서 올리기도 함). 생선은 한 접시에 올리거나 따로 따로 올린다. 제상에 올리지 못하는 생선은 없다. 고등어는 하품이라 여겨서 제상에는 올리지 않지만 갈치는 올린다. 제주섬에서는 비늘 없는 생선(고등어, 갈치 등)은 제상에 올리지 않는데 추자도에는 생선 제물에 금기가 없다. 잡을 수 있는 모든 생선은 쪄서 올린다.

(3) 적(炙)

돼지고기적도 올리지만 추자도에서는 주로 소고기산적을 올린다. 두부전, 야채전, 산적 등 3가지 전을 올린다. 옛날에는 부침개 한 가지만 해도 되고, 산적도 적꼬치에 꿰는데 바쁘면 그대로 올려도 무방하다.

소라는 삶아서 적꼬치에 꿰서 올린다. 홍합은 삶아서 보관해 두었다가 양념을 하고 간장을 넣어서 볶는다. 이것을 적꼬치에 꿴다. 문어도 삶아서 적꼬치에 꿰서 올린다.

말린 오징어 3~5마리를 양 옆에 칼집을 내고 프라이팬에서 볶으면 오그라든다. 여기에 구운 상태로 양념을 해서 올린다.

전복은 껍질에서 떼어낸 후 뒤쪽에 칼집을 내고 양념해서 통으로 볶는데 프라이팬에 참기름을 두르고 구워낸다. 전복은 한 접시에 3~5마리 정도 올린다. 전복은 값이 비싸서 상황에 따라 제물로 준비한다.

(4) 떡

시루떡, 인절미, 송편 등을 올린다. 떡은 집에서 만들거나 떡집에서 구입한다. 떡의 재료인 쌀가루를 만들려면 우선 쌀을 4시간 정도 물에 불린다. 이 쌀과 삶은 팥을 방앗간에서 가서 간다. 방앗간이 없던 시절에는 절구통에서 빻다. 그런 다음 치(체)로 친다.

집에서 시루떡을 찔 때 주의사항이 전해온다. 상주나 출산한 집 사람들이 드나들면 떡이 익지 않는다고 한다. 그런 사람들이 부엌에 들어오면 안 되니까 문을 닫고 불을 때었다. 멥쌀가루나 찹쌀가루로 시루떡을 만든다. 시루떡도 한 종류만 올린다. 떡 재료도 없고, 만드는 과정이 힘들어서 떡 종류가 없는 편이다. 기름떡은 찹쌀로 만든다.

예전에 수수농사를 지어도 수수떡은 제상에는 올리지 않았다. 수수로 범벅을 만들어 먹거나 시루떡을 만들어 먹었다.

(5) 기타

추자도사람들은 바다밭을 일터로 삼고 사는 사람들이어서 바다의 산물은 모두 의례음식이다. 과일은 3가지~7가지 올린다. 제상에 올릴 음식을 먼저 뜬 다음 나머지 음식으로 손님을 대접한다.

채소는 3~5가지로 고사리, 버섯, 녹두채를 기본으로 하고 나머지

(잡채)는 본주의 선택에 따른다. 특히 양념으로 고춧가루, 마늘은 사용하지 않는다. 손님들도 이 양념이 들어가지 않은 음식을 먹는데, 이는 제사음식이어서 맛과 상관없다.

2) 문전제

추자도에서는 문전제를 지내지 않는다. 종가집 외에는 제방은 별도로 정하지 않는다. 해가 떨어지면 남성이 제상을 차리며, 이는 남성몫인데 1990대에 들어와서 여성이 담당하는 집안이 있다. 제삿날 제관이 집에 없는 경우 여성이 진설해도 무방하다. 제사는 원래 11시 이후 제를 지내는데 지금은 집안에 따라 저녁 9시에 지내기도 한다.

제주섬에서는 걸명이라 하고, 추자에서는 내전이라 한다. 내전을 문 밖에 놔뒀다가 다음날 처리한다. 들짐승이 먹으면 어쩔 수 없지만 그렇지 않으면 내전을 깨끗한 바닷물에 버린다.

추자도에는 안칠성이 없다.

추자도에도 '가마귀 모른 식게'가 있다. 이 제사는 후손이 없는 경우 친척 중에서 지낸다. 이는 보통 제사와 같으며, 제물을 준비하고 친척들도 제례에 참석한다.

4. 출산의례와 음식용어

1) 출산음식

출산 후 산모는 소고기미역국을 먹으며 메밀가루음식을 먹지 않는다. 산모의 부기가 빠지게 호박을 먹는 경우는 있다.

2) 할망상

산모가 출산하면 그 방에 간단히 의례상을 하나 마련한다. 미역국, 물, 밥을 올려놓고 비념한 다음 산모가 먹는다.

여기에 사용한 물은 지정된 샘물이 없고, 깨끗한 물이면 된다. 아침 일찍 남들이 다니기 전에 가서 제일 먼저 떠온다. 할망상은 한두 시간 진설해 두었다가 거둔다.

3) 생일 잔치

백일잔치, 돌잔치를 하지 않았는데 1980년대로 들어오면서 집안에 따라 이 의례를 시행했다.

5. 세시의례와 음식용어

1) 봄철 음식

○ 쑥범벅

추자도에서는 정월 초하루부터 2월 초하루까지 한 달간 명절 분위기이다. 2월 초하룻날도 보통 명절처럼 제를 지낸다. 겨울철은 농한기이고, 파도가 세어서 조업을 하지 못하니까 명절을 축제로 해서 마을사람들이 즐겁게 놀았다.

적어도 1960년대까지 삼월삼짇날, 단오, 유두일, 칠석 등을 다 지냈다. 추자도에서는 정월 보름에만 떡을 만들지 않고 나머지 명절용 제물은 같다. 한식날 쑥송편을 먹었다. 이 떡은 쑥에 쌀가루를 묻혀서 만들며, 이는 쑥범벅의 일종이다.

2) 여름철 음식

(1) 보릿가리

여름철 중요한 간식으로 보릿가리(미숫가루)가 있다. 보리를 솥에서 볶는다. 맷돌로 갈고 체로 쳐서 먹다가 나중에는 방앗간에서 갈아왔다. 보릿가리로 밥에 비벼 먹고, 국으로 만들어 먹고, 물에 타서 먹고, 가루로 먹는다.

(2) 개고기

여름철 보양식으로 개고기를 먹는데, 이때는 어장이 형성되지 않으니까 먹어도 괜찮다. 집에서 기르거나 사다가 잡아먹으며 개를 잡는 지정된 장소는 없고, 주로 바닷가에서 잡았다. 개인에 따라 아무 때나 장만해서 먹었다. 그런데 겨울철 어장이 형성될 때(10월~1월)는 개고기를 먹지 않는다. 어장과 개고기는 좋지 않다면서 금기한다. 만약 개고기를 먹은 사람이 있으면 그에게는 고기(생선)도 안 팔아주고, 어부 집에 들어오지도 못하게 한다.

이 시기에는 말고기도 먹으면 좋지 않다고 해서 금기하는 음식이다. 추자도에서 말을 키우지 않으니까 제주섬에서 사왔다. 이런 금기사항은 지금도 지켜지고 있다.

3) 가을철 음식

(1) 성묘

벌초 때 제물은 제사제물과 같다. 사람들이 음식을 장만해서 산소까지 운반한다. 벌초문화는 추자도와 제주도가 좀 다르다. 성묘하는 날은 음력 8월 1일이므로 그 전에 벌초를 전부한다. 그래서 음력 7월

중순 경부터 벌초하느라고 바쁘다. 추자도사람들이 다른 지방에 가서 사는 경우가 많아서 8월 1일(음력)에 고향을 다 찾아올 수가 없다. 그래서 그전에 시간 나는 대로 추자에 있는 친척들이 벌초를 한다. 그리고 친척들이 고향에 올 수 있건 없건 8월 1일에는 음식을 준비하고 산소에 가서 제를 지낸다. 대개 오전 10시쯤에 가서 제를 지내고, 음복한 후 집으로 돌아온다.

(2) 추석

추자도에서는 음력 8월 14일 밤(11시 이후)에 차례를 지냈는데, 요즘은 초저녁에 지낸다. 추석날 아침 7~8시에 친척들이 모이면 조상의 산소를 웃대 조상 순으로 차례차례 찾아다니면서 인사를 한다. 제물은 갖고 가지 않는다. 제주섬에서는 산소를 찾아가지 않고 집집마다 '멩질 먹으레 다닌다.' 조상묘를 도는데 한나절이면 끝나므로 친척집에 가서 점심을 먹거나 아니면 각자 헤어져서 집으로 돌아간다.

4) 겨울철 음식

(1) 정월멩질(정월명절)

정월멩질 음식은 추석과 같다. 특이한 점은 섣달그믐날 명절제를 지내고, 명절날은 산소에 가서 먼저 인사를 한 다음 친척들에게 세배한다. 제주섬과 다른 것은 추석과 설날 하루 전에 차례를 지낸다는 점이다.

(2) 정월보름

정월 보름에는 오곡밥을 지어 먹었다. 정월 14일 저녁에 오곡밥과 다섯 가지 나물을 준비해서 상을 차린다. 떡만 준비하지 않고 설과 같이 제를 지낸다. 제숙으로 고기(추자에서는 생선을 고기라 부름)도 준비한다.

6. 마을공동체 의례와 음식용어

1) 지신밟기

추자도에서는 지금도 정월 대보름에 지신밟기를 하며, 섣달 보름(12월 15일)에 '고기 부르는 의식'이 있다.

정월 초하룻날 사람들이 둥그렇게 모여서 추자면사무소에서 수협까지 간 후 지신밟기로 들어간다. 이날 각자 제를 지낸 다음 친척들에게 세배를 하고 오후에 다 모인다. 그러면 대략 오후 2시부터 지신밟기로 들어간다. 집집마다 돌아다니면서 기부금을 걷는다. 사람에 따라 20~50만원을 내 놓는다. 이 돈을 모아서 1년간 마을 경비로 사용한다. 대서리에는 마을사람들의 수효가 줄어들어서 집집마다 다 돌아다닐 수 없으므로 정월 보름까지 지신밟기를 한다.

2) 헌식굿

이 의례는 '바다에서 죽은 영혼들을 위로하는 굿'으로 밥을 바친다는 의미이다. 이를 '헌식굿'이라 한다.

정월 보름날 저녁이 되어야 지신밟기가 끝난다. 그러면 마을사람들이 공동으로 추자항(추자수협 앞바다)에 모여서 제를 지낸다.

밥은 큰 그릇에 하나로 떠서 종이에 많이 싼 다음 굿을 할 때 바다로 던진다. 처음에는 해당 가족들이 나와서 동참했는데 지금은 그렇지 않아서 음식을 준비하는 사람과 무당이 바다에 던진다.

3) 최영장군제

(1) 의례 준비

최영장군사당제(사당제, 장군제라 함. 사당은 제주도기념물 제11호임)는 추자도의 정기적인 의례로 매년 음력 2월초에 제일(祭日)을 택일한다. 이 사당은 대서리에 속하므로 대서리어촌계가 중심이 되어 진행한다. 제관은 마을사람들의 의견을 종합해서 선정한다. 전체 책임자 1명, 제관 1명, 집사 1명, 도우미 5명 등이다. 도우미 중 여성이 4명(어촌계 회장 부인은 당연직)이며 이들이 제물을 준비한다. 제비(祭費)는 수협의 도움을 받는다.

제물을 담당하는 여성은 어촌계에서 정하는데 상주가 아니어야 하고, 출산한 후 아기가 첫돌이 지나야 가능하다. 그런데 요즘은 이렇게 정성을 지키기가 어려워서 출산 후 3·7이 지나도 가능하고, 첫돌이 지나지 않아도 할 수 있다. 홀어머니는 안 된다는 말은 없지만 운영자들을 추천하고 보면 정상적인 가정을 이룬 부부들이다.

장군제 제일(祭日)이 정해지면 약 한 달 정도 금줄을 치고(사당, 잿샘 등), 제관들은 상가 방문 금지 등 금기사항을 준수한다. 새끼줄에 숯과 흰 천을 매달아서 사당 정문을 열고 계단을 올라가기 전에 금줄을 친다.

(2) 제물 준비

장군제를 지내려면 우선 새벽에 잿샘에 가서 물을 떠다 음식을 만든다. 여성은 양동이에 갯샘물을 담고 머리에 이고 온다. 이 물로 밥을 짓는다. 여성 4명이 새벽 4시에 사당으로 와서 제물을 준비한다.

제상에는 소머리만 따로 올리고, 갈비, 내장, 간 부위 등을 별도로 올린다. 최영 장군 부하가 7명이어서 그들을 위한 상을 각각 차리므로 일곱 상을 준비한다. 신위가 8명이라 소 한 마리 전체(내장 포함)가 다 필요하다. 1980년대까지는 소를 잡아서 제물로 바쳤으며, 소를 잡지 않게 되면서 한 마리를 전부 올리지 못하니까 소머리와 갈비 등을 올리고 있다. 이 의례제물은 지금도 변함이 없다.

제물 재료는 시장에서 사오고, 제숙은 어선주협회의 협찬을 받는다. 제숙은 조기, 우럭, 삼치, 민어, 농어, 도미(2 종류), 매비리(볼락) 등 7~8 종류를 준비한다. 상 하나에 한 종류의 생선을 3마리씩 쪄서 올린다. 생선은 소금을 살짝 뿌리고(음복할 때 먹어도 짜지 않을 정도로 간을 함) 하루 정도 묵혔다가 말린다. 이를 불에 간단히 구운 다음 찐다. 장군제 하루 전에 찐다.

요즘은 사당에서 떡을 만들 수 없어서 방앗간에서 만들어 온다. 시루떡, 가래떡절편, 송편, 인절미 등을 접시에 높이 올렸는데, 한 7~8년 전부터는 인절미 한 종류만 올린다.

사당에서 음식을 만들기 때문에 가스통, 가스렌즈 등 음식 도구들을 갖고 사당으로 간다. 소방차가 물을 길어다 주면 그 물로 음식을 만들고, 설거지를 한다. 저녁까지 손님이 아주 많다. 손님용으로 나물, 국, 찌개 등을 준비한다.

장군제날 점심에는 떡국(소고기국물)을 쒀서 장군상에 올린다. 이 떡국은 저녁 메를 올리기 전에 내리고 산에 가서 땅을 파고 묻는다. 모든 제물에는 간을 해도 맛을 보지 않는다. 신성한 제물이라 사람의 입을 먼저 댈 수 없다는 뜻이다. 채소는 3가지 올린다. 버섯과 고사리는 필수이고, 녹두나물, 시금치 등을 선택해서 올리는데 파란 채소는 다 올린다.

장군상에 올리는 계영은 소고기국인데 소고기에 두부와 무를 사용한다. 시루떡(팥을 섞음) 하나만 올리고, 호박전, 버섯전, 돈저냐, 고기(생선), 과일(수박, 바나나, 사과, 배, 한라봉, 대추, 곶감 등 일곱 가지)을 올린다. 과일은 한 종류씩 수북이 쌓아서 각각 올린다. 신위가 많아서 과일을 많이 준비한다.

(3) 제기(祭器) 보관

처음에는 장군용 제기로 놋그릇(5인분 이상 들어가는 밥그릇, 떡국그릇)이 있었는데 도둑맞았다. 사당을 개방해서 원하는 사람은 누구나 언제든지 촛불을 켜고, 정화수를 떠놓고 예를 갖추도록 해 놨는데 제기를 잃어버린 다음부터는 제기고를 단단히 관리하고 있다. 제기는 별도로 제작했다. 나무로 큰 제기를 만들 수 없어서 신식그릇을 구입하고 제기보관함(사당 옆에 있음)에 보관하고 있다.

4) 요왕제 지내기

장군제 제관이 그 날 산제와 용왕제를 주관한다. 즉 산신제를 지낸 후 장군제를 지내고 저녁에 요왕제를 지낸다. 세 의례는 같은 날 치른다. 산신제와 요왕제를 지내는 장소는 50~60m 정도이다.

오후 2시에 산신제를 지내고, 오후 6시에 장군제를 지낸 후에 밤 11시가 되면 요왕제를 지낸다. 요왕제 지드림용으로 7개를 준비한다. 제상에 있는 음식을 백지에 싸는데, '소머리, 과일, 밥, 떡' 등을 한꺼번에 포장하고 소주 한 병씩 일곱 병을 준비한다. 바다에 가서 제관이 지드림을 한다.

  5) 뱃고사 지내기

  어장(漁場)을 쉬었다가 처음 시작할 때는 고사를 지낸다. 첫 사리 때마다 고사를 지내려면 택일을 한다. 드는 물에 맞추어서 그 시간에 뱃고사를 지낸다.
  뱃고사 제물로는 바닷고기 3~4가지, 나물 3가지, 돼지머리, 과일 3가지, 술 한 되, 시루떡(통시루떡) 등이다. 쌀과 물을 준비하고 배에 가서 쌀을 올린 다음 그 쌀로 메를 한다. 국은 올리지 않는다. 메는 선왕에 따라 다른데 바다에서 사망한 가족이 있으면 그 몫도 올린다. 시루떡에 촛불을 켠다.
  제관은 선주와 선장이다. 선원들은 가능하면 모두 참석한다. 제가 끝나면 음복을 한 다음 남은 음식은 선원들만 집에 가져가서 먹으며 다른 사람이 먹으면 부정탄다고 믿는다.

7. 일상 음식용어

  1) 주식류

    (1) 밥류

  추자도에서 먹었던 밥 종류에는 고구마밥, 보리밥(좁쌀이 없어서 섞지 않았음), 수수쌀밥(콩, 쌀을 넣음), 톳밥, 쑥밥, 가사리밥 등이 있다. 파래는 밥재료로는 쓰이지 않고, 반찬으로만 먹었다. 반셋기밥

(반지기밥)도 먹었다.

추자도에서는 보리쌀이 주 양식이었다. 보리농사를 지으면 보리도 구대로 찧어서 도정한다. 보리를 한번 벗긴 후 말려서 또 찧기를 반복한다. 보리쌀이 푹하게 퍼지면 밧거리에 퍼서 놔뒀다가 아침저녁으로 밥을 지어 먹었다. 봄에는 이것을 먹고, 가을에 고구마를 거둬들이면 고구마밥을 먹었다. 고구마밥은 고구마와 보리쌀을 섞어서 만든다. 추자도에서는 차조를 재배했는데 수확량이 적어서 주로 제물을 만들 때만 사용했다.

(2) 죽류

전복은 아주 비싸서 해녀가 채취해도 먹지 못하고 팔았다. 환자만 전복죽을 먹는 정도였다. 닭죽의 재료는 '닭＋쌀＋마늘'이며, 요즘은 인삼을 넣기도 한다. 추자도에는 세시풍속으로 '닭 먹는 날'이 없다.

2) 국류

(1) 해산물국

추자도에서는 주로 성게를 삶아서 먹었으며, 제주섬처럼 국재료로 사용하지 않았다. 추자도사람들이 제주섬을 드나들면서 성게국이 있다는 것을 알고 조리법을 수입해서 만들어 먹기 시작했다. 추자도에서는 국을 끓일 때 된장을 사용하지 않고 소금을 사용한다.

겨울에는 미역국을 끓이는데 미역에 조개, 소고기를 넣는다. 추자도에 조개가 나지 않아서 제주섬에서 사온다. 추자도에서는 기(게)로 죽을 끓여 먹지 않았고 콩국도 먹지 않았다.

(2) 멜젓국(멸치젓국)

멜젓국은 멜젓으로 만든 국이다. 매운 고추가 없을 때는 파를 썰어 넣었으며 요즘은 고추를 넣어서 만든다. 국물로는 쌀뜨물을 사용한다. 젊은 사람들은 비린내가 난다면서 잘 먹지 않고, 이 음식을 먹었던 세대들이 별미로 가끔 만들어 먹는다. 이는 추자도에서만 먹었던 음식이며, 한 30년 전에 대중성을 잃은 음식이지만 지금은 옛 맛을 기억하면서 나이든 사람들이 만들어 먹는다.

멜젓국을 만드는 방법은 간단하다. 멜젓을 끓는 물에 넣으면 살이 다 녹는다. 간이 맞으면 된다. 멜젓을 몇 개 사용하느냐가 요리의 비법이다. 대개 멜젓 다섯 개 정도에 물을 붓고 끓인다. 파는 반드시 들어가며, 국을 뜨기 직전에 놔야 파 향이 쫙 하게 퍼져서 국물이 시원하다. 쌀뜨물을 넣어야 맛이 있다. 멜젓이 맛 좋아야 멜젓국도 맛이 좋다.

추자도에서는 주 양념이 멜젓이다. 싱싱한 멜 배를 따서 회로 먹는데 이를 멜회라고 한다. 멜을 장만하고 소금물에 씻는다. 멜회는 신 김치(김장김치)로 싸서 먹는다. 멜은 회용, 조림용, 국용, 찌개용 등 용도가 다양하다. 멜국은 갈치국처럼 생멜에 호박을 넣고 끓인다. 이때 추자도 들판에서 나는 항가쿠(엉겅퀴)를 뜯어다가 삶아서 국에 넣으면 비린내가 없다.

무와 배추로는 국을 끓여 먹는데 이는 제주섬의 음식과 같다. 국을 끓일 때 주로 액젓과 소금으로 간을 하고 된장은 사람에 따라 사용한다. 옛날에는 국 간용으로 된장을 잘 먹지 않았는데, 요즘은 많이 먹는다. 추자도에서도 된장을 담갔지만 콩농사가 잘 되지 않았다.

이 외에 김치 삶은 것(김치국)이 있다. 이 음식은 김장김치를 씻어서 하루 정도 물에 담가둔다. 멸치액젓을 넣어서 국처럼 끓인다.

(3) 장어국

장어로 국을 끓여 먹고 말렸다가 조려 먹기도 했다. 장어국을 만들려면 먼저 장어를 팔팔 끓인다. 소금으로 간을 하고 마늘, 고춧가루, 물고춧가루, 통고추를 썰어넣고, 야채로는 미나리, 대파, 양파 등을 넣는다. 맵지 않으면 비린 맛이 난다. 요즘은 깻잎, 쑥갓 등을 넣으니까 고유한 맛이 사라진다.

옛날에는 주로 봄에 장어가 잡혔지만 요즘은 사시사철 잡힌다.

(4) 항가쿠국(엉겅퀴국)

봄에 엉겅퀴잎을 따다가 문지르면서 씻는다. 이때 이파리에 돋아 있는 가시를 제거한다. 잎을 삶은 후에 된장과 섞어서 절구통에 놓고 다진다. 이것을 1회용씩 따로따로 보관했다가 필요할 때마다 국을 끓여서 먹는다. 이 음식은 지금도 별미로 먹는다. 특이한 것은 국물로 사용하는 육수이다. 삼치 등 생선을 끓여서 국물로 사용한다.

(5) 참몸국

참몸국이 있다. 참몸(모자반)으로는 무침과 국을 만들어 먹는다. 참몸에 생선 내장과 기름을 넣고 끓이면 참몸이 아주 부드러워지고 맛이 있다. 참몸은 말려서 사용한다. 상어내장, 전갱이 등을 볶아서 소금간을 하고 국을 끓인다. 이것을 참몸국/몸국이라 한다. 참몸은 식용이고, 개몸은 퇴비용이다.

(6) 냉국

추자도에서는 갯바위에 자라는 거북손을 고찰이라고 부른다. 고찰을 따서 삶은 다음 그 국물로 국이나 냉국을 만들어 먹었다. 고찰국은 주로 초봄에 먹었다. 이때는 먹을 것이 부족해서 바다에 가서 채취했다.

여름철 음식으로 청각은 무쳐 먹는다. 액젓으로 간을 한다. 청각을 말려서 냉국으로 먹기도 한다.

파래와 미역에 소금간을 해서 냉국으로 먹는다. 옛날에는 간장을 넣었는데 지금은 간장냄새가 나서 소금간을 한다.

톳은 삶아두었다가 무쳐 먹거나 톳국을 만들어 먹는다. 톳은 냉국을 만들 듯이 양념을 하고 멜젓, 된장, 고구마를 넣고 국을 만든다.

(7) 물회

소라회(물회)가 있다. 여름에 간을 했다가 무쳐 먹는데 이를 소라젓이라 한다.

옛날에는 해산물의 가격이 좋지 않아서 주로 음식재료로 채취했으며, 미역 정도는 채취해서 팔았다. 소라 잡으러 가면 해삼이 있어서 같이 채취했다.

해삼은 주로 날것으로 먹었다. 해삼물회를 만들어 먹은 것은 최근이다. 추자도에서는 주로 강회를 만들어 먹고, 제주섬처럼 물회는 먹지 않았다.

(8) 보말국(고동국)

보말은 까서 된장을 조금 넣고 국을 만들어 먹으며 이것을 보말국이라 한다. 보말국을 끓일 때는 야채는 넣지 않고, 된장으로 간을 하는데 소금간도 한다. 보말은 갯바위에서 캐온 것이라 짠 맛이 있어서 싱겁지 않다. 보말은 볶거나 야채를 넣고 무쳐 먹는다.

3) 찬류

(1) 파래무침

파래는 반찬재료이고 밥에는 사용하지 않았다. 요즘도 파래국을 만들어 먹는다. 채국(냉국)을 만들 때 파래를 말려서 양념을 하고 먹으면 시원하다. 추자도에서는 냉국을 채국이라 한다. 과거에 국파래라 했던 것이 요즘 채국을 만들어 먹는 재료이며, 이는 쪄 먹고, 반찬으로 무쳐먹기도 했다.

갈파래는 제주섬에서 나던 것으로 저녁에 뜯어서 뜨뜻한 물에 담가두었다가 다음날 무쳐 먹었다. 파래를 여러 번 씻은 후 솥뚜껑을 뒤집어서(프라이팬이 없던 시절) 거기다 파래에 양념하고 무친다. 이를 파래무침이라 했다.

(2) 미역무침

미역은 중요한 음식재료이다. 미역으로 냉국, 반찬을 만들었다. 무쳐 먹고, 데쳐 먹었다. 지금은 날것으로 무쳐 먹지만 과거에는 말린 미역을 사용했다. 말린 미역을 씻는데 물에 불리지 말고 깨끗이 빨아서 무쳐 먹었다. 이는 맛있는 음식이지만 요즘 사람들은 말린 미역채를 잘 먹지 않는다.

(3) 채소와 해조류 찬류

추자도사람들은 호박잎과 콩잎을 먹지 않았다. 달래를 데쳐서 무쳐 먹었다. 옛날에는 들판에서 가끔 구했는데 지금은 사다 먹는다.

미역귀 요리가 있다. 미역귀를 삶아서 간물(짠물)을 빼고 밀가루를 조금 풀어넣으면 맛이 일품이다. 이 음식은 추자도사람들이 아주 좋아해서 제사와 잔치 음식으로 쓰인다. 미역은 국 재료로 쓰인다.

시금치는 무쳐 먹고, 무는 채 썰어서 무쳐 먹었다. 우무는 채 썰어서 멜젓(젓국)을 넣고 무쳐서 먹는다. 추자도에는 버섯이 재배되지 않아서 버섯요리가 없다.

(4) 문어반찬

문어는 삶거나 말려서 먹었다. 제물로도 사용했는데 말린 문어를 프라이팬에 볶아서 산적에도 사용했다. 추자도사람들은 제주섬을 드나들면서 여러 가지 문어요리를 수입했다. 즉 문어를 된장국에 넣거나 문어죽의 재료로 사용하고 있다. 옛날에는 문어도 흔하지 않았고, 해녀들은 주로 돈이 되는 소라와 해삼을 채취했다. 지금은 통발이 생겨서 문어가 흔해졌다.

(5) 어류 음식

추자도에서는 바다생선을 국용, 조림용, 쪄 먹기(말린 생선), 회용 등 다양하게 요리한다. 물회는 제주섬의 대표음식이고, 추자도에 수입되어서 먹기 시작한 지 얼마 되지 않았다. 추자도에서는 주로 강회를 만들어 먹었다. 오징어와 멜은 튀김용으로도 사용한다.

고등어는 주로 회, 구이, 조림으로 사용한다. 고등어국은 없고, 김장김치를 넣어서 고등어찌개를 끓여 먹는다. 고등어죽도 먹는다. 고등어를 잡아오면 아주 싱싱하고, 탱글탱글하고 좋은 것을 삶아서 뼈를 발라낸다. 여기에 쌀을 넣고 고등어죽을 만들어 먹는데 그 맛이 일품이다.

추자도는 조기가 명품이다. 조기로 매운탕, 구이, 말려서 쩌먹기 등 조리법이 많다.

갈치는 많이 잡히니까 구이, 조림 등으로 먹는다. 날갈치로 국을 끓이지만 말린 갈치로 호박을 넣고 갈치국을 끓인다. 말린 갈치로 조림도 한다.

(6) 꽃게 음식

추자도바다에 꽃게는 거의 없어서 사다 먹는다. 겨울철이 다가오고 삼치를 조업할 때 간간히 꽃게가 그물에 한 마리씩 걸리는 정도이다. 그러면 게장을 담가먹기도 했다. 자잘한 게는 갯바위에서 잡아다 무쳐먹고, 된장국에도 넣어서 먹는다. 그런데 바다가 오염되면서 바닷가에 있는 게는 잘 잡지 않는다. 먹고 싶은 사람은 깨끗한 곳에 가서 잡아온다. 추자도에서는 기젓(게젓)이라 하는데 콩에 소금간을 해서 만든다. 요즘은 프라이팬에 볶아서 먹는데 옛날과 조리법이 다르다.

(7) 고구마회무침

고구마는 채 썰고 삶아서 물기를 뺀다. 차가운 물과 된장을 조금 넣고 휘젓는다. 고구마맛과 액젓맛이 어우러져서 맛이 있으며 냉국처럼 먹는다. 고명으로 삶은 미역, 배추, 콩나물을 얹는다. 이를 고구마를 회쳐 먹는다고 한다. 즉 고구마를 회처럼 무쳐 먹는다. 이 음식은 추자도 대표음식이며 제주섬에는 없다. 고구마를 무처럼 채 썰어서 소금에 약간 절였다가 씻은 다음 회무침 하듯이 식초를 쳐서 먹기도 한다.

고구마철에 만들어 먹는데 이 맛을 기억하는 세대들은 지금도 별미로 만들어 먹는다. 자식들은 어머니의 입맛에 따라 전통음식을 만들어주면 먹고 그 맛을 기억하며 대대로 전승된다고 믿고 있다. 이 음식을 먹어보지 않은 세대는 낯설어 하며, 추자도에 온 다른 지방 사람들은 이 음식을 보면 신기하게 여긴다.

4) 저장음식류

(1) 젓갈

추자도에서 만드는 젓갈로는 멜젓과 홍합젓이 있다. 홍합에 소라를 섞어서 만든다. 오징어젓갈도 있다. 갈치젓은 자잘한 갈치를 한 1년 정도 숙성시킨다. 이 때 갈치내장을 분리하거나 같이 담근다.

조기젓도 1년 정도 숙성시켜야 맛있는데 적어도 젓갈은 6개월 넘게 숙성시켜야 제격이다. 전어젓갈도 담근다. 생선으로 만드는 젓갈은 잡히는 만큼만 조금씩 만든다. 그런데 젊은 사람들은 소금으로 배합하는 젓갈만들기에 능숙하지 못해서 젓갈류를 담그려고 하지 않는다. 젓갈류는 평상시 밥 반찬으로 제격이다.

(2) 김치류

요즘은 배추김치, 알타리무김치, 열무김치 등 김치 종류가 많다. 김치를 만들 때 멜젓은 반드시 들어간다.

마늘김치도 있다. 제주섬에서는 마농지를 담는데, 추자에서는 이 재료에 고춧가루를 넣고 김장김치를 만드는 방법과 같다. 노랗게 익으면 정말 맛이 좋다. 콥대사니(마늘)가 익기 전에 마늘대를 사용하는데 우선 마늘대를 간장에 담갔다가 고춧가루로 버무린다. 숙성되어야 맛이 있다.

5) 별미음식류

(1) 보리칼국수

보리쌀을 맷돌로 갈아서 보리칼국수를 만들어 먹었다. 보릿가루를 반죽해서 밀대로 민다. 칼국수처럼 썬다. 보릿가루는 밀가루보다 점성이 떨어져도 음식은 잘 되었다. 여기에 소금으로 간을 하고, 야채는 넣지 않는다. 요즘은 보리농사를 짓지 않고 사 먹어야 하니까 이 음식을 만들어 먹지 않는다.

(2) 아귀찜

추자도는 어촌이라 아귀찜은 전통음식이다. 아귀를 손질해서 냉동고에 보관했다가 필요할 때마다 만들어 먹는다. 참기름과 고춧가루를 섞어서 볶다가 아귀를 넣고 익힌 다음 콩나물을 넣고 익히면 아귀찜이 된다. 콩나물은 머리를 잘라서 사용한다. 녹말가루를 물에 갠 다음 마지막에 뿌린다.

(3) 국수

사람에 따라서는 지금도 과거에 먹었던 음식이 생각나면 가끔 만들어 먹는다. 나무상자에 국수가 한 50개 정도 들어 있었는데 주로 여름에 점심으로 국수를 삶아서 먹었다. 육수에 사카린을 넣어서 먹으면 맛이 좋았다. 이것을 설탕국수라고 불렀다. 지금도 집안에 따라서 가족들에게 가끔 설탕국수를 만들어 주면서 젊은 세대들에게 추자도의 옛 음식을 전수해 주고 있다. 요즘 음식은 조미료를 많이 넣으며, 조리법이 다양하지만 과거에는 조리법과 양념이 간단해도 맛이 있었다.

(4) 떡 종류

보리쌀을 갈아서 떡을 만들어 먹다가 나중에는 밀가루로 만들어 먹었다. 밀농사를 지을 때는 밀을 직접 갈아서 수제비도 만들어 먹었다.

개떡을 만들어 먹었다. 쑥과 곰취를 말렸다가 같이 넣거나 각각을 보릿가루와 섞어서 만든다. 쑥이나 곰취가 들어가서 떡이 파릇파릇하다. 개떡은 호박처럼 동그랗게 만들어서 쪄 먹는다. 처음에는 보릿가루로 만들었으며, 나중에는 쌀가루로 만들었다.

(5) 수제비

수제비 재료는 보릿가루, 밀가루이다(추자도에서 밀농사를 지었음). 보릿가루를 반죽해서 병으로 납작하게 편다. 보릿가루는 점성이 없어서 칼국수처럼 하나씩 썰었다. 보리수제비에는 야채는 넣지 않고 소금으로 간을 해서 만들었다. 이 음식은 1960년대 주로 먹었다.

밀가루수제비는 손으로 뜯어서 만들었다. 제주섬에서는 반죽한 것을 숟가락으로 떠서 솥에 놓는데 추자도에서는 이 조리법은 없다.

(6) 엿 만들기

고구마엿이 있다. 고구마를 삶아서 걸러낸다. 그 물에 엿기름을 넣고 곤다. 고구마엿도 조청처럼 굳어지면 떡을 찍어 먹는다.

수수엿은 수수와 좁쌀을 섞어서 달인다. 이것을 걸러내면 국물이 생기고 오래 달이면 걸쭉해진다. 이 음식은 명절(설) 때 사용하며, 오래 달이면 조청처럼 된다. 떡을 찍어 먹는 용도였다.

　　(7) 술 만들기

　쌀이나 보리쌀로 술밥을 만든다. 여기에 누룩을 넣고 발효시킨다. 솥에서 달인다. 항아리에 바친다. 술을 걸러내는 도구를 밑에 놓으면 술이 똑똑 떨어진다. 제주섬에서 만드는 고소리술과 제조법이 같다. 이는 명절이나 집안 대소사 때만 만들었다.

8. 구황 음식용어

　추자도에서는 적어도 1950년대에 구황음식으로 톳밥을 먹었다. 바다에서 채취한 톳을 삶은 후 보리쌀을 섞어서 밥을 짓는다. 톳을 씻어서 잘게 썬다. 솥 바닥에 깔고 그 위에 쌀과 보리쌀을 섞어서 넣는다. 봄에는 들에서 쑥을 캐다가 밥에 넣어 먹었다. 보리쌀 위에 쑥을 얹은 다음 밥이 다 되고 떠먹을 때 보리쌀과 쑥을 골고루 섞어서 뜬다. 주로 쑥은 봄에, 톳은 겨울에 먹었다. 이런 밥으로 도시락을 싸 다녔다.

　갯바위에서 자라는 가시리도 보릿가루와 섞어서 음식을 만들어 먹었다. 가시리를 씻은 후 보릿가루와 섞어서 찐다. 이 음식은 보시리떡, 가시리보리떡이라 부른다.

　고구마를 밥에 넣어서 만든 고구마밥이 있다.

9. 음식용어 분석

1) 음식용어 일람

　추자도는 행정구역상 제주도에 속하지만 언어와 풍습은 전남권에도 속한다. 그래도 현재 추자도사람들은 제주도와 밀접한 생활권을 유지하고 있어서 음식용어가 어떻게 전승되고 있는지 알아보았다. 또한 제주섬과 같은가, 다른가도 살펴볼 수 있다.

　잔치 음식에는 콩나물국, 미역국, 쌀밥, 잡곡밥, 삶은계란, 닭고기, 돼지고기 등이 있다. 상장례 음식에는 쌀밥, 미역국(조개, 소고기), 고사리, 버섯, 녹두나물, 시루떡, 튀김(생선, 호박, 돼지고기전 등) 등이 전승되고 있다. 제사음식에는 갱국(생선국), 탕쉬(고사리, 버섯, 녹두채), 잡채, 콩나물국, 과일, 제숙찜(삼치, 조기, 농어, 돔), 적(돼지고기적, 소라적, 홍합적, 문어적, 전복적), 소고기산적, 떡(시루떡, 인절미, 송편, 기름떡, 수수떡) 등이 음식용어로 살아남아 있다. 출산 음식으로는 소고기미역국이 있는데 이는 제주섬과 다르다. 마을공동체 의례 음식에는 제숙(조기, 우럭, 삼치, 민어, 농어, 도미 등), 소머리, 시루떡, 가래떡, 인절미, 떡국, 게영(소고기국), 호박전, 버섯전, 고사리, 녹두나물, 시금치, 과일, 메, 소주 등이 있다.

　세시음식에는 오곡밥, 쑥송편, 개고기, 보릿가리 등이 있다.

　일상음식에는 미역국(조개, 소고기), 수수범벅, 찜(아귀찜, 조기찜), 밥(고구마밥, 보리밥, 수수쌀밥, 반셋기밥, 톳밥, 쑥밥), 무침(파래무침, 미역무침), 냉국(미역냉국, 파래냉국, 청각냉국, 파래냉국, 톳국), 국(멜첫국, 고찰국, 보말국, 참몸국, 장어국, 엉경퀴국), 보말볶음, 소라물회, 죽(전복죽, 닭죽), 회(해삼회, 고등어회), 조림(고등어조림, 갈치조림), 고등어찌개, 조기매운탕, 구이(조기구이, 고등어 구이, 갈치구이), 무침(고구마회무침, 달래무침, 우무무침), 젓갈(멜 젓, 홍합젓, 조기젓, 기젓), 김치(배추김치, 알타리무김치, 열무김치, 마늘김치) 등이 전승되고 있다.

별미음식으로 국수, 보리칼국수, 보리수제비, 밀가루수제비, 개떡, 엿(고구마엿, 수수엿) 등이 있다.

2) 음식용어 조어(造語) 과정

추자도 전통음식용어의 조어 과정을 분석해 보겠다. 음식용어를 보면 재료와 음식종류의 조합임을 한눈에 알 수 있다. 또한 음식재료는 주로 바다에서 구할 수 있는 것들로 신선도가 유지되는 음식을 만들어 먹고 있다. 이는 제주도나 주변섬의 음식용어와 짜임이 같다.

우선 주식인 국 종류를 보면 콩나물국, 미역국, 조개미역국, 소고기미역국, 멜첫국, 고찰국, 보말국, 참몸국, 장어국, 엉겅퀴국, 미역냉국, 파래냉국, 청각냉국, 파래냉국, 톳국 등으로 음식재료와 음식종류의 결합이다.

쌀밥, 잡곡밥(보리쌀, 쌀, 팥), 고구마밥, 보리밥, 수수쌀밥, 반셋기밥, 톳밥, 쑥밥 등은 재료와 음식종류의 결합이다. 즉 주식인 밥과 국은 음식재료와 바로 결합하고 있다.

생선튀김, 호박튀김, 돼지고기전 등은 음식재료와 음식종류의 결합이다. 삼치찜, 조기찜, 농어찜, 돔찜 등을 보더라도 음식재료와 음식종류가 결합되어 음식용어로 살아남았다. 돼지고기적, 소라적, 홍합적, 문어적, 전복적, 호박전, 버섯전, 소고기산적 등은 음식재료와 음식종류의 결합이다. 시루떡, 인절미, 가래떡, 개떡, 송편, 기름떡, 수수떡 등은 도구와 음식의 모양, 재료의 결합으로 떡 종류 음식용어는 단순하지 않다.

수수범벅은 음식재료와 음식종류의 결합이다. '아귀찜, 조기찜, 파래무침, 미역무침' 등은 음식재료와 음식종류의 결합이다. '전복죽, 닭죽, 보리칼국수, 보리수제비, 밀가루수제비' 등은 음식재료와 음식종류의 결합이다. '오징어튀김, 멜튀김, 해삼회, 고등어회, 고등어조림, 갈치조림, 고등어찌개, 조기매운탕, 조기구이, 고등어구이, 갈치구이, 고구마회무침, 달래무침, 우무무침, 보말볶음, 소라물회, 멜젓, 홍합젓, 조기젓, 기젓, 배추김치, 알타리무김치, 열무김치, 마늘김치, 고구마엿, 수수엿' 등은 음식재료와 음식종류의 결합이다.

따라서 추자도 역시 제주도나 주변섬의 음식용어와 다르지 않음을 알 수 있다. 특히 추자도에서만 만들어 먹는 고구마회무침과 같은 특별한 음식이 있는데 이는 음식재료의 구입 용이에 따른 것이다. 제주섬과 교류가 활발해지면서 성게국과 같이 제주의 음식과 그 용어가 유입되어 살아남은 음식들도 있다.

추자도 음식의 전승 과정을 보면 예전에 먹었던 음식은 가끔 별미로 만들어 먹는다. 할머니와 사는 아이들은 할머니의 음식을 먹을 기회가 있어서 옛 음식을 맛보는데 그렇지 않는 아이들은 현대적인 음식만 기억한다. 또한 요즘 입맛에 맞지 않아서 먹지 않으려고 한다. 옛 맛을 기억하는 사람들은 지금도 과거를 회상하면서 전통음식을 사서 먹으면 옛 맛이 나지 않는다면서 가능하면 직접 만들어 먹는다.

추자도에서는 냉국에 날된장을 사용하지 않는다. 이는 제주섬과 다른 점이다. 추자사람들은 제주섬을 드나들면서 처음에는 제주섬 음식이 낯설었는데 자주 접하다 보니 익숙해지고, 몇 가지는 조리법을 차용하고 있다.

추자도의 과거 음식조리법과 비교해 보면 요즘은 기본 재료는 똑같은데 양념이 추가되었다. 예를 들어 조기매운탕을 만들 때 과거에는 조기와 고춧가루만 넣었지만 지금은 여기에 고추장, 된장 등 입맛에 맞게 추가한다. 추자도에서는 고추장은 귀한 양념이었다.

추자도사람들은 어릴 적 어머니가 만드는 것을 보고 그 음식을 먹고 자라서 그 맛을 기억하고 있다. 결혼해도 그 방법으로 음식을 만드는 것으로 본다면 지역의 음식문화는 여성들을 통해서 전승된다고 볼 수 있다. 물론 아들들은 맛을 기억하면서 아내에게 자신의 어머니와 같은 음식을 만들어주길 요구한다.

추자도 음식에 얽인 이야기는 현재 사람들이 과거의 입맛을 기억하면서 어린 시절에 먹었던 음식을 중심으로 해서 지금까지 전승되고 있는 것, 간간히 옛 맛을 찾아서 만들어 먹는 것을 알아보았다. 시간이 흐르고 재료와 입맛이 변하면서 음식의 종류도 달라지고 옛 것은 사라지는 경우가 있다.

추자도사람들은 바다를 일터삼아 살아온 사람들이어서 바람과 아주 밀접하다. 자연환경을 어떻게 인간에게 적용하면서 살아왔는지 살펴보면 바람으로 일기를 알 수 있다고 했다. 일년 중 언제라도 샛바람이 크게 불면 동풍이라 해서 파도가 높아진다. 겨울에 뒤에서 불어오는 윗바람(목포쪽에서 추자도 방향으로 부는 바람)이 불면 파도가 아주 높아진다.

초봄부터 샛바람이 많이 부는데 겨울이 되면 샛바람이 조금씩 불어도 남에서 윗바람이 많이 불면 파도가 세진다. 샛바람에 윗바람까지 불면 날씨가 아주 나쁘다. 마파람(남풍)이 불면 몸이 찌뿌듯하고 불쾌하다. 하늘이 우중충하고 검은 구름이 보이면 날이 흐린다. 달이 갓을 쓰면 1~2일 후에 바람이 불거나 비가 온다. 날씨가 나쁜 것을 '날이 그르치겄다.'고 한다. 이렇게 날씨와 바람이야기를 하는 것은 음식문화에도 영향을 미쳤다고 보기 때문이다. 즉 자연환경에는 음식 재료 생산과 구입 과정, 구입 시기, 조리법, 조리시간 등 맛과 시간의 상관관계가 내포되어 있다고 본다.

오사카 재일동포들의 음식

재일동포들이 많이 거주하고 있는 곳은 오사카로 알려졌으며, 이곳은 제주도에서 사라진 언어와 풍속을 기록하고 확인하는 장소로 각광받는 지역이기도 하다. 제주방언조사를 위하여 2008년 8월 이 지역을 방문하여 70~80대 제주여성들의 이야기를 진솔하게 들어보았다. 5명의 우리어머니들은 광복 전후에 개인사정으로 일본으로 건너가서 가정을 이루고 살고 있다. 이들은 잊어버렸던 고향의 언어로 옛 맛을 전해주었다.[11] 재일제주여성들을 통해서 조국의 언어, 고향의 말이 정체성의 한 요소임을 실감했다. 고향에 살고 있는 우리는 우리의 문화를 전승하기 위하여 언어를 어떻게 대접하고 있는가? 그 실체를 들여다보기 위하여 지금까지 글을 전개해 온 것 같다. 실명을 밝히지 못함은 본인들의 의향을 따랐음을 이해해 주었으면 한다.

1. 강○○의 음식이야기

강○○(1929년생)는 27세에 밀항으로 도일해서 한 50년 정도 살고

---

[11] 이 절에서 다루려는 '오사카 재일동포들의 음식이야기'는 2008년 8월 5일~9일 오사카에 거주하고 있는 재일제주인 5명을 인터뷰한 자료이다. 조사 지역은 주로 이쿠노구[生野區]에 있는 코리아타운 시장, 노인들의 공동 쉼터인 산보람센터(사랑방과 안방), 성공회센터(NPO) 등에서 이루어졌다. 이곳을 찾아오는 제주출신 여성들을 대상으로 해서 도일하기 전 제주에서 먹었던 음식과 풍속, 일본에 살면서 전승되고 있는 음식 등을 알아보았다. 제보자들의 이름은 구체적으로 밝히지 않고, 성씨만 밝히겠다.

있다. 지금까지 제주도에 10회 이상 다녀갔으며 요즘도 일년에 1회 정도 부모님 제사 때 고향을 방문한다.

1) 오사카에 뿌리내린 제주음식

오사카에서는 무김치, 파김치, 배추김치를 만들어서 판다. 주 소비자는 일본인, 한국인이다. 김치를 만드는 방법은 일본식이며 멜젓(멸치젓) 등 젓국을 넣지 않고 만든다. 일본에서도 멜젓을 담그는데 한국인들만 하고, 일본인들은 만들지 않는다. 한국인 중 김치를 담그는 사람만 멜젓을 담근다. 멜젓을 김치는 젓갈 냄새가 난다면서 일본인들은 사 먹지 않는다. 김치에 마늘을 넣으면 냄새가 난다면서 외면한 적이 있지만 지금은 일본에서도 마늘의 효능이 많이 알려져서 마늘을 넣은 김치도 인기가 있다. 고춧가루는 한국산, 일본산을 상황에 따라 사용한다. 무는 북해도에서 재배한 것이 들어온다.

강○○는 지금도 시장에서 나이든 제주사람을 만나면 제주방언을 사용한다. 제일동포들은 표준어(한국어)를 듣거나 말할 기회는 있지만 제주방언으로 의사소통할 기회는 점점 줄어든다고 했다.

강○○는 일본에서 개역을 만들어 먹지 않는다. 고향에서 갖다 주면 먹는 정도이고, 일본에서 태어난 자식들은 먹어보지 않은 음식이라 먹지 않는다.

일본에서도 주로 된장국을 끓여 먹는다. 일본쌀을 구입해서 제주식으로 밥을 지어 먹으며 보리쌀이나 좁쌀을 섞어서 밥을 짓기도 했다.

지금은 제주도에서 톳을 보내주면 제주식으로 무쳐 먹는다.

2) 기억 속에 남아있는 제주음식

강○○는 제주도에서 먹었던 음식 중에 기억나는 것 중심으로 이야기 해 주었다.

자리젓, 멜젓, 메역 등은 일본에서도 먹는다. 자리는 일본에서도 잡힌다. 그런데 자리 가격이 비싸서 제주사람들은 잘 사먹지 않는다. 강○○는 제주도에 있는 동생이 자리젓을 만들어서 보내주면 먹으며, 구젱기(소라), 생복(전복) 등으로 젓을 담아서 보내주면 고향맛이라 기쁘게 먹는다.

제주도에 있을 때는 보리철에는 보리밥을, 조를 수확하면 조밥을 지어 먹었다. 그가 제주도에서 살 때는 양식김이 없었고 다른 지방에 물질을 가서 돌김을 봤다. 그는 처녀 적에 육지로(부산) 출가물질을 다녔다.

쌀이 귀할 때는 시루에 쌀가루와 좁쌀가루를 한 층씩 섞어서 시루떡을 만들었다.

그가 기억하는 제주방언을 보면 생복, 구젱기(소라), 거평이 있다. 거평은 전복살을 떼어내고 남는 껍질을 가리킨다. 제주방언 늡삐(무), 산탈(딸기), 오미자, 시루떡, 침떡(좁쌀 침떡), 송펜(송편), 조개솔벤(솔변), 만듸전, 빙떡(전기떡) 등 떡종류도 기억하고 있었다.

3) 의례음식의 전승

제주에서나 일본에서 제사 때에는 침떡, 송편, 만듸, 조개송편, 기름떡, 튀김 등을 올렸다. 일본에서도 제사의례는 제주에서 하던 풍습을 따른다. 과일은 5~7가지 올린다. 생선은 구워서 올린다. 채소는 고사리, 양배추, 시금치 등 3가지를 준비한다. 겡(갱)은 집안에 따라 다르며, 소고기미역국이나 생선미역국을 준비한다. 간장으로 간을 한다.

4) 일본에서 전승되고 있는 제주음식의 의미

재일동포들의 음식은 주로 제주에서 들었거나 먹어보았던 음식을 중심으로 해서 조사한 것이다. 또한 일본에서 살더라도 고향의 음식을 어느 정도 유지하고 전승 가능성이 있는지 등을 알아보고자 했다. 이는 경험자의 연령에 따라, 고국의 맛을 그리워하는 정도, 만들어 먹는 환경에 따라 조금씩 다르다. 아무튼 제주의 전통음식과 용어가 얼마나 오랫동안 살아남을 수 있는지를 시험해 보는 계기로 삼고자 했다.

일상 음식용어에는 멜첫, 무김치, 파김치, 배추김치, 자리젓, 멜젓, 구젱기젓, 생복젓, 메역 등이 있다. 음식용어는 음식재료와 음식종류의 결합이다.

의례 음식용어에는 침떡, 송편, 만듸, 조개송편, 기름떡, 튀김, 고사리, 시금치, 양배추, 구운 생선, 겡(소고기미역국, 생선미역국) 등이 있다. 이 용어들은 음식재료와 음식종류, 생김새에 따라 명명되었다.

'보리밥, 조팝, 산탈(딸기), 오미자, 시루떡, 침떡(좁쌀 침떡), 송펜, 조개솔벤, 만듸전, 빙떡/전기, 시루떡' 등의 조어법을 보면 떡은 도구, 재료, 생김새에 따라 명명되었다.

강○○가 기억하는 제주의 음식용어는 제주방언으로 전승되고 있다.

2. 김○○1의 음식이야기

김○○(1918년생)는 35세에 일본에 왔다. 처음부터 오사카로 들어와서 지금까지 살고 있으며, 고향에는 한번도 가보지 못했다.[12]

1) 기억 속에 남아있는 제주음식

김○○는 서귀포에 살 때 먹었던 음식 중 지금도 생각나거나 먹고 싶은 것으로 쌀, 보리쌀, 좁쌀, 감제(고구마)로 만든 음식이라 했다. 일본에 와도 제주의 조리법으로 먹고 싶은 대로 만들어 먹는다. 일본에서 제주도 된장을 사서 된장국을 끓여 먹는다. 제주도에서는 여름에 날된장으로 냉국을 만들어 먹었는데 일본에서는 날된장국을 먹지 않는다. 제주도에서는 반찬이 없어서 주로 된장을 사용했다.

재일동포들이 처음에는 김치를 만들어 먹다가 지금은 거의 사서 먹는다. 개역은 일본에서 만들지도 않고, 팔지도 않는다. 제주도에서 보내 주면 먹는 정도이다. 어려웠던 시절에 개역을 먹어서 지금은 별로 먹고 싶은 생각이 없다고 했다.

제주도에서는 자리물회를 먹었는데 일본에서는 먹지 않는다. 오사카 시장(이쿠노구에 있는 코리아타운시장)에서는 자리물회를 파는데 (한 그릇에 700엔) 냉국이라 차가워서 별로 먹고 싶지 않다. 제주사람들은 기호에 맞게 이런 음식을 사 먹는다.

그는 일본에서 아무 음식이나 먹고 싶으면 사다 먹는다. 집에서 만

---

12) 그는 제주에서 4·3사건이 일어나고 사람들이 죽어가니까 일본으로 밀항했다. 부산으로 가서 밀항선을 타고 하가다에 도착했다. 일본에는 인척이 없어도 혼자 오사카로 들어와서 현재까지 살고 있다.

들 필요 없이 시장에 가면 지지미, 떡국 등 제주음식이 즐비해 있다. 그러나 일본에 처음 왔을 때는 입에 맞는 제주음식이 없어서 사 먹지 못했다.

2) 제주풍속과 언어의 전승

(1) 호상옷 만들기

김○○는 일본에서 호상옷(수의)을 만들었다. 남자옷은 푸른 비단, 흰 비단으로 만든다. 푸른 비단으로 장옷, 저고리, 붉은 비단으로 치마를 만든다. 이불도 푸른색으로 한다.

재일동포 대상으로 호상옷을 만들었으며, 대부분의 사람들은 환갑 전후에 준비한다. 김○○가 일본에서 호상옷을 만들면서 한 가지는 남겨두라는 제주의 풍습을 기억하고 일본에서도 이를 지킨다. 그 하나는 관 위에 덮는 명전(이름을 써 넣는 것)이라 했다. 즉 완전히 채우지 말고 명전은 빠뜨리라고 했는데 지금은 전부 갖춘다.

호상옷을 만들 때 택일을 하지 않고, 윤달에 주로 만든다. 이때 만들면 좀이 생기지 않고, 호상옷을 훔쳐가지 않는다고 믿었다. 지금도 윤달을 기다렸다가 만든다.

김○○는 82세까지 호상옷을 만들었으며 이후 지금까지 약 10년간 일을 하지 않고 있다.

(2) 환갑잔치

일본에서는 환갑잔치를 하지 않는다. 제주에서는 환갑, 진갑을 하는데 여기서는 이런데 관심이 없다.

(3) 호칭

제주도에서 살 때 호칭으로 하르바님, 할마님, 할머니, 지칭으로 할망을 사용했다. 오라바님(오라방은 잘 쓰지 않았음), 오래비, 큰아덜, 셋아덜, 말젯아덜, 족은말젯아들, 족은아덜, 막둥이아덜(족은족은아덜) 등을 기억하고 있었다.

3) 일본에 살아있는 제주음식

김○○는 제주도에서 먹었던 음식을 조금 기억하고 있었다. 즉 지지미, 떡국, 개역, 김치, 자리물회, 된장국 등이다. 이 음식용어를 분석하면 음식재료, 음식종류의 결합임을 알 수 있다.

제주사람들이 전 세계 어느 곳에 살더라도 음식맛과 조리법을 기억할 것이라고 믿는다. 다만 음식을 먹는 주체와 음식재료 구하기, 조리할 수 있는 환경에 따라 전승 정도는 달라진다. 이는 문화 전승 장애요인으로 공간과 시간은 그다지 중요하지 않음을 알려주며, 문화 전승에 대한 의지, 주체에 따라 생명력의 유무가 달려 있음을 알 수 있다. 이런 점에서 각 지역별 국가별 문화핏줄찾기, 문화핏줄 유지하기는 가능성이 많음을 보여준다.

3. 김○○2의 음식이야기

김○○(1937년생)는 1974년 경(39세) 밀항으로 도일했다. 당시 도일은 밀항이 많았으며, 목숨을 걸고 밀항했던 이야기를 들을 수 있었다. 그는 부산 영도에서 일본으로 오는 배를 탔다. 소금을 실은 화물선에 13명 정도 탔다. 배 밑에 사람이 타고 위에는 소금가마니를 놔서 위장했다. 대마도를 지나서 일본으로 들어오는데 순시선에 걸려서 부산으로 되돌아가기를 세 번 반복했다.

1) 제사의례와 음식의 전승

김○○는 일본에 친척들이 있어서 지금도 제사명절을 지내고 있다. 제사명절 음식은 제주식으로 준비하고 차린다. 일본에서 제물 재료들을 구할 수 있다. 일본에서 약 35년간 살면서 의례를 수행할 때 준비하는 의례음식을 말해 주었다. 주 생활공간은 오사카이지만 의례는 제주식으로 집행하며, 참여자도 동향사람들이다.

제기는 별도로 보관하고, 제방은 평소에는 가족들이 사용하지만 제사 때는 정갈하게 청소해서 제사공간으로 이용한다. 집 안 계단 밑 창고에 병풍과 제기를 보관한다. 제사음식 준비는 그 날 오전 11시쯤에 일본에 있는 동서들이 와서 같이 준비한다. 일본에서는 일을 하기 때문에 제사음식을 만드는데 시간을 많이 낼 수 없다.

일본에서 제사명절 음식을 준비할 때 특별히 금기사항은 없다. 제상은 남성몫이고(친척 남성이 도와줌), 적갈 만들기는 여성몫이다. 적꼬치에 꿰는 것도 여성이 담당했다.

(1) 갱국(갱국)

생선메역국(옥돔)은 생선을 넣고 끓인 다음 가시를 발라내고 메역(미역)을 빨아서 넣는다. 오토미(옥돔)는 구워서 올린다. 국거리용 옥돔은 시장에서 살 수 있다.

(2) 적(炙)

적은 돼지고기적, 소고기적을 올린다. 청묵은 집에서 만든다. 둠비전(두부전)을 올린다.

(3) 채소

잡채는 당면, 소고기, 시금치, 당근, 초기 등으로 만든다. 콩나물채, 고사리, 버섯전을 준비한다.

(4) 떡 준비

시리떡(백설기), 송편, 지름떡, 빙떡 등을 준비한다.

빙떡은 메밀가루에 야채를 속으로 담는다. 속은 당근, 홍당무, 냉이파를 채 썰어서 무친다. 메밀가루 반죽을 얇게 펴서 그 위에 속을 넣고 빙빙 만다.

제주(祭酒)로는 정종을 올린다.

(5) 제 지내기

제사는 주로 저녁 7시에 제상을 벌이고 9시에 제를 지낸다. 일본에서 당일제사를 한 지가 한 5년 정도 되었다. 그 전에는 12시에 파제했다. 손님들이 오면 음식을 대접한다. 제상은 남성이 진설한다. 재일동포들은 여성도 전부 절을 한다. '아들→〈춘(사촌) 아들→여자' 순으로 절을 한다. 과거에는 동포들끼리 친척은 물론 이웃들도 제사 먹으러 다녔지만 시간이 흐를수록 친척들도 다니지 않는다.

제사 때 친척들은 돈부조를 했다. 친척들은 주로 만엔 정도 담은 돈봉투를 상에 올려서 절을 한다. 이웃들은 멥쌀이나 제주, 또는 5천엔 정도 부조했다.

(6) 멩질(명절) 음식

이것은 제사음식과 같다. 제주식으로 의례를 치른다. 정월멩질날은 웃대조상부터 차례를 지내러 집집마다 다니면서 세배도 한다.

(7) 상장례 음식

일본에서 사망하면 입관하고 절에 모신다. 절에서 음식을 준비하고 문상객을 받는다. 일본인이 다니거나 한국인이 다니는 절 모두 형식은 같다. 일본에서는 사람이 죽으면 주로 화장한다. 한국이나 제주도와 같은 벌초문화가 없다.

초상음식은 맥주, 돼지고기, 김치 등이고 사람들이 모이면 윷놀이를 한다. 부조는 2만엔~5만엔 정도 한다.

2) 혼인의례와 음식의 전승

재일동포들의 결혼 풍속을 들여다보자. 잔치는 집이나 음식점 등 형편에 맞게 한다. 가문잔칫날은 가까운 친척들만 집으로 초대해서 잔치 전날 밤에 지낸다.

집에서 지지미, 새우튀김, 돼지고기 완자 등 음식을 미리 만든다. 제주도에서는 잔치음식으로 몸국(모자반국), 수애(순대)가 있는데 일본에서는 그 맛이 나지 않는다. 제주에서 몸을 구해 와서 족발을 푹 끓이고 몸을 넣고 몸국 흉내를 내면서 만들어도 그 맛이 나지 않는다.

○ 제주 수애(순대) 만들기

수애를 만들 때는 보릿가루가 좋다. 보릿가루에 고기를 잘게 썰어 넣고, 당면, 마늘 등을 넣고 버무린다. 오사카 이쿠노구[生野區]에서도 이렇게 만들어서 판다. 보릿가루 대신에 밀가루를 사용한다.

제주도에서는 돼지고기를 얇게 잘 썰면 도감이 되었다. 여성들도 많이 했다. 3일 정도 도감 일을 하는데 가문잔치, 본 잔치, 사돈잔치(이는 상황에 따라)까지 일을 했다.

일본에서도 잔치풍속은 비슷하다. 가문잔치는 전날하고, 본 찬치는 식당에서 치른다. 신부신랑상도 같이 준비한다. 식당에서 폐백을 드리면 잔치는 끝난다.

제주도에서는 잔치멩질과 문전제를 지내는데 일본에서는 아침차례를 지낸다. 집에서 준비한 잔치 음식을 전부 올린다. 신부와 신랑이 각자 집에서 차례상을 받는다. 이 상을 받지 않으면 결혼하는 것이 아니라고 여겼다.

3) 세시의례와 음식의 전승

오사카에서도 샛절 드는 날[立春]을 기억하지만 옛 제주풍속처럼 지키지는 않는다.

음력 유월 스무날은 '득 잡아 먹는 날(닭 먹는 날)'이라 하는데 재일동포들은 나름대로 이날 닭죽을 쑤어 먹는다. 이 음식은 제주사람들만 먹었는데 점차 주변 사람들에게 전파되어서 지금은 재일한국인들이 닭죽을 쑤어 먹는 세시음식이 되고 있다.

김○○는 제주에 갈 때 삼계탕 재료를 사오게 되면 일본에서 만들어 먹는다.

4) 일상음식의 생명력

오사카에 있는 안방(노인들의 공동쉼터)은 한국사람들만 모여드는 외국인 전용 사랑방 공간이다. 오전 10시쯤 문을 열고 밥 당번이 와서 점심을 준비하는 동안 사람들이 찾아온다. 이들은 500엔을 내고 점심을 사 먹는다. 점심 후 잡담을 하면서 놀다가 오후 4시쯤 각자 집으로 돌아간다. 김○○는 안방에서 놀다가 집에 가면 저녁을 준비한다.

(1) 물김치 만들기

배추를 가늘고 길게 자르고, 사과, 홍당무와 무를 얇게 썰어서 소금물에 살짝 담갔다가 씻는다. 여기에 파, 생강, 마늘을 넣고 버무린다. 쌀 한 홉 정도를 갈아서 넣는다. 물김치 요리법은 제주식이다. 요즘도 여름철에는 상추에 물김치로 밥을 먹는다.

(2) 김장김치

김장김치는 조금 만드는데 배추를 사다가 네 조각으로 쪼개고 소금에 절인다. 양념은 새우젓(멜젓은 사용하지 않음)에 파를 적당한 크기로 썰고, 고춧가루, 마늘 등으로 버무린다. 양념장을 만들 때 뜨거운 물에 고춧가루를 개고 뚜껑을 덮어두면 덜 맵고 붉은 색이 진하다. 깍두기김치도 담근다.

(3) 마농지 만들기

마농지(콥대사니지시)는 재료가 없어서 만들지 못한다.

(4) 호박재료와 음식

제주할머니들은 마당 한쪽에 흙이 있으면 마늘과 토마토, 호박 등을 심는다. 김○○는 몇 년 전 제주시 동문시장에서 호박 묘종을 사다가 심었다. 텃밭에서 재배한 호박으로 제주식 음식을 만들어 먹는다.

호박잎으로 국을 끓여먹는다. 조리법을 들어보면 우선 호박잎 껍질을 벗기고 파란 물이 빠지게 비벼 빤다. 팔팔 끓는 물에 자른 호박잎을 넣고, 밀가루를 풀어넣는다. 여기에 소금, 미원이나 다시마로 양념을 한다. 이것을 호박잎국이라 한다.

이 음식은 제주에서 만들어 먹었던 것이 기억을 되살려서 일본에서도 재료를 구해서 같은 방법으로 만들어 먹는다. 이 호박국은 시원찮은 고기보다 맛이 있다. 텃밭에 심은 호박이 잘 익으면 따서 무쳐 먹거나 볶아 먹는다. 호박을 적당한 크기로 잘라서 양념을 하고 냄비에 물을 조금 넣고 볶으면 좋은 반찬이 된다.

(5) 생선요리

① 갈치음식

오사카에 싱싱한 갈치가 있어서 갈치국을 끓여 먹는다. 갈치를 적당한 크기로 토막을 낸다. 팔팔 끓는 물에 넣는다. 한 번 더 끓이면 호박을 넣는다. 소금으로 간을 하고, 간장 조금 넣고, 다시마, 마늘을 다져서 넣는다. 풋고추도 있으면 넣는다. 여기에 어린 ᄂ물(나물)은 넣지 않고, 무를 엇비슷하게 썰어서 넣는다.

갈치를 조릴 때는 고등어조림과 같은데 무만 넣는다. 풋고추가 있으면 썰어 넣는다. 고추장이나 고춧가루는 넣지 않는다. 소금이나 간장으로 간을 한다.

갈치음식 조리법은 제주식을 그대로 답습하고 있다.

② 고등어음식

오사카에서 고등어국을 만들어 먹는다. 조리법을 보면 싱싱한 고등어에 무를 넣고 끓인다. 간장과 다시마로 간을 한다. 고등어죽을 끓이려면 금방 낚아온 것이어야 하는데 일본에서는 이렇게 싱싱한 것을 구할 수 없어서 이 음식을 만들어 보지 않았다. 일본에서도 음식점에 가면 고등어회를 먹을 수 있다.

고등어는 지져서 먹는다. 제주도에 있는 식당에서는 이를 조림이라고 한다. 조리법은 고등어에 마늘을 찌져 넣고, 풋고추, 물엿 등을 넣는다. 무를 토막 내서 넣거나 지실(감자)을 넣는다.

지금은 제주도에서 마른 고등어를 사 와서 구워 먹는다.

③ 볼락음식

김○○가 제주도에서 만들어 먹었던 음식으로 볼락조림이 있다. 볼락에 장콩을 넣고 약한 불에서 오래 조린다. 냄비 바닥에 장콩을 넣고 그 위에 볼락을 얹힌다. 잘못 건들면 생선살이 흩어지므로 건들지 않고 잘 익을 때까지 불 조절을 한다.

④ 자리돔음식

자리를 조릴 때는 간장 양념을 하고 약한 불로 오래 조린다. 그러면 뼈째 먹을 수 있다.

제주도를 다녀올 때 자리를 손질하고 냉동보관해서 일본으로 가져 온다. 이것을 놔두었다가 자리회를 만들어 먹는다. 제주에 가게 되면 먹고 싶은 음식재료를 사 온다.

오사카에서 자리를 사서 자리젓도 담가서 먹어 보았다. 여름에 만들면 가을에 먹을 수 있다.

⑤ 멜젓(멸치젓)

제주에 살 때 멜젓국을 먹어 보았다. 몸국(모자반국)에 덜 익은 멜젓을 넣고 국을 만들며 주로 가을에 먹었다. 멜지짐은 자잘한 멜을 말린 것으로 사용하며 풋고추를 썰어 넣고, 기름에 볶는다. 설탕을 뿌린다. 멸치에 무말랭이와 간장을 넣고 볶아서 먹는다.

오사카에서 멜을 살 수 있으므로 멜젓을 직접 담근다. 콩잎에 멜젓이 궁합이라 이렇게 먹는다. 멜젓 만드는 과정을 보면 멜을 사다가 머리를 자르고 씻는다. 소금간을 잘해서 한 달 정도 놔둔다. 벌겋게 익으면 먹는다. 이렇게 고향의 맛을 먹으면 세상 부러울 것이 없다.

(6) 죽류

① 전복죽

전복은 냉동한 것을 일본에 가져와서 죽으로 만들어 먹는다. 전복죽을 만들려면 우선 전복을 떼어내서 이빨이 있는 부분을 도려낸다. 가늘게 썰어서 기름을 두르고 볶는다. 쌀을 씻어서 물에 담가 두었다가 섞어서 죽을 만든다.

② 버섯죽

일본에서는 제주산 버섯이 유명하다. 버섯요리는 특별한 것이 없다. 제주에서 버섯을 사와서 가끔 버섯죽을 만들어 먹는다.

버섯을 물에 담근다. 퍼지면 씻는다. 이것을 가늘게 썰어서 기름에 볶다가 쌀을 섞어서 죽으로 만든다.

(7) 국류

지금도 일본에서는 항상 국을 끓인다. 여기서도 콩나물국을 만들어 먹는다. 제주식으로 된장으로 간을 한다.

① 육류 국

일본에서 만들어 먹는 돼지고기국과 소기국은 제주식이다. 소고기국은 우선 잘게 썬 소고기를 사다가 참기름을 넣고 살살 볶는다. 여기에 물을 붓고 끓이면 미역을 넣고 간장으로 간을 한다. 돼지고기국은 소고기국과 마찬가지로 만든다.

② 어류 국

갈치국, 생선매운탕(김치, 마늘, 무 등을 넣음)을 만든다. 제주사람들은 주로 국이 있어야 밥을 먹으므로 일본에서도 가능하면 국을 만들어 먹는다.

제주에서는 각제기국(전갱이국)을 먹었다. 각제기에 호박을 넣고, 소금이나 간장으로 간을 했다. 각제기국은 일본에서도 똑 같이 만들어 먹는다. 생선국에는 꼭 마늘을 넣는다.

③ 냉국

제주에 살 때 날된장으로 냉국을 만들어 먹었다. 오이, 메역, 톳 등으로 만들었다. 일본에서 제주산 톳으로 냉국을 만들어 먹는다. 톳과 된장을 넣고 무친 후 냉수와 얼음을 넣는다. 여기에 무말랭이, 풋고추, 부추 등을 썰어 넣는다. 톳은 된장으로 무친다.

일본에서는 물을 끓여서 식힌 후 냉장고에 보관한다. 일본된장이 입에 익숙해 있어서 차가운 물에 풀어넣으면 냉국이 된다. 마른 미역을 빨아서 오이를 넣고 냉국을 만들어 먹는다.

우미(우무)는 시장에서 사다가 냉국을 만들어 먹는다. 우미를 채 썰고 부추를 썰어 넣고, 간장으로 간을 하고, 조미료를 조금 넣는다.

오징어는 살짝 데쳐서 찍어 먹거나 오징어냉국을 만든다. 오징어를 삶고, 오이를 넣고 된장으로 간을 한다. 된장은 제주산이 입에 익어서 맛이 좋다. 가끔 제주에서 사 온다. 일본에서는 한치는 늘차(날것)로 먹는다.

일본에서 해삼을 사다가 요리를 한다. 해삼 내장을 빼고 깨끗이 다듬어서 썬다. 기름에 살짝 볶는다. 이렇게 하면 부드러워서 씹기에 좋고 날것으로 먹는다.

일본에서는 게웃젓을 판다.

④ 퀴국(성게국)

제주에서는 퀴라 불렀다. 퀴로 국을 끓였다. 늘메역(날미역)에 구젱이(소라)나 보말(고동)을 넣고 국을 만들면 정말 맛이 있다. 오사카에서도 퀴와 소라를 살 수 있다. 소라를 날것으로 먹거나 삶아서 먹는다.

(9) 찬류

① 채소무침

양에(양하)는 오사카 시장에서 살 수 있다. 향신료로 음식에 조금씩 넣지만 김○○는 양에를 무쳐먹는다. 양에껍질을 벗기고 씻는다. 칼집을 내고 살짝 데친다. 여기에 양념을 한다. 간장으로 간을 한다. 이 음식은 여름이 제철이다.

부루(상추)무침을 만들어 먹는다. 상추를 자르고 간장과 참기름으로 양념을 해서 무친다.

배추쌈을 먹을 때 한국산 쌈장용을 먹으면 일본 된장보다 맛이 있다. 배추속이 있으면 된장에 찍어 먹는다.

일본에는 말린 고사리가 들어오니까 이것으로 볶아 먹는다.

② 콩 음식

김○○는 제주에 갈 때 콩가루와 메밀가루를 사온다. 콩가루로는 콩국을 만들어 먹는다. 콩국을 만들려면 우선 콩가루를 되게 반죽한다. 물이 팔팔 끓으면 반죽한 콩가루를 비운다. 국이 끓을 때 옆에 서서 넘치지 않게 나물을 손으로 자르면서 넣는다. 나물을 다 넣고 익으면 소금간을 한다. 콩국은 제주도 음식인데 일본에 살고 있는 다른 지방 출신들도 좋아한다.

콩죽은 모힌좁쌀(메조)로 만들어야 맛이 있다. 콩가루를 물에 개고 좁쌀을 넣어서 저으면서 죽을 끓인다. 콩죽에 몸(모자반)을 넣으면 맛이 좋다. 여기에 꿩마농(달래)을 넣으면 더 맛이 좋다. 콩죽은 제주에서 살 때 먹어봤고 일본에서는 먹지 않았다.

제주에서는 콩자반을 먹었다. 콩을 볶아서 간장에 담근다. 이 음식은 일본에서는 만들어 먹지 않았다.

(10) 별미 음식

메밀가루로는 빙떡을 만든다. 겨울 무가 맛이 있어서 주로 겨울에 빙떡을 지져 먹는다. 지금은 별미로 만들어 먹는다.

제주에서는 밀가루로 칼국수를 만들어 먹었다. 일본에서는 주로 우동을 먹었다. 일본에서는 삶은 우동을 1인분씩 담아서 팔고, 육수도 만들어서 판다. 이것을 사다가 간단히 먹는다.

잣죽은 주로 환자용으로 만든다.

제주에 있을 때는 여름에 개역을 많이 먹었는데 일본에 온 다음에 먹지 않는다. 먹을 생각도 없다. 먹을 것이 부족할 때는 개역이 좋은 식량이었다. 이 개역으로 보리밥에 비벼 먹고, 물에 타서 먹었다.

제주에서는 쉰다리를 만들어 먹었는데 일본에 살면서 밥이 상하면 그냥 버리게 되고 쉰다리를 만들어 먹지는 않는다.

5) 고향의 음식 향기

김○○가 제주에 살 때는 조, 팥, 콩, 보리 등을 갈았으며, 밭에 김 메러 다니고 산에 가서 지들커(땔감)를 장만해 왔다.

(1) 구황음식

김○○는 어린 시절 제주에 살 때 먹었던 구황음식이 있다. 이런 음식은 김○○가 14세 정도이며, 6·25전쟁 후 먹을 것이 없을 때였다.

톳밥이 있다. 톳을 삶아서 보리쌀을 조금 섞고 범벅처럼 만들어 먹었다. 통보리를 돌크레(맷돌)에 갈아서 톳을 넣고 범벅처럼 만들어 먹었다.

물릇도 삶아서 먹었다. 물릇은 삶아서 하루 정도 담가둔다.

감저밥은 좁쌀에 감저(고구마)를 섞어서 만들었다.

해조류로는 너패(넓패), 가시리, 프래(파래) 등으로 국을 끓여 먹었다. 이때 된장과 간장만 있어서 이것으로 간을 했다.

보말국이 있다. 보말(고동)을 잡아서 깐 후 손으로 주물러서 국을 끓이는데 여기에 너패를 넣었다.

메역철에는 해녀들이 메역을 주물아서(채취해서) 나눠주면 그것을 먹었다.

속(쑥)으로 떡을 만들었다. 쌀가루와 섞어서 시루떡을 만들었다.

지금도 입맛이 도는 맛있는 범벅이 있다. 가을에 둠비콩이 익으면 새 감저(고구마)와 보릿가루를 섞어서 범벅을 만든다. 이것을 콩범벅이라 불렀다. 한 35년 전에 먹어 보았다.

감자뺏데기(절간고구마)를 방애에서 간 다음 돌레떡을 만들면 검게 변해도 쫄깃쫄깃하고 맛이 좋았다. 감자뺏데기를 물에 불려서 쪄 먹어도 맛이 있었다.

제주에서 겨울철에는 주로 고구마를 쪄 먹었다. 보리떡도 만들어 먹었다. 김치는 밑동만 자르고 손으로 집어 먹으면 맛이 좋았다.

제주에 살 때 깅이(게)를 잡아서 지시(젓)도 담고, 다져서 즙으로 깅이국이나 깅이죽을 만들어 먹었다. 깅이콩자반은 먹지 않았고, 깅이범벅은 만들어 먹었다. 깅이와 보릿가루로 범벅을 만들었다. 뼈까지 씹어 먹으면 정말 맛이 있었다.

동짓날은 팥죽을 쑤어 먹는다. 여기에 새알을 만들어 넣는다. 이웃과 나눠 먹는다.

제주에서 살 때 친정어머니가 꿩엿, 둑엿(닭엿), 돼지고기엿, 오리엿, 호박엿 등을 만들어 주었다. 마농엿은 안 만들었다. 이런 엿 음식은 일종의 보약이었다. 일본에서는 이런 엿음식을 만들어 보지 않았다.

(2) 고소리술

고소리술을 만들어 보았다. 흐린좁쌀(차조)로 밥을 하고 검은 약을 섞어서 항아리에 담아둔다. 발효가 되어서 부글부글 부풀어 오르면 남죽으로 자주 저어 준다. 부풀어 오를 때 사람의 숨소리처럼 소리가 난다. 일주일 정도 지나면 단맛이 난다. 이것을 고소리로 걸러낸다.

하루 정도 술이 빠지게 한다.

밀주는 걸리면 벌금을 내었으므로, 다른 사람 모르게 허벅에 담고 망탱이에 논다. 여기에 빈 병도 하나 담는다. 이것을 지고 새벽(한 새벽 4시쯤)에 집에서 걸어서 제주시에 있는 가게에 가서 팔았다. 밀주를 팔 때는 김○○가 20살 전후였다.

(3) 음식에 필수요소인 물 구하기

제주에서 살 때는 상수도 시설이 안 되어서 물통에 가서 물을 길어왔다. 보통 아침에 일어나면 물허벅(물동이)으로 5회 정도 길어 와서 정지(부엌)에 있는 큰 물항을 가득 채웠다. 물통은 용천수여서 물이 쌀 때(썰물) 시간을 보고 식수를 길어 왔다. 물이 들면(밀물) 물맛이 짜서 식수로 사용하기에 적합하지 않다. 사람이 많이 오면 물 뜨는 순서를 기다리기도 했다. 물통 구조를 보면 물이 솟아나오는 곳은 식수용, 그 다음 칸은 음식재료 씻는 곳, 그 다음 칸에서는 빨래를 하고 목욕도 했다.

물통에 갈 때는 물때를 맞추므로 하루 중 언제라도 가능했다. 물을 길러 갈 때는 깨끗한 옷을 입고, 밭에 일하러 갈 때는 노동복을 입었다. 물을 길러 가는 길, 우물가는 온 마을 소문의 진원지였다. 동네, 집안의 사건·사고가 모두 전달이 되었다. 또한 야채를 씻으면서 이웃들과 나눠 먹기도 했다.

6) 출산의례와 음식의 전승

(1) 산모음식

제주에서는 출산 후 산모가 ᄆᆞ멀ᄌᆞ베기(메밀수제비)를 먹고 나중에는 메역국(미역국)을 먹는다.

신생아에게는 배로 만든 봇뒤창옷(배냇저고리)을 입힌다. 베옷을 입히는 것은 태열을 제거하기 위함이다. 이 옷은 주로 시어머니가 만들어 준다.

(2) 삼신할망상

제주에 살 때 아기가 아프면 삼신할망(삼신할머니)을 청해서 빌어 주었다. 이 할망이 넋들이도 해 주었다. 아기가 놀래면 이런 할망을 집으로 청한다. 주로 아침에 와서 할망상을 차린다. 할망상에는 생쌀 한 그릇, 물 한 사발(물항에서 떠옴), 돈을 올리고 그 옆에 아기를 앉힌다. 비념이 끝나면 할망상에 있는 제물은 삼신할망이 가져간다.

아기젖은 주로 서너살까지 먹인다. 산모가 젖이 잘 나오지 않으면 족발을 달여서 먹는다. 이 국물에 메역을 넣고 국을 끓여서 먹었다.

7) 음식으로 국가간 경계 허물기

제주의 전통음식이 일본에서도 지속적으로 만들어 먹으면서 한국어와 제주방언으로 명명된 음식용어가 살아남았다. 재일동포들의 기억 속에 남아있는 음식용어를 정리하면 다음과 같다.

제사의례 음식에는 겡국(생선메역국), 적갈(돼지고기적, 소고기적), 두부전, 잡채, 콩나물채, 고사리, 버섯전, 떡(시리떡, 송편, 지름떡, 빙떡), 정종 등이 있다. 혼인의례 음식에는 지지미, 새우튀김, 돼지고기 완자, 몸국, 수애 등이 있다.

세시음식으로 닭죽이 있다.

일상음식으로는 물김치, 김장김치, 호박잎국, 갈치국, 갈치조림,

고등어조림, 고등어국, 고등어구이, 자리회, 자리조림, 자리젓, 멜젓, 멜조림, 전복죽, 콩나물국, 돼지고기국, 소고기국, 생선매운탕, 각제기국, 톳냉국, 메역냉국, 오이냉국, 우미냉국, 오징어냉국, 한치회, 게웃젓, 해삼볶음, 퀴국, 양에무침, 배추쌈, 고사리볶음, 버섯죽, 콩국, 콩자반, 빙떡, 잣죽 등이 있다.

제주에서 먹었던 음식으로는 이 외에도 마농지, 고등어죽, 볼락조림, 멜젓국, 개역, 쉰다리, 칼국수 등이 있다.

음식용어 조어(造語) 과정을 보면 음식재료와 음식종류의 결합임을 알 수 있다. 이러한 음식용어를 보면 어느 지역의 음식이고, 이것을 좋아하는 사람의 출신지를 금방 알 수 있다. 이렇게 음식용어에는 특정 지역의 문화와 역사가 배어 있어서 이를 전승하는 것이 문화보존의 한 방법이라 할 수 있다. 이러한 영역의 보존은 단시간에 유지되기는 어렵지만 그 문화의 가치를 강조하고 지역사람들의 정체성임을 누누이 홍보하는 방법이 있다. 더구나 외국에 거주하는 교포들의 일상생활에 녹아있는 전통음식은 민족의 정체성과 문화의 정체성을 유지하고 자존을 지켜주는 문화핏줄이라 할 수 있다.

제주에서 행했던 민간요법을 보면 타박상에는 속(쑥)을 찧어서 치료했던 기억이 남아있다. 제주에서든 일본에서는 지금도 바람은 인간의 생활에 지대한 영향을 미치는데 마프름(마파람)이 불면 몸이 축축 늘어지고, 하늬ᄇᆞ름(하늬바람)이 불면 시원하다는 데는 이론이 없는 것 같다.

일본에서는 윤달이 되면 손 없는 달이라 해서 집 안을 고친다. 이는 한국과 제주의 풍속이기도 한다. 이런 풍속을 기억하고 경험한 사람들이 어디에서 살건 공간이 중요한 것이 아니라 전통에 대한 의식이 중요하다.

　김○○처럼 제주음식을 기억하고 음식재료를 구할 수 있는 한 해외에 살더라도 조리법은 전승이 될 것이다. 그래서 맛을 통해서라도 고향을 기억하게 된다.

　김○○는 오사카에 살면서 콩잎이 제일 먹고 싶다고 했다. 고향에서는 때가 되면 콩잎을 따서 보관해 두면 이것을 가져와서 두고두고 먹는다. 김○○가 일본에서도 항상 제주음식을 만들어 먹을 수 있는 것은 부부가 제주사람이어서 가능한 지도 모른다.

　김○○의 음식이야기를 정리하면 제주에서 만들어 먹었던 음식이 일본에서도 여건이 허락하면 만들어 먹고 있음을 알 수 있다. 또한 한번 몸에 밴 습관은 좀처럼 변화되기 어려움을 보여준다. 이런 것이 문화의 전승이다. 음식은 자신만 먹는 것이 아니고 가족과 이웃에게 전파되는 것이다.

　재일동포들의 음식문화는 제주식과 일본식이 섞인 혼합식이어도 어느 조리법이 주가 되느냐이고, 각각의 음식이 오랫동안 살아남을 것이다. 시간이 흐르면 일본에서 제주음식(한국음식)이 보급·전파될 수도 있다. 음식재료와 조리법은 변형되겠지만. 제주의 민족문화(정신문화·물질문화)가 살아남는 방법을 보여주며, 고향의 맛은 향수를 자극하기도 하고, 달래주기도 한다.

　재일동포들은 몸은 일본에서 살지만 전통적인 의례는 제주의 방식을 그대로 전승하고 있다. 제주도나 한국의 풍속이 변하듯이 일본에서도 교포 세대에 따라 달라질 것이다. 이는 풍속을 익히고 전승하는 정도에 따라 달라진다.

제주음식을 기억하고, 먹고 싶으면 일부 음식재료는 제주에서 공수해서 만들어 먹는다. 이렇게 제주의 맛을 기억하는 세대들은 음식을 만들어 먹으면서 고향을 생각하지만 음식재료를 구할 수 없는 사람들은 상상으로만 고향의 맛을 음미할 것이다. 또한 제주음식을 잘 접하지 않은 세대들은 어머니의 음식 정도로 기억하며, 박제화될 수도 있다.

4. 김○○3의 음식이야기

김○○(1920년생)는 일본에 친정어머니가 있어서 16세에 일본으로 왔으며, 슬하에 6남매를 두었고 남편이 사망해서 혼자 산 지 7년 되었다. 일본에서는 여러 가지 일을 하면서 생계를 유지했다.

1) 고향의 음식, 그리운 향기

김○○는 16세(1938년)에 도일해서 70년간 일본에 살고 있지만 기억을 되살려서 제주와 일본의 풍속을 들어보았다. 김○○이야기는 일제강점기 제주도 농촌의 생활을 엿볼 수 있는 귀중한 구술자료이다.
2008년 5월에 제주도 여행을 했는데 많이 변해서 옛 모습이 없었다. 그래도 가난하던 시절에 마당에 보릿짚을 깔고 양푼에 밥을 먹던 생각이 난다고 했다.
제주에 살 때 정지(부엌)에서 밥을 하고, 보리낭(보릿대)을 깔아서 양푼에 밥을 푼다. 거기에 숟가락을 걸쳐서 식구들이 같이 먹었다. 정지가 식당 역할을 했다. 할아버지(남자)는 독상을 해서 앉고, 나머지 식구들은 바닥에 빙 둘러앉아서 먹었다.

농사를 지을 때 가족들이 많이 모여면 마당에 멍석을 깔고 모두 모여 앉아서 양푼밥을 먹었다. 이 당시는 주로 보리밥을 먹었으며 보리쌀에 좁쌀을 조금 섞는 정도였다. 모힌조(메조)는 거칠고, 흐린조(차조)는 부드러운 반면 비싸서 잘 먹지 못했다.
　고향이 해안마을이어서 바다에 가서 조쿠젱기(새끼소라), 보말(고동), 군벗(군부)을 잡았다. 이를 '바릇 잡으레 뎅긴다.'(해산물 채취하러 다닌다)고 했다. 군벗은 삶고 껍질을 벗겨서 그대로 먹고, 보말도 삶아서 까 먹었다. 깅이(게)도 잡아서 먹었는데 주로 춤깅이(참게)를 잡아서 볶아 먹었다. 톳으로는 여름에 장국(냉국)을 만들어 먹었다.
　김○○가 제주에 살 때는 주로 농사일을 했다. 보리밭에 거름을 주기 위해 오줌허벅으로 오줌을 져 날랐다. 오줌항아리에 오줌을 모아 두었다가 오줌허벅에 담고 밭에 가서 오줌을 뿌리면, 좋은 거름이 되었다.
　당시 제주의 여성들이 식수를 담당했는데 김○○도 역시 물허벅으로 물을 길어 왔다. 처음에는 서툴러서 물항(물항아리)에 물을 정확하게 비우지 못하고 허벅을 깨뜨리기도 했다. 물허벅을 물구덕에 담고 물이 흘러 넘쳐서 옷이 젖는 것을 예방하기 위하여 등받이가 있었다. 물허벅을 놔 두는 곳을 물팡이라 했다. 물을 길러 가는 시간은 각자 형편에 맞게 아침과 저녁 시간에 다녔다. 정지에 있는 물항을 가득 채우려면 서너 번 져 왔다. 물을 길러 갈 때는 치마(통치마)저고리를 입었다.
　갈중이도 입어 봤다. 갈중이는 갈천으로 만든 옷이다. 만드는 과정을 들어보면 풋감을 도고리(함지박)에서 찧는다. 그 즙에 옷감을 넣어서 물을 들인다. 물을 들이고 햇빛에 말리기를 여러 번 반복한다.

어머니가 바느질을 해서 직접 옷을 만들어 주었다. 일상복은 미녕(무명)에 물들이고, 호사하는 옷은 삼베로 들였다.

2) 현실의 맛, 고향의 음식 전승

김○○가 재일동포로 살면서 고국의 의례전승 과정을 들여다보았다.

(1) 제사·명절 의례와 음식의 전승

재일동포들은 일본에서 초상과 대소상, 담제를 모두 지냈다. 지금은 소상으로 치른다. 친척들이 있으면 같이 와서 도와주며, 제주식으로 의례를 집행한다. 처음에는 떡집이 없어서 집에서 만들었으며, 나중에는 시장에서 떡을 살 수 있어서 준비가 조금 쉬워졌다.

일본에서는 돈부조를 하며 답례품은 떡이나 생필품을 주었다.

① 시루떡에 대한 예의

제삿날에는 시루떡을 만든다. 알루미늄 시루를 사서 만든다. 쌀가루를 한 칭(켜) 넣고 그 위에 팥을 삶아서 가루로 만든 다음 뿌린다. 보통 5칭 정도 켜를 만든다.

일본에서도 제주에서와 마찬가지로 시루떡을 찔 때 금기사항이 전승되고 있다. 물이 돌아서 잘못하면 떡이 잘 익지 않을 수 있다. 몸이 비린 사람은 이 근처에 오지 못하게 하고, 떡 담당은 다 익을 때까지 움직이지 않는다.

시루떡이 완성되면 칼로 자르는데 한쪽을 빗(한 빗, 두 빗 등)이라 한다. 시루번은 밀가루로 만들며 이것은 먹지 않는다. 이 시루떡을 침떡이라 불렀다.

제사떡으로 고장떡(기름떡), 절벤(절변), 조개송편, 인절미, 새미떡 등을 만들었다.

② 제사지내기

제상은 남편(우리집 주인이라 부름)이 차린다. 남편이 없으면 아들이 배워서 한다.

김○○는 슬하에 3형제를 두었다. 제사명절은 제주식으로 3형제에게 분짓했다. 남편이 살아있을 때 세 아들에게 나누어 주었다. 조부모는 합제했다. 부모대에는 각각 제사를 지내지만 자식대에는 할아버지 제삿날로 합제를 권했다. 김○○는 자식들에게 자신들의 제사도 합제하라고 말했다. 남편이 기둥이라는 인식이 강해서 합제를 할 때는 남편 제삿날로 정한다.

김○○가 오사카에서 살아온 것을 회상해 보면 제주사람들은 제사명절을 지극히 모셨다. 사촌간에는 제사 먹으러 다니면서 잘 돌아보았지만 지금은 이러한 풍속이 많이 줄어들었다. 제사 부조금은 주로 돈으로 한다.

제사를 지제(止祭)하려면 제삿날에 다음 제사부터는 지내지 않는다고 축으로 고한 다음 지제한다. 남편이 살아있을 때 축을 잘 쓰는 사람에게 청해서 작성한다. 제사는 주로 3대까지 지내는데 남편이 살아있을 때 3대 조상 제사는 "나 눈 산 때 지제해 불라."(내가 살아있을 때 지제해 버려라.) 해서 지제했다.

③ 단오

일본에서 단오명절을 지냈다.

시아버지가 이제는 단오는 하지 말고 추석, 설만 지내라고 해서 그렇게 하고 있는데, 단오명절을 그만 둔 시기는 정확하게 기억하지 못했다.

④ 명절지내기

재일동포들이 지내는 명절 풍속은 제주도와 같다. 명절날 아침에 웃대 조상부터 차례차례 다닌다. 이를 '멩질 먹으레 간다.'고 한다. 제주사람들이 거주공간을 이동해서 일본에서 산다는 것뿐이지 음식, 예법 등은 그대로 답습하고 있으며, 이것이 제주의 전승문화라 할 수 있다.

그런데 제주와 다른 점은 추석 때는 각자 집에서 차례를 지낸다. 정월멩질은 세배도 할 겸 명절을 먹으러 다닌다. 그러다가 1세대들이 사망하고 자식대(2세대)로 내려오면서 전통적인 풍속은 조금씩 변하고 있다.

(2) 혼인의례와 음식의 전승

김○○는 일본에서 자녀 결혼식을 식당에서 했다. 저녁에 친척들이 오면 음식을 준비했다가 대접한다.

잔치멩질을 지낸다. 결혼식날 아침 신부와 신랑이 각자 자신의 집에서 음식을 올리고, 술 한잔을 드리면서 오늘 결혼식을 한다고 고한다. 이 차례를 지낸 후에 예식장으로 가서 예식을 치른다. 식이 끝나면 신부신랑은 신혼여행을 떠나고 가족들은 집으로 돌아온다.

잔치차례 음식으로 적갈 3가지(돼지고기적, 소고기적, 상아적), 지숙(조기 등), 게영(생선미역국), 탕쉬로는 3가지(콩나물, 시금치, 고사리), 전도 3가지를 준비한다.

이 음식은 제사음식과 같다. 여기에 청묵이 추가되는데 묵 대신에 전을 사각형 모양으로 자른다. 둠비전(두부전)은 선택 사항이다.

(3) 출산의례와 음식의 전승

① 출산음식

김○○가 결혼할 때 시어머니는 안 계시고, 시아버지만 계셨다. 아이를 낳으니까 돼지뼈를 달여서 국을 끓여주었다. 젊은 시절이라 뭣 모르고 돼지뼈를 씹어 먹어서 그 후유증으로 치아가 다 망가졌다.

오사카에서 출산하면 미역국에 밀가루로 즈베기(수제비)를 만들어서 먹는다. 메밀가루가 있지만 이것을 사지 못하면 밀가루를 사용한다.

② 출산용품

아기가 태어나면 광목이나 삼베로 만든 저고리를 입혔다. 오사카에서도 제주식 아기구덕(요람)을 사용한다. 김○○는 자식들을 모두 아기구덕으로 키웠다. 조선인 가게에 가면 대나무로 만든 아기구덕을 팔았다. 철제품도 있다. 김○○는 아기구덕을 사다가 일을 할 때는 발로 아기구덕을 흔들면서 일도 하고 육아도 담당했다.

그는 자신이 사용했던 아기구덕으로 손자들을 키우라고 하니까 자녀들이 사용하지 않겠다고 해서 처분해 버렸다. 대나무로 만든 아기구덕은 오래 놔두어도 손질하면서 잘 보관하면 상하지 않는다. 아기를 아기구덕에 눕힐 때는 기저귀를 채웠으며 여름에는 시원하게 아기구덕 바닥에 삼베를 깔았다.

특이한 점은 김○○는 일본에서 큰아들 첫돌 때 돌상 옆에 할망상을 마련했다. 할망상은 주로 제주의 출산의례이며, 아기의 무병을 기원하는 비념으로 준비한다.

(4) 일상음식의 전승

김○○는 일본에서 음식을 만들어 먹을 때 제주음식은 잘 기억이

나지 않아서 일본식으로 만들어 먹는다. 특별하게 요리를 배우지는 않았고 생각나는 대로 만들어 먹는다.

① 김치 만들기

제주에 있을 때 김치 만드는 법을 배우지 못하고 일본으로 왔다. 결혼한 후 처음에는 배추를 소금에 절여서 그대로 만드니까 짜서 먹지 못했다. 일을 할 때 한국사람에게서 김치 만드는 법을 배웠다. 배추를 소금에 절인 다음 씻는다. 여기에 고춧가루, 마늘 등을 넣고 버무리면 된다고 말해주니까 그대로 따라 했다. 자주 만들다보니 요령이 생겨서 잘 만들게 되었다.

김치를 만들 때는 멜젓(멸치젓)을 사다가 넣었는데, 자식들이 싫어해서 넣지 않게 되었다. 지금은 나이가 들어서 김치를 만들어 먹지 않는다. 배추, 무로 김치를 만들고, 패마농김치는 안 만들어 보았다.

② 양에지(양하지)

양에지는 시장에서 판다. 이는 제주사람만 사 먹는 것이 아니고 일본사람들도 사 먹는다. 일본 시골에 가면 양하가 많이 있다.

김○○는 추석에는 양에무침을 준비한다. 양에를 살짝 데친 다음 찢어서 양념한다.

③ 개역

여름철 대표 별식으로 개역이 있다. 보리를 볶아서 간다. 이 개역은 식은 밥에 버무리거나, 냉수에 타 먹는다. 김○○가 일본에 왔을 때 시장에서 사 먹었다.

④ 쉰다리

일본에서 여름에 밥이 쉬면(상하면) 쉰다리를 만들어 먹었다. 오사카 시장에 가면 누룩이 있어서 그것을 사다가 발효제로 사용한다. 밥을 살짝 씻는다. 누룩을 조금 섞어서 놔 두면 발효된다. 이것을 휘휘 저어서 맛을 보면 단맛이 난다. 그러면 다 발효된 것으로 알고 먹는다. 쉰다리는 한번 끓여서 먹거나 차가운 상태로 먹는다. 과거에는 식은 밥이 남아서 쉰다리를 만들어 먹었지만 전기밥통을 사용하면서 식은 밥이 생기지 않아서 이 음식은 만들어 먹지 않게 되었다.

⑤ 자리돔

자리는 일본에서 잡히므로 시장에서 판다. 이것을 사다가 여름에 자리물회를 만들어 먹는다. 요즘은 시장에서 자리를 전부 다듬고 잘라 주면 집에 가져와서 양념만 하면 된다. 자리 가시가 세어서 썩 좋아하는 음식은 아니다.

⑥ 콩죽

지금도 기억나는 고향의 음식으로 콩죽이 있다. 콩죽을 쑬 때 넘치면 안 되니까 옆에 앉아서 바닥이 눌지(달라붙지) 않게 베슬기(주걱)로 저으면서 만든다. 정지(부엌)에 앉아서 아침에 먹었던 기억이 난다고 했다. 이때는 좁쌀로 만들었다. 일본에서는 쌀로 콩죽을 쑤어 먹었다. 이 음식을 만들 때는 지켜 서서 만들어야 하므로 손이 많이 가서 바쁘면 자주 만들어 먹을 수가 없다.

⑦ 콩국

콩국도 만들어 먹는다. 콩가루로 국을 만들 때 야채로는 배추를 넣는다. 콩가루를 물에 갠다. 이것을 냄비에 넣고 끓인다. 넘치지 않게 잘 본다. 콩국이 끓으면 배추를 자르면서 톡톡 집어넣는다. 콩국은 좀 걸쭉하게 만든다. 소금이나 간장으로 간을 한다. 김○○의 자식들은 콩국을 먹지만 조리법은 모른다고 했다.

콩자반은 만들어 보지 못했다. 일본에서 일을 하면서 살림도 살아야 하니까 시간에 쫓겨서 손이 많이 가는 음식은 만들어 먹지 못했다.

⑧ 국

일본에서도 식단에 국이 올라온다. 늠뻬국(무국)은 일본된장으로 간을 한다. 한국산(제주산) 된장은 쉽게 구하지 못한다.

일본에서는 우무국을 먹는데, 우무는 시장에서 구할 수 있다.

⑨ 반찬

오징어는 삶아서 초장에 찍어 먹는 정도이다.

3) 공간을 초월한 전통문화의 계승 정도

김○○는 고향을 떠난 지가 오래되어서 제주의 풍속이나 음식을 잘 기억하지 못하지만 나름대로 기억을 되살려서 이야기해 주었다.

일본에서 지금까지 전승되고 있는 제주 전통음식을 정리하면 다음과 같다.

제사·명절 의례 음식으로는 시루떡, 고장떡, 절벤, 조개송편, 인절미, 새미떡 등이 있다.

혼인의례 음식으로는 돼지고지, 적(돼지고기적, 소고기적, 상어적), 지숙(조기), 게영(생선미역국), 탕쉬(콩나물, 시금치, 고사리), 둠비전, 청묵 등이 있다.

출산의례 음식으로는 밀가루ᄌ베기, 미역국 등이 있다.

일상 음식용어로는 김치(베추, 무), 양에지, 개역, 쉰다리, 자리물회, 콩죽, 콩국, 늠뻬국, 우무, 오징어 등이 있다.

이들이 기억하고 만들어 먹는 음식들을 보면 제주사람들이 어디에서 살건 몸에 밴 음식을 만들어 먹는 것을 알 수 있다. 각 음식의 조어(造語) 과정을 보면 떡은 '도구＋생김새'의 결합으로 명명되었다. 밥과 국은 음식재료와 음식종류의 결합이다. 그 외 음식들도 모두 음식재료와 음식종류의 결합이다.

제주에서 먹어보고 들어보았던 음식용어가 일본에서도 오랫동안 생명력을 유지하고 있는 것은 음식생산 주체에 따라 달라진다는 것을 확인하게 되었다. 재일동포 여성들의 음식이야기를 정리하는 것은 음식문화와 제주방언의 상관관계, 지속성과 소멸성 등을 찾아보기 위함이었다. 이런 점에서 사물과 그것을 부르는 용어의 생명력은 비례함을 알게 되었다.

5. 현○○의 음식이야기

현○○(1924년생)는 1946년 3월에 도일해서 60여년을 일본에서 살고 있다. 치마저고리를 입고 조그마한 배로 밀항해서 일본으로 왔다. 현○○가 기억하고 재현하는 제주의 풍속과 음식이야기를 정리했다.

1) 고향을 기억하며

현○○가 제주에 살 때는 농사를 지었으며, 고향 바다에는 자리가 유명해서 아버지가 잡아오면 자리젓을 담갔다.

현○○는 해녀로 출가물질(울산, 감포 등지)을 다녀서 그 당시 이야기를 들어 보았다. 선주가 해녀들을 모집하고, 연락선에 15명 정도 탔다. 육지 갈 때 식량(쌀 등)을 갖고 갔다. 이 당시 물옷으로는 검은 광목으로 만든 소중이가 있고, 위에는 흰 적삼을 입었다. 머리에는 광목으로 만든 물수건을 썼다. 족쒜눈, 테왁, 그물망사리 등이 작업 도구였다. 감포에서 물질할 때는 미역, 퀴(성게), 전복, 멍게 등을 채취했으며 주로 메역을 채취해서 선주에게 판다. 바다에 가면 메역돌이 있어서 그 주인은 아주 부자이다. 3월에 물질하러 가서 음력 8월이 되면 고향으로 돌아온다. 약 6개월 간 작업을 하면 돈을 모을 수 있다. 이 돈을 갖고 고향에 와서 아버지를 드린다. 해녀들의 수입은 가정경제에 많은 도움이 되었다.

　고향집의 초가집 구조를 보면 이문간에 쉐막(외양간)이 있고, 안거리, 밖거리가 있었다. 고향에는 조그마한 논이 있었고, 밭농사(조)와 논농사를 했다. 농사는 풍족하지 않아서 쌀은 제사명절용으로 썼다. 제주서 살 때 고팡(곳간)에 보면 쏠항(쌀독)이 있었으며, 안칠성에 대한 기억이 있다. 제사 때 차롱에 제물을 담고 고팡에 있는 큰항아리 위에 올린다. 걸명은 뒷문을 열고 뿌렸다. 안칠성은 어머니가 제관이었다.

2) 타국에서 기억하는 고향의 맛

(1) 제사음식

　일본에서는 제주식으로 제물을 준비한다. 탕쉬로는 고사리, 콩나물, 시금치 등 3가지이다. 고사리는 반드시 별도의 접시에 올리고, 다른 채소는 한 접시에 같이 올려도 된다. 고사리탕쉬는 합하면 안 된다고 한다. 고사리접시에 보찌는 올리지 않는다.

과일은 5가지 정도이다. 아주 큰 제사일 때는 과일 7가지도 올린다. 팔월멩질(추석)에는 과일 7가지를 올려서 제상이 넘칠 정도이다.

떡으로는 침떡(조선 떡집에서 구입), 송편(과거에는 집에서 만들었음) 등이다. 송편의 고물로는 팥을 주로 하며, 가끔 녹두를 삶아서 넣는다. 한쪽에는 시루떡, 한쪽에는 카스테라를 올린다.

과거에는 묵을 적꼬치에 꿰었는데 지금은 사각형으로 잘라서 그대로 올린다. 청묵 대신 두부전을 올리기도 한다. 묵(시장에서 구입함)도 올린다. 작은 제사에는 지지미(밀가루로 만든 부침개)를 올리고, 큰 제사에는 청묵을 올린다.

적갈로는 돼지고기적, 소고기적, 상어적, 명태적 등 형편에 따라서 준비한다. 소라와 전복은 비싸서 적으로 올리기는 어렵다. 그래도 전복을 캐 올 때는 제상에 올려 봤다. 일본에서도 취미삼아 가끔 물질을 했다. 전복을 잘 다듬어서 세 개 정도 올린다. 제사와 명절 음식은 같다. 다만 제철 재료를 사용하는 점이 다르다. 묵은 꼭 올린다.

개영은 생선미역국(옥돔), 소고기미역국을 준비한다. 무는 넣지 않는다. 제숙으로는 옥돔을 올린다.

제주에서는 제사 때 감주를 만들어 보았다.

(2) 문전제와 음식

일본에서 제사할 때에 문전제를 지낸다. 문전제 걸명은 물코(물꼬)에 가서 비운다. 조왕제는 지내지 않는다. 제사 때 걸명은 깨끗한 곳에 비운다.

제주사람들은 문전제를 지내는데 다른 지방 동포들은 이 제를 지내지 않는다.

일본에서 제삿날이 되면 제주사람들은 먹으러 다닌다. 다른 지방 출신들은 아주 친해야 먹으러 간다. 제주사람들은 제삿날 이웃을 청해서 음식을 대접하는데, 다른 지방 사람들은 제사를 지내기 전에는 청하지 않는다.

현○○는 시부모 제사를 일본에서 지내고 있다. 시부모 제사는 3년 전부터 합제했다. 제주에서 친척들이 합제를 하면서 일본에서도 합제하기를 권해서 따랐다.

(3) 잔치의례와 음식

현○○는 아들 결혼식 때 식당에서 치렀다. 잔치 전날을 가문잔치라 하고 친척들이 모여서 여러 가지 준비하고 의논한다. 이때 음식을 준비해서 대접하는데 이 의례가 점점 사라지고 있다. 지금은 결혼식이 끝나면 저녁에 친척들이 모인다. 두 아들이 결혼한 지 한 30년 전이니까 그 당시에는 가문잔치를 했다.

음식을 준비해서 잔칫날 아침에 차례(조상맹질)을 지낸다. 이때 아주 웃대 조상은 청하지 않고 당 조부모만 청한다. 신부나 신랑은 각자 집에서 제관으로 이 의례를 치르고 절을 한다. 친척들이 모여서 음복한다. 차례가 끝나면 예식장으로 가서 의식을 치른다.

일본에서 살면서 특별히 문전상을 준비하지 않고 제사 때만 문전제를 지낸다.

(4) 할망당 찾아가기

고향에 가면 본향을 찾아간다. 일부러 가지는 않고 제주도에 갈 일이 있을 때 날이 맞으면 본향을 방문했는데 80세가 넘으면서 가지 않앗다. 친척들이 제물로 돌레떡(쌀가루로 만듦), 제숙, 메 등을 준비해 주면 같이 본향에 간다. 물색은 일본에서 준비하고 간다. 조선 가게에 가면 5가지 종류를 판다. 고향에 가면 친척들이 준비한 것을 주면 그것도 사용한다. 물색, 백지, 지전, (명)실, 과일 등을 올린다. 고향에 있는 친척에게 제물 일체를 부탁한다. 심방이 입담을 하고 의례가 끝나면 물색은 태운다. 고향에 있는 종손이 당구덕을 준비해서 주면 그냥 따라 간다. 본향에서 음복하고 남은 음식은 당구덕에 담아온다. 일본에서는 굿청을 다녀보지 않았다.

  (5) 출산의례와 음식

 ① 출산음식
 현○○는 며느리가 출산할 때 미역국을 끓여 주었다.

 ② 육아용품
 현○○는 자식들을 키울 때 일본에서 아기구덕(요람)을 사용했다. 타원형으로 생겼고, 제주사람들만 사용하며 파는 곳이 있었다. 대나무로 만든 것은 아니고, 철제품이었다. 이것에 대한 기억이 흐리다고 했다.

 ③ 할망상
 현○○는 일본에서 할망상을 차렸다. 자식과 손주까지 다 차렸다. 출산 후 7일이 되면 할망상을 준비한다. 할망상 제물로는 메, 시령목 한 필, 생쌀, 돈을 올렸다가 백지에 잘 포장해 둔다. 이것은 벽장이나 서랍 등에 잘 보관하다. 생수도 올리는데 이 물은 새벽에 맨 처음 떠놔뒀다가 사용한다. 할망상에 올린 물을 산모가 세 번 먹고, 아기에게도 먹인다.

할망날(일뤠)이 돌아오면 이것을 사용한다. 아이들이 성장하면(약 15세 정도) 할망상을 아주 치운다. 생쌀은 할망상을 차릴 때마다 사용하는데 변하면 그것으로 밥을 지어 먹고 함부로 버리지 않는다. 다시 새 쌀을 올렸다가 이것을 사용한다. 이런 의례는 며느리에게도 물려주었다.

산모가 입담을 하면서 비념한다. 현○○는 직접 할망상을 차리고 손자들을 위해서 비념해 주었다. 할망상은 특별한 곳에 차리지 않고 산모 침실에 준비한다.

④ 생일상

아기 생일상을 차릴 때 그 옆에 할망상을 따로 준비한다. 할망상에는 메 1기, 메역을(미역은 빨아서 손으로 자르고 칼은 사용하지 않음) 한 접시 올린다. 생쌀, 돈, 실 한 타래, 물 한 그릇, 시렁목 등을 올린다. 시렁목에 쌀, 돈을 놓고 포장한다. 금방 치우지 않고 조금 놔둔다.

(6) 일상음식의 전승

① 자리회

친정아버지가 자리를 낚아오면 먹었던 기억이 있다. 일본에서도 아들이 자리를 낚아오면 자리회를 만들어 먹었다.

일본에서 자리회를 만드는 방법을 보자. 우선 자리 비늘을 제거한다. 그런 다음 내장을 파낸다. 적당한 크기로 썬다. 식초를 넣으면 비린내가 덜 난다. 된장, 고추장, 생강, 오이 등을 넣고 무친 다음 냉수를 부으면 물회가 된다.

② 콩 음식

콩국을 먹는다. 콩가루를 사다가 끓이는데 여기에 무를 채 썰어 넣고, 나물도 넣는다. 소금으로 간을 한다.

콩죽은 쌀과 콩가루로 만들며 소금으로 간을 한다.

일본에도 콩잎을 팔며 제주사람들이 사다 먹는다. 콩잎에 멜젓(멸치젓)으로 쌈을 싸서 먹는다.

자리젓도 만들어서 판다.

일본에서 김치를 만들 때는 멜젓을 넣지 않는다. 멜젓을 넣으면 젓갈 냄새가 나므로 좋아하는 사람은 넣고, 싫어하는 사람은 넣지 않는다. 그 대신 새우젓을 넣는다. 생조개를 다듬어서 믹서로 갈아서 사용한다. 김치에 조개를 갈아서 사용하는 것은 현○○의 조리법이다.

③ 우미 음식

일본에서는 우미(우무)를 삶아서 만들어 먹는다. 이때 식초를 조금 넣고 삶으면 부드럽다. 만들어진 것을 사다가 먹기도 한다. 우무를 채로 썬다. 여기에 양념을 한다.

④ 냉국

보리차를 끓여서 식힌 다음 냉국(물회)을 만들 때 사용한다.

냉국을 만들 때는 보리차에 일본된장을 풀어 넣는다. 이제는 일본 조미료, 일본된장에 입맛이 길들여졌다.

⑤ 전복죽

전복죽은 고급 음식이다. 현○○는 일본에서 전복죽을 쑤어서 자식들을 주었다. 그런데 며느리(일본여성, 제주여성)들은 이 음식을 만들어 보지 않아서 만들 줄 모른다.

이 외에도 개역은 일본에서 사 먹을 수 있다.

3) 음식으로 전승되는 민족의 정체성

현○○는 며느리에게 특별히 제주음식 조리법을 전수하지 않았다. 본인과 며느리는 각자 알아서 음식을 만들어 먹는다. 현○○는 일본에서 산 지 60년이 되었지만 고향의 음식으로 먹고 싶은 것은 특별히 없다고 했다.

일본에서 지금도 먹는 음식을 정리하면 다음과 같다.

제사의례 음식에는 탕쉬(고사리, 콩나물, 시금치), 시루떡, 송편, 묵, 두부전, 적갈(돼지고기적, 소고기적, 상어적, 명태적), 게영(생선미역국, 소고기미역국), 제숙(옥돔) 등이 있다.

일상 음식으로는 자리회, 콩국, 콩죽, 전복죽, 김치, 자리젓, 콩잎쌈, 우미무침, 된장냉국, 개역 등이 있다.

여러 음식들의 조어(造語) 과정을 보면 '음식재료＋음식종류'로 짜여 있다. 이는 제주사람들이 어디에서 살건 제주 전통음식을 가능하면 그대로 만들어 먹는다는 뜻이다. 또한 만들어 먹을 수 없더라도 입에 밴 음식맛을 기억하면서 비슷한 음식재료를 사용하여 만들어 먹을 것이다. 음식재료와 조리방법의 변화에 따라 제주의 전통음식 맛이 조금씩 달라지더라도 원형은 살아남을 것이다.

개인의 역사, 민족의 역사는 거창한 것이 아니라 의식주를 살리는 것이다. 이는 인간의 삶에 있어서 가장 기본적인 요소이며 시공을 초월하여 변형될 수도 있지만 정체성을 유지하는 근본이기도 하다.

이 글에서는 오사카라는 국한된 지역에서 5명의 제보자를 대상으로 하여 제주의 음식이야기를 심도 있게 관찰할 수 있는 한계는 있지만 이들은 이민 1세대로 전통음식을 유지하고 있다고 본다. 이들의 자녀대로 넘어가면 제주의 전통음식 전승은 희미해질 것이다. 이렇게 본다면 근현대문화사를 기억하고 기록하는 것은 이야기꾼들의 기억에 의존해야 하기 때문에 구술자료 구축이 당면한 과제이다. 제주의 문화콘텐츠는 이런 것들이며, 제주라는 특정한 공간에서만 조사하고 기록하는 것이 아니라 국내외로 확장하여 민족문화를 정립해야 하는 것이 정보화시대의 할 일이다.

IV

제주 전통음식의 전승 양상

제주의 전통음식이 영양학적, 관광상품화 측면에서 논의되기는 했지만 언어와 의식의 변모 양상 측면에서 연구한 것은 드물 것이다. 언어(제주방언)도 무형의 상품이 될 수 있다는 관점에서 각 연구자마다 연구목적에 따라 분류해 놓은 음식용어를 일목요연하게 정리함으로써 인문학과 자연과학의 접목을 시도해 보는데 이 글의 의의가 있다고 본다.
　이런 의미에서 제주 섬사람들의 전통음식을 대상으로 해서 국어학의 변천을 발견하고, 음식용어를 통해서 역사·사회·경제적인 특징을 유추해 음식용어의 전승 주체와 전승 정도 등을 알아보고자 한다.

1. 제주 전통음식의 전승

　『역주 증보탐라지』[13] (제주문화원, 2005 : 537)에 실려 있는 김종직[14]의 한시 중 제주의 음식재료와 진상품을 짐작할 수 있는 작품이 있다.

「탁라가(乇羅歌)」

(1)
烏梅玳瑁黑珊瑚	오매와 거북의 등껍질과 흑산호와
附子靑皮天下無	부자와 청귤의 진피는 다른 어느 곳에도 없는 것
物産非惟東府庫	이것들은 동부의 창고로 들어갈 뿐만 아니라
精英盡入活人須	정미롭고 영특한 효능은 사람들을 살려내네.

---

13) 이 책은 1953년 담수계(淡水契 : 김문희, 김범준 등 12명으로 조직됨) 회원들을 중심으로 해서 편찬되었다. 조선시대 이원조 목사의 『탐라지』를 수정증보판으로 편찬했다.
14) 김종직(金宗直)은 1465년 2월 28일 직산의 성환역에서 묵게 되었다. 이때 제주에서 약물을 진상하러 가는 김극수를 만나게 되었으며, 그가 전해준 제주도의 풍토와 물산 관련 이야기를 듣고 「탁라가(乇羅歌)」 14수를 지었다.

(2)
車螯海月與蠔山　거오와 명합과 바위에 붙은 굴과
巨口文鱗又幾般　입이 큰 물고기와 문어의 종류는 또 몇 가지인지
日暮腥烟羃鄕井　해질녘 온 마을엔 비린내가 번져 옴을
水虞千舶泛鮮還　근심하던 모든 배들 생선 싣고 돌아오기 때문.

(3)
萬家橘柚飽秋霜　가을 서리 깊어 오면 집집마다 귤과 유자가 익어
採着筠籠渡海洋　광주리에 가득 따 담아 바다를 건너보내면
大官擎向彤墀進　대관이 받들어 임금님께 바쳐 올림을
宛宛摛含色味香　빛과 맛과 색이 완연히 온전하여야 하네.

옛 문헌과 현대문헌에 기록된 제주 전통음식의 맛과 멋은 시공을 초월하여 전승되고 있으며, 이런 점에서 전통문화에는 국력을 지탱해 주는 문화유산의 가치가 있는 것이다.

중세국어가 제주방언에 남아있는 것으로는 음식용어를 보면 알 수 있다. 중세국어 '감져(甘藷)'가 제주방언 '감저/감제'로 그대로 살아있고, 표준어로는 고구마에 해당된다. 중세국어 '딤치'는 '짐치'로 변했다가 현대국어에서 '김치'가 되었지만, 지금도 제주도에서는 '짐치'라 한다. 따라서 '김치'의 어원을 확인하는 방법으로 방언이 선택되는데 음식용어는 중요한 단서가 될 수 있다. 중세국어 'ᄀᆞᆯ, 프래, ᄂᆞ뭃' 등이 지금도 제주방언으로 자유롭게 쓰이고 있어서 제주방언과 음식용어의 전승정도는 비례함을 알 수 있다. 이를 재료로 한 음식이 있으므로 자연스럽게 방언을 알리는 기회가 된다. 표준어 '소라'에 대응하는 제주방언에는 '구젱이/구젱기/구제기'가 있다. 물론 대중음식점에서는 이 용어보다 '소라'를 사용하지만 이 음식을 먹으면서 제주방

언을 접하게 된다. 전국적으로 제주의 전통 떡으로 알려진 것 중에 '빙떡'이 있다. 이는 메밀가루와 무채로 만드는데 영양가가 높은 음식으로 인식되면서 귀하게 대접받고 있다.

이렇게 음식을 하나의 상품으로 본다면 물건과 용어는 같이 수출되는 것이다. 제주의 전통음식이 국내는 물론 국외로 수출된다면 이를 부르는 음식용어도 같이 수출될 것이다. 이런 점에서 제주방언의 파급 효과는 어떤 홍보 방법보다도 월등하고 본다.

언어공동체가 있듯이 음식공동체도 있다고 본다. 즉 '고등어회'를 먹을 줄 알거나 제주의 음식이라는 것을 안다면 제주사람이거나 제주를 다녀갔다는 공동체의식을 형성하게 되며, 문화공유의 매개체가 될 수 있다. 그래서 특정 지역의 음식을 먹는 것도 중요하지만 그 용어와 맛, 특징을 기억하고 대화할 수 있다는 것은 또 하나의 차별화된 영역을 획득할 수 있다는 의미이기도 하다.

제주 전통음식의 특징을 정리해 보면 다음과 같다.

제주도 음식에 국 종류가 많은 것은 밥이 거칠어서 국물이 필요한 이유도 있지만 식량이 부족해서 양을 늘리기 위한 수단이었을 것이다. 콩국은 다른 지방에도 있지만 조리법이 다르다. 즉 다른 지방에서는 ᄂ물(나물)과 콩가루를 버물려서 끓인다. 미역을 볶아서 국을 끓이는 것은 다른 지방의 조리법이다. 반면 제주도 조리법은 미역을 볶지 않는다. 성게국이나 깅이죽은 끓일 때까지 뚜껑을 덮는다.

여름철 대표 음식재료인 자리는 머리에서 꼬리까지 순서대로 먹는다. 자리를 구울 때 "센 불에서 구워라."는 말이 있으며, 이때 비늘과 내장은 건드리지 않고 온전히 굽는다. 자리는 굵기에 따라 용도가 다르다. 흙(굵은, 大)은 자리는 구이용이고, 중간 자리는 자리젓을 담거나 회의 재료로 쓰인다. 아주 작은 자리는 늘째(날것으로) 찍어 먹는다. 제주 전통음식으로 자리소금구이는 '자리＋소금＋구이'의 결합이다.

우미냉국은 우미(우무), 부추, 마늘, 간장, 볶은 콩가루, 깨소금 등의 재료로 만든다. 콩가루 대신 개역(미숫가루)도 사용한다. 우미는 열을 삭히는 음식이며 이 음식을 먹으면 "열은 깬다."(열을 식힌다)고 한다. 보말국은 보말, 미역, 마늘, 간장 등으로 만든다. 보말국에 메밀가루를 넣기도 한다. 오징어냉국은 오징어, 양파, 미나리, 오이, 부추, 풋고추, 식초, 설탕, 된장, 간장 등으로 만든다.

여름철 대표 음료수는 '쉰다리'이고, 제주로 쓰인 것은 '감주'였다. 이처럼 제주 전통음식은 제주만이 갖는 제주특산물로 요리한 것이다.

제주의 전통음식용어 중 '가문반, 고깃반, 떡반, 반테우기' 등 '반'이 있다. 제사명절, 상장례, 잔치 때 모든 손님에게 각자 반을 만들어서 주었다. 이 반이란 개인접시에 준비한 여러 음식을 조금씩 잘라서 담는다. 이것으로 보면 뷔페음식의 출발은 제주도가 먼저였다고 할 수 있다.

가문잔칫날은 '초불밥'과 몸국(모자반국)을 먹었다. 이 밥은 잡곡밥으로 '보리쌀＋곤쌀＋팥' 등을 섞어서 만든다. 경사스러운 날 손님들에게 보리밥을 대접하는 것이 예의가 아니지만 쌀이 귀하므로 쌀밥을 지어서 대접할 수도 없던 시절의 이야기이다. 사돈집에서 준비하는 대표 상장례 음식으로 풋죽(팥죽)이 있다.

제주 전통음식은 재료 고유의 맛을 유지할 수 있는 조리법이다. 야채는 날것으로 먹거나 살짝 데친다. 생선은 굽거나 조림은 간장으로 간을 한다.

제주도와 주변섬의 전통음식에서 맛을 내는 대표 양념은 된장, 간장, 소금, 멸치액젓 등이다. 제주사람들은 지금도 장맛과 집안의 운명을 연관지어서 생각한다. 장맛이 고리면(변하면) 그 해 운이 나쁘다는 등 장맛으로 집안의 운수를 점치기 때문에 먹다 남은 된장이 있어도 매년 새로 장을 담근다.

한 제보자의 경험담으로 장맛의 중요성을 알 수 있다. 초상 때 염습하고 오면 적어도 7일간은 메주를 매단 방에 드나들면 안 되는데 한번은 염습을 하고 와서 3일이 지난 후 무심코 메주를 매단 방에 들어갔다 왔다. 그전에는 조심했는데 그 날은 그것을 잊어버리고 그 방에 들어갔다. 그러자 메주에 검은 수염(검은 수염은 곰팡이가 수염처럼 길게 생긴다는 뜻임)이 돋아나고 그 메주는 시커멓게 변했다. 그것으로 된장을 만들어도 색이 검어졌다.

이 제보자가 중병에 걸렸을 때는 집의 간장이 변해서 악취가 날 정도였다. 항아리 속에도 곰팡이가 생기면서 6개월 정도 물을 담아두어도 썩은 냄새가 없어지지 않았다. 한번 변한 장항(장독)은 버려야 한다. 다시 그 항에 장을 담으면 또 곰팡이가 생긴다.

제주 전통음식의 조리법이 단순한 것은 노동하는 여성들이 요리를 담당했기에 당연한 것이다. 이런 것은 일상음식이다. 의례음식과 세시음식은 예정된 것이라 좀 다르다. 음식재료를 특별히 준비해서 보관이 가능하다. 또한 여러 사람의 도움을 받아서 만든다. 음식을 만들기 위해서 모여 앉는 공간은 여성들의 담화공간이며 즐거운 노동공간이다. 음식을 만드는 자의 특권으로 먼저 맛을 보고 옆에서 칭얼대는 아이가 있으면 입막음용으로 먹이기도 한다.

우리나라에서 손은 음식 도구로 아주 중요하다. 손으로 무치고, 버무린다. 계량도구(컵, 스푼)를 사용하기 전에는 모든 양념(조미료)은 손에 부어서 '눈 짐작/눈 대중'으로 양을 가늠했다. 즉 눈이 양을 조절하는 계량기였다. 국물이 있는 음식말고는 거의 손으로 집어서 맛을 보고 먹는다. 그런 다음 손으로 그릇에 알맞게 담는다. 그 다음에 개인이 도구를 사용해서 먹는다. 지금도 음식은 손맛이라고 한다. 여기서 손맛은 숙련공의 기술이다.

양푼밥을 먹을 때는 숟가락을 주로 사용한다. 국뿐만 아니라 보리쌀을 위주로 한 잡곡밥은 풀기가 없으므로 숟가락을 사용해야 했다. 이런 밥을 젓가락으로 뜨면 밥알이 떨어지기 때문이다. 밥이 부족하던 시절에는 한 숟가락, 한 알이라도 더 먹기 위해 숟가락이 절대적으로 필요했다. 그러다가 쌀을 주식으로 하는 곤밥이 주를 이루고 반찬 가짓수가 많아지면서 식탁에서는 젓가락으로 밥을 떠먹는 풍습이 생겼다. 어른들은 '밥은 숟가락으로, 반찬은 젓가락으로'라는 식사예절을 법으로 알았다. 10대, 20대 젊은이들이 젓가락으로만 밥을 먹는 것을 보면 예의에 어긋난다며 야단했다.

음식을 만드는 불의 종류에 따라 조리법이 복잡해진다. 즉 아궁이(검질불)→연탄→곤로→가스렌즈/전기→컴퍼넌트 등으로 조리기구가 발달하면서 이를 이용한 음식조리법이 개발되고 보급된다. 또한 조리도구가 솥-냄비-프라이팬, 양푼→사발→접시 등 그릇의 종류에 따라 조리법이 다양해진다.

제주도는 사면이 바다이고 바람이 자주 부는 지형적 특성이 있다. 오랜 경험에서 우러나온 자연의 시간을 들어보면 이와 관련된 재미있는 이야기를 들을 수 있다. '한라산이 가까이 보이면 비가 온다.'는 이야기로 날씨를 관측했다. 또한 방위와 바람의 세기를 알려주는 이야기도 있다.

 북쪽은 하르방, 동쪽은 샛브름이고 큰할망(본부인), 남쪽은 마프름이고 족은할망(첩)을 가리킨다. 샛브름은 일년 내내 부는데 하루 중 아침부터 오후 4-5시까지만 분다. 이 할망은 7명의 아들이 있으며 저녁밥을 해 줘야 하니까 밥 때 전까지만 분다고 믿었다. 또한 며칠 만에 샛브름이 불면 다음날에 비가 올 징조이다.
 남쪽에서 부는 마프름은 주로 봄에서 여름까지만 불며, 딸 7명이 있고 정신없이 바람이 분다. 마음씨가 나빠서 그렇다고 믿었다. 서쪽에 대한 말은 없다.   (문순자 구술)

 제주 전통음식은 대부분 음식재료와 맛으로 이어지고 있으며, 재료 구입이 편리하면 과거의 음식을 지금도 만들어 먹는다. 이런 것이 음식의 전이 과정으로 볼 수 있다. 우리사회가 초고령사회로 접어들면서 건강이 화두로 등장했다. 이때 음식이 최우선 품목이다. 즉 어떤 음식을 먹는 집단이 장수하고, 건강할까에 궁금해 하며 제주음식이 부각되었다. 제주는 청정 이미지로 음식재료에 대한 관심이 집중되고 있으며 이런 영향으로 제주 전통음식용어가 전국에서 상품화되고 있다.
 제주문화의 특성으로 노인의 생활주기, 노인이 직접 음식 만들어 먹기 등 제주의 주거환경(안팎거리 문화), 부엌의 분리(사생활 분리, 보장 등) 등이 조명을 받고 있으며 이와 더불어 제주의 전통음식이 건강식으로 상품화 가능성이 아주 높다.

2. 외국으로 전승 양상

 여기서는 외국인(일본인, 서양인)의 눈에 비친 제주의 전통음식 종류와 용어, 음식재료 등을 알 수 있는 자료를 소개하겠다. 이는 1900년 이후 제주의 사회·문화적 환경과 전통음식을 살펴볼 수 있는 귀중한 자료라고 생각한다.

1) 『朝鮮의 寶庫 濟州島案內』[아오야기 추나타로오(靑柳綱太郞, 1905), 제주시 우당도서관, 1998]

(1) 제1편(第1篇) 총론(總論)

전라(全羅)바다의 남쪽 아득히 구름언저리가 다한 곳, 멀리 우리나라(일본)의 고토(五島)의 서북방에 위치해서 구름인 듯, 산인 듯, 물결 속에 보일 듯 말듯 하는 큰 섬이 있다. 10만의 주민과 주위 60리(里)의 넓이를 갖고 뭍에는 소·말·돼지·사슴이 많이 번식하며 또 콩·팥 등 농산물이 풍부하다. 바다에는 상어·도미·전복·해삼 기타 어족이 무진장 잡힌다. 이러한 해륙의 생산은 넉넉히 몇 십만의 백성을 먹여 살리기에 족하다.

산중에는 약초가 많고 또 사슴, 멧돼지, 토끼 등 산짐승과 그밖에 풀어놓은 우마들이 무리를 이루고 있다.(22쪽)

(2) 의식주(衣食住)

본도의 풍속은 대체적으로 순박하기 때문에 의식주(衣食住) 같은 것은 본토와 같이 화사스런 폐단이 없다. 식물(食物)은 섬 안이 주로 조·보리·콩·피 등을 상식(尙食)하여 주성지방에 있어서의 극소수를 제외하고는 거의가 이들 잡곡에 삶을 맡기고 있으며 미곡(米穀)에 있어서는 섬 안에서 근소(僅少)한 생산이 없는 것은 아니나 주성지방은 거의를 목포거류지로부터의 공급에 의존한다.(34쪽)

2) 「제주도의 사람과 마을」[미즈키 도라오(1935), 홍성목 번역(1999), 『濟州島의 經濟』, 제주시우당도서관]

도민은 보리와 조를 상식(常食)하며 수수・피・메밀・고구마・콩・팥 등을 곁들여 먹는다. 백미는 상류계급이 일부에서만 사용할 뿐이다.

제주풍토기(濟州風土記)에 「논은 원래가 없다. 그러므로 섬 중에서 가장 귀한 것은 쌀이다」고 말하고 있으며 일반적으로 쌀밥은 1년에 2회밖에는 입에 댈 수 없다고 전해지고 있다.

부식물은 돼지를 가장 즐겨하고 성찬이라고 한다면 돼지고기・닭고기・계란・소고기・생선 거기에다 메밀을 내놓고 여기에 좁쌀술이 곁들여지고 있다.

조미료로는 고추・참깨・참기름・생강・소금 등을 사용하며 일본 간장도 쓴다. 대체로 음식물에는 육지부에서와 같이 많은 고추・마늘 등을 사용하는 일이 없고 일본에서와 같이 생선회를 먹는 사람이 많다.

기호물로는 소주・탁주・담배가 있다. 식기는 주로 질그릇, 목기를 사용하고 중류에서는 놋그릇이 많다. 식사는 한 개의 밥상에 1인 혹은 2인이 서로 대좌(對坐)해서 식사를 하는 경우와 일가족이 함께 대형밥상에 둘러앉아 먹는 경우가 있고 하루에서는 따로 밥상이 없고 밥그릇도 한 개의 큰 그릇에 밥을 산더미처럼 뜨고 부식물은 손가락으로 집어먹도록 되어있다. (315쪽)

3) 「寶庫의 全南-제주편」[가타오카 하카루(1913), 홍성목 번역(1999), 『濟州島의 經濟』, 제주시우당도서관]

(1) 농산(農産)

도민은 춘추 두 계절에는 전적으로 농업에 여름·겨울철에는 목축·벌목·어업·채소(菜蔬) 등에 종사한다. 그 산물은 보리·조·콩류·고구마 등을 주로 하고 삼(麻)·목화 등도 역시 일부지방에서는 재배하는 곳이 있다. 이것들의 연간산출액은 쌀 6백석·보리 약 20만석·조 20만석·콩류 약 6천석이다. 고구마는 일찍이 비양도에 살던 일본인이 나가사키(長崎)로부터 씨고구마를 구입해 들여와 섬사람들에게 분배하고 나아가 그 재배법을 가르쳐주자 갑자기 전도로 전파해서 지금은 대부분 주민의 상식품(常食品)이 되었다. 원래 본도는 여름·가을철 폭풍 때문에 농작을 망쳐 매우 곤경에 빠졌던 것이 있었는데 근래에는 이 고구마의 재배로 이 같은 비상재액(非常災厄)을 면할 수 있게 되었다고 한다.(367쪽)

(2) 목축(牧畜)

그 종류는 소·말·돼지 등인데 돼지는 택지의 빈 터에서 기르며 우마는 그 머리 또는 엉덩이에다 각 소유자의 부호를 낙인(烙印)해서 산야에 방목하고 춘추의 농사철에 끌어 내려올 뿐이다. 그런데 이곳 지경은 자연이 목축에 적합하여 가축이 잘 번식하고 매년 산출하는 소가 약 4천두, 말은 약 1천5백두, 돼지는 약 3천두가 된다고 한다.(367쪽)

(3) 수산(水産)

연안지방에 있어서는 어업·채소업이 널리 행해진다. 그중에도 채조(採藻)는 대부분 여자들의 손에 의해 이루어지지만 그 소장(消長)은 즉각 전도 경제에 영향을 미치는 중요한 사업으로 실로 업신여길 수 없는 바가 있다. 종래 어업은 당망(搪網)·일본조(一本釣) 등으로 잡어를 낚는데 불과하였으나 근년에는 꽤 대규모의 망구(網具)를 사용해서 멸치·상어 등을 어획하고 또 일본의 어법을 배워서 도미연승(鯛延繩)을 사용하는 이가 있다. 그들이 잡는 것은 도미 감태(搗布灰)·상어·전복·갈치·고등어·복어·우뭇가사리·미역·해삼·편포(片脯) 등이다.(367쪽)

(4) 표고버섯(椎茸)재배

한라산 대삼림 중에서 일본인들 손에 의해 재배되고 있다. 그 면적은 4천정보에 이르고 자목(資木)은 30만5천본이 있다. 감귤류의 재배도 유망하다.(368쪽)

(5) 제주군(濟州君)

물산(物産)으로는 쌀·보리·조·콩·팥·표고버섯·소·쇠가죽·닭·계란·돼지·감귤·오배자(五倍子)·메밀·망건·모자·빗·멸치·도미·상어·자리·전복·해삼·유어(柔魚)·우뭇가사리·감태·미역 등이 있다.(370쪽)

(6) 대정군(大靜郡)

산물은 보리·고구마·콩·팥·메밀·소·말·돼지·멸치·갈치·전복·해삼·상어지느러미·미역·감태 등이다. 그 밖에 도미·참치·상어 등은 매우 많이 서식하지만 어획하는 자가 없다.(370~371쪽)

(7) 정의군(旌義郡)

물산으로는 보리·조·고구마·삼·콩·팥·메밀·표고버섯·소

· 말 · 돼지 · 종이 · 마른멸치 · 전복 · 오징어 · 해삼 · 자리 · 작은도 미 · 상어 · 미역 · 우뭇가사리 · 감태 등이 있다.(372쪽)

3) 「섬[濟州島] 탐험과 동해 중국에서의 표류」(지그프리트 겐테 저, 송성회 역, 『제주도사연구』 3집, 1994)

지그프리트 겐테(Siegfroied Genthe, 1870~1904)는 독일사람으로 지리학박사이다.[15] 이 기행문은『한국, 지그프리트 젠테 박사의 여행기』로(베를린, 1905; 1901. 10. 13.~1902. 11. 30.) 「쾰른신문」에 연재되었다.

① 따라서 그 여행은 풍부한 내용의 노획물과 신기한 구경거리 등의 소재를 충분히 제공해 주었다. 나는 상당히 많은 부분의 섬을 알게 되었으며, 주요 거주지들을 방문했고, 산에서 곡식을 거두어들일 때나 위험한 해안에서 유명한 제주 전복을 따기 위해 잠수할 때, 힘겹게 소금을 얻을 때, 모자를 짤 때, 사람 많은 섬의 주요 생업 등 어디에서나 여자들의 독특한 지위를 관찰할 수가 있었다.(176쪽)

② 나를 위해서는, 마치 기선 위에서 내가 굶어 죽지 않도록 해야 할 의무를 지고 있기라도 한 듯, 제주에서 아주 뛰어난 음식으로 통하는, 아주 많은 말린 전복과 진주조개, 또한 복숭아, 유자, 식용 버섯 등을 가져 오게 했다.(185쪽)

---

15) 겐테는 1892~1893년에 인도의 언어와 민속 연구를 시작으로 사모아, 중국의 여행기를 신문에 연재했다. 그는 중국을 경유하여 1901년 한국에 도착하여 한라산 답사를 시도했으며 외국인으로는 처음으로 한라산을 등반했다. 또한 한라산의 높이가 해발 1,950m임을 밝힌 최초의 학자이다.

4) 『조선기행-백여년 전에 조선을 다녀간 두 외국인의 여행기-』
(샤를 바라·샤이에롱 저, 성귀수 옮김, 눈빛, 2006)[16]

① 마침내 간식이 들어왔다. 주고 해초 튀긴 것과 생선·해삼을 중심으로 그밖의 이름을 알 수 없는 여러 가지가 곁들여졌고, 곡주도 차려졌다.(275쪽)

② "지금까지 그 어떤 외국인도 이 켈파에르트에 발을 디디도록 허락된 적이 없었소. 어떤 경우에도 이방인은 이곳 백성의 신께 바쳐진 한라산에 오를 수가 없는 것이오. 만약 이를 어길 시에는 백일동안 산신령을 달래기 위한 제를 지내야만 하오. 그렇지 않으면 흉작과 기근 등 이루 말할 수 없는 재앙이 닥칠 것이기 때문이오." 일단 수긍하는 수밖에 다른 도리가 없어 보였다. 잠시 후 식사가 차려졌는데, 해삼과 해초 튀긴 것, 생선, 꿀 그리고 곡주가 나왔다.(278쪽)

---

16) 저자 샤를 루이 바라(Charles Louis Varat, 1842~1893)는 프랑스의 여행가이며 지리학자, 민속학자이다. 이 책은 1888년~1889년에 조선을 여행한 후 기록한 자료이다. 샤이에 롱(Chaille-Long, 1842~1917)은 미국 메릴랜드 출생이며 대위로 제대했다.
이 책의 두 저자가 조선을 방문한 시기는 1888년이며 당시 조선은 일대 혼란기였다. 이 여행기는 외부와 접촉이 없었던 민중, 정치적 고난 등 여행자에게는 완전한 미지의 세계나 다름없는 조선의 제반 상황을 골고루 다루고 있다. 즉 여기에 소개된 이야기는 외국인(서양인)의 눈으로 관찰한 거의 1백여 년 전의 조선의 실상이 기록되어 있다.
샤를 바라(문교부에 의해 민속학적 임무를 띠고 파견된 탐험가)가 기록한 「조선 종단기」는 1888~1889의 이야기이다. 샤이에 롱(전직 한성 주재 미국 총영사이자 공사 서기관, 이집트학회 회원)이 작성한 「코리아 혹은 조선」은 1887~1889의 이야기이며, 제주도의 이야기가 기록되어 있다.

V

결 론

제주 전통음식은 문화적으로 많은 특징이 있다. 전통음식이란 과거부터 사용해 온 재료와 조리방법으로 다른 곳에서 흉내 낼 수 없는 독특한 문화유산이란 의미를 갖는다. 특히 제주만의 자연환경(섬지역)은 제주만이 갖는 음식문화를 가지게 되었다. 척박한 땅에서 부족한 양식을 대신하려면 해양(바다)을 이용할 수밖에 없는 한계를 지녔다. 그러기에 제주의 음식은 바다의 맛을 자연스레 담는 방법을 썼던 것이다.

　제주섬에는 또 다른 섬들이 있다. 이를 섬 속의 섬이라 하는데 마라도, 비양도, 가파도, 우도, 추자도는 사람들이 사는 유인도이다(무인도 포함 90개). 이 섬에 사는 사람들의 음식이야기가 오사카 재일동포들의 음식이야기와 어떤 맥락을 유지하는지를 알아보는 것은 매우 흥미 있는 일이다.

　사람들은 누구나 부모가 먹여준 음식은 물론 성장기를 거치면서 그 맛을 기억하고, 조리법을 배운다. 음식은 삶의 일부여서 무조건적으로 답습하는 것이고 그것을 특별히 전통음식이라 생각하지는 않는다. 농경시대에 먹었던 음식과 산업사회로 들어와서 먹었던 음식에 조금씩 변화가 있다. 사람들은 가난한 시절에 먹었던 음식은 가난과 음식재료를 동일시하고 더 좋은 음식재료를 구할 수 있다면 그렇게 만들어서 먹는다. 제보자 대부분이 70대 이상의 노인층이어서 어린 시절, 젊은 시절에 먹었던 음식에 대한 향수를 갖고 있었다. 이런 점이 전통음식의 존재 이유일 것이다. 어머니는 딸에게 의도적으로 음식재료를 구입하고, 다듬고, 보관하고 만드는 방법을 차근차근 전수해 준다. 이런 것이 전승문화이며, 여성이 주체적으로 여성에게 전수하는 절대 영역이라 보고 제주 섬들의 전통음식과 용어의 전이과정을 여성전승문화의 요소로 규정해 보았다.

　이 글에서는 오사카에 살고 있는 재일동포들의 음식이야기도 일부 실었다. 그들의 이야기를 좀더 체계적으로 분석해 보면 전 세계에 살고 있는 재외 제주인들을 대상으로 해서 제주의 음식을 보급하고, 이와 더불어 제주의 문화와 언어도 같이 세계화 할 수 있을 것이다. 사물이 있으면 반드시 그것을 부르는 이름이 있게 마련이며, 그 이름은 사물을 만든 나라의 언어로 기록된다. 2009년부터 국가적으로 한식프로젝트를 발굴 보급하고 있다. 지금은 국가차원의 작업을 하고 있지만 국가의 대표음식을 선정할 때 각 지역의 음식을 선정할 수 있도록 제주도도 노력해야 한다. 최종적으로 살아남는 것은 언어와 대상이기 때문이다. 지금은 한국의 대표음식으로 세계인들이 기억하겠지만 그 나라에 살고 있는 특정 지역 출신들은 자신들의 음식이고, 어머니에게서 들었던 음식일 수도 있다. 이런 사회라면 재외동포들의 음식을 통해서 자신들의 정체성을 확인하고 정립하는데 중요하고 좋은 영향을 미칠 것이다.

　제주 전통음식을 통하여 음식재료, 조리법, 영양가 분석 등 구체적인 대상을 자료로 삼기보다는 식재료 구입 과정과 조리 과정에 지역이나 특정 사람들의 생활의식이 어떻게 반영되었는지를 이해하고자 했다. 음식은 단순히 먹을거리만이 아닌 역사성, 정체성, 지역성을 갖는 문화의 총체라 생각한다.

　집을 떠나서 여행할 때, 다른 나라(지방)에 가서 살 때 향수를 불러오는 것이 고향 음식이다. 음식재료를 쉽게 구할 수 있으면 만들어 먹겠지만 그렇지 못할 경우 비슷하게라도 맛을 내서 만들어 먹게 되는 것은 음식문화가 전승되고 있다는 증거이기도 하다. 그러기에 다문화가정에서 가장 큰 어려움은 문화적 차이를 극복하지 못하는 데서 오는 이질감이다. 문화적 차이는 대부분 언어에서 온다지만 더 중요한 것은 음식문화의 차이에서 오는 이질감이 더 클 것이라 생각한다.

전통음식은 의례음식, 세시음식, 일상음식, 구황음식 등으로 나타난다. 이 음식의 재료 구입과 만드는 과정에 여성들이 적극적으로 참여하였다. 그래서 여성들이 전승 주체가 되며 계승의 의무도 지녔다. 가정의 문화와 마을의 문화는 주로 여성들의 의지에 따라 전승 유무가 달려있다. 이런 점에서 음식문화의 주인공은 여성들이며, 남성들은 조력자로 볼 수 있다.

제주의 전통음식 중 조리법이 복잡하거나 만드는데 시간이 많이 소요되는 것은 없다. 주로 음식 담당이 여성이라면 집에서 차분히 음식을 준비하는 여유로운 시간이 없었다. 들판이나 바다에서 일을 하고 집에 돌아와서 허기진 배를 채울 수 있는 간단한 음식이 주를 이루었을 것이다. 아침에 일찍 일어나서 아침을 지어 먹고, 필요에 따라 점심을 준비해서 밭으로 간다. 일터가 가까우면 밭에서 일을 하다가 집에 가서 점심을 만들고 밭으로 가져갔다. 이렇게 여성이 음식준비와 노동을 겸업했기 때문에 음식재료 구입과 조리법이 간단해야 살아갈 수 있었다. 또한 우영팟(텃밭)에는 언제나 푸른 채소가 있었고, 바다로 나가면 해산물과 어류를 장만할 수 있는 환경이 조성되었다. 그래서 굳이 저장법을 모르더라도 싱싱한 음식재료 구입에 제약이 없었다.

제주 섬사람들의 조리법, 재료 등은 계절에 따라 구할 수 있는 것들이며, 신선하고 청정한 이미지가 강하다. 음식재료에 대한 호감도를 십분 발휘하여 음식재료의 브랜드화가 가능하다. 지금까지 제주

섬들의 음식이야기를 살펴보았지만 이는 제주도의 음식이야기와 대동소이하다. 제주도는 관광산업에 목숨을 걸고 있다. 관광의 요소에는 볼거리, 즐길거리, 먹을거리가 있는데, 먹을거리를 부각시키려면 이런 요소를 찾아내는 것이다.

제주 섬들의 전통음식 자료를 토대로 해서 보존과 보전에 대해 심도 있는 논의가 있어야 하겠다. 단순히 전통을 이어갈 것인가? 더욱 발전시켜 나가야 할 것인가?에 대한 자료 구실을 할 것이다.

문화유산이란 거대하고 유형의 것들만이 아니라 음식과 그것을 명명하는 용어와 같은 무형문화도 위대하고 가치가 있다. 문화의식이 높아진다면 무형문화재의 가치를 높게 평가하고, 그것을 찾아내어서 활용하려는 의식이 강해야 하며 그런 지역을 문화지역으로 선포할 수 있다고 본다.

이 글은 한정된 제보자들의 이야기로 그 지역을 대표할 수는 없겠지만 의례음식은 전통성이 강하고, 전승의 강도가 높아서 특정 지역의 이야기로 풀어나가는데 손색이 없다고 보았다. 세시풍속과 음식의 관계도 개인과 집안에 따라서 조금씩 다르기는 하지만 한 마을에서 전파되고 유지되는 것에 이의를 달지 못할 것이다. 특히 음식은 만드는 주체와 먹는 대상에 따라 전파력이 높다. 일상음식은 특정 지역에서 쉽게 구할 수 있는 음식재료를 이용하기 때문에 집집마다 유사하다고 본다. 이런 점에서 제보자의 수를 고려하지 않고 주변 섬사람들의 음식문화를 통해서 제주방언의 생명력을 점검해 볼 수 있는 기회였다.

앞으로 더욱 심도 있는 연구물이 나오길 기대해 본다.

참고문헌

강영봉(1994), 『제주의 언어 1』, 제주문화.
고양숙(2005), "음식", 『제주시 50년사』(상권), 제주시.
고재환(1999), 『제주도속담사전』, 제주도.
고창석 역(1996), 『효열록』, 제주교육박물관.
고창석 옮김(1999), 李健 저, 「제주풍토기」, 『제주학』 제4호(겨울호), 제주학연구소.
고창석 외 번역(1995), 『濟州啓錄』, 서귀포시.
국립문화재연구소(2001), 『제주도 세시풍속』, 국립문화재연구소.
국립민속박물관(1980), 『향토음식(제주도) : 사진 자료』.
김광억(1994), "음식의 생산과 문화의 소비", 『한국문화인류학』, 제26집.
김광협(1984), 『돌할으방 어디 감수광』, 태광문화사.
김순이 엮음(2001), 『제주도신화전설』, 제주문화.
김순이 엮음(2002), 『제주의 여신들』, 제주문화.
김순이 외(2001), 『제주여성문화』, 제주도.
김순이(1995), "빈궁기 식생활", 『제주도의 식생활』, 제주도자연사박물관.
김지순(1997), 『제주도음식』, 대원사.
김지순(2001), 『제주도 음식문화』, 제주문화.
남광우 편(1960), 『고어사전』, 일조각.
류정아(1996), "한국 음식문화의 변화 양상과 여성", 『한국여성학』 12-2, 한국여성학회.
문순덕 외(2004), 『제주여성전승문화』, 제주도.

문순덕 외(2008),『제주여성문화유적』, 제주특별자치도・제주발전연구원.
문순덕 외(2009),『제주여성문화유적 100』, 제주특별자치도・제주발전연구원.
문순덕(2004),『제주여성속담으로 바라본 통과의례』, 제주대학교출판부.
문순덕(2005), "제주도의 도감의례",『영주어문』10, 영주어문학회.
문순덕(2006),『제주전통음식 관련 문헌조사보고서』(과제명 : <제주전통음식 문화 콘텐츠화를 통한 웰빙음식문화와 체험 관광상품 개발>), 지식산업진흥원 연구프로젝트.
문순덕(2007),『역사 속에 각인된 제주여성 : 제주열녀들의 삶』, 도서출판 각.
문화공보부(1977),『한국민속종합보고서 : 제주도편』, 제5책, 문화공보부 문화재관리국.
서진영 역(1992), 마빈해리스 저,『음식문화의 수수께끼』, 한길사.
석주명(1968),『제주도 수필』, 보진재.
석주명(1971),『제주도 자료집』, 보진재.
송상조 엮음(2007),『제주말큰사전』, 한국문화사.
오경훈(2001),『4・3 장편소설 침묵의 세월』, 도서출판 디딤돌.
오성찬(2001),『보제기들은 밤에 떠난다』, 푸른사상사.
오영주(1999), "제주향토음식 문화와 관광상품화 방안",『제주인의 생활과 문화』발표문, 제주학회.
오영주(2004), "제주 전통음식의 관광상품화・세계화 전략",『제주의 전통음식문화를 찾아서』발표자료집, 제주대탐라문화연구소.
유경희(2002), "한국음식의 세계화 전망",『연구논문집』29-1, 울산과학대학.
윤서석(1991),『한국의 음식용어』, 민음사.
윤서석(1999),『우리나라 식생활 문화의 역사』, 신광출판사.
이민수 역(1988),『규합총서』, 기린원.
이영식(1992),『전통음식의 조리재료를 지표로 한 지역구분 시론』, 공주대학교 교육대학원석사학위논문.
이익섭(1994),『사회언어학』, 민음사.
이효지(1998),『한국의 음식문화』, 신광출판사.
이효지・최영진(1998), "경기도 음식문화의 연구",『한국식생활문화』13-5.
장명숙・윤숙자(2003),『한국의 음식』, 도서출판 효일.

장애심(1982) "제주도의 통과의례 음식", 『한국민속학』 15-1.
장영주(2009), 『탐라창조여신 설문대할망』, 글사랑.
정현미(2000), "남해군의 음식 문화형성 요인에 따른 특징 연구 : 현지조사 내용을 중심으로", 『민속학연구』 7호, 국립민속박물관.
제주도(1984), 『제주충효열지』.
제주도(1996), 『제주의 민속Ⅳ : 식생활』.
제주도(2006), "식생활", 『제주도지』(제7권).
제주도농촌진흥원(1993), 『제주전통음식』, 대영인쇄사.
제주도민속자연사박물관(1995), 『제주도의 식생활』.
제주특별자치도(2009), 『개정증보 제주어사전』.
주영하(2000가), 『음식전쟁 문화전쟁』, 사계절.
주영하(2000나), "민속지 작업에서의 의식주 연구에 대한 방법론적 검토", 『전통의 활성화와 지역문화의 발전』, 한국문화인류학회.
주영하(2005), "제주도 음식의 문화콘텐츠화에 대한 일고(一考)", 『탐라문화』 26, 제주대탐라문화연구소.
진성기(1959/1978), 『남국의 전설』, 학문사.
진성기(1969), 『남국의 민속-제주도 세시풍속』, 제주민속연구소.
진성기(1985), 『남국의 향토음식-제주도 향토음식』, 제주민속연구소.
진태준(1980), 『건강과 민간요법 : 제주도 민간의학』, 한국고시연구원.
한 억(1996), 『전통음식의 현대적 인식과 재창조』, 서울대대학원 석사학위논문.
한복진(2001), 『우리생활 100년(음식)』, 현암사.
허남춘(2005), "제주 전통음식의 사회문화적 의미", 『탐라문화』 26, 제주대탐라문화연구소.
현기영(1999), 『지상에 숟가락 하나』, 실천문학사.
현용준(1976가), 『제주도신화』, 서문문고.
현용준(1976나), 『제주도전설』, 서문문고.
홍재성·권오승 역(1994), 『언어와 이데올로기』, 역사비평사.
황익주(1994), "향토음식 소비의 사회문화적 의미 : 춘천닭갈비의 사례", 『문화인류학』 26, 문화인류학회.

황인주(1995), "전통민속주", 『제주도의 식생활』, 제주도자연사박물관.
황혜성(1977), "식생활", 『한국민속종합보고서 : 제주도편』, 제5책, 문화공보부 문화재관리국.
황혜성(1987), "제주도지방 주식류", 『한국민속종합조사보고서(향토음식)』, 문화재관리국.
황혜성·한복려·한복진(1995), 『한국의 전통음식』, 교문사.

찾아보기

가문반 144, 197
가문잔치 144, 178, 196, 285, 311
가파도 173
간장 82
갈치국 221, 287
감은장아기 120
감자 86
감주 106, 208, 322
강연공 37
개역 155, 217, 305
개장국 186
건강음식 171
결명 184, 210
검은암소 120
겡 150, 177, 209
겡국 282
고구마 328
고구마밥 269
고구마엿 268
고구마회무침 265
고깃반 185, 198
고등어국 288
고구마회무침 272

고소리술 294
곡류 93
곡식 121
곡주 331
곤밥 220
공물 46, 47
공조 62
공헌 44, 60, 68, 69
구덕 188, 247
구살국 180
구술자료 116
구황음식 20, 102, 132, 170
국 94, 321
군벗 129
귀양풀이 149, 213
김정 42
김국 128, 133
김기손 36
김대황 37
김배회 35
김비의 35
김상헌 53
김윤식 75

김장김치　286
깅이국　158
깅이젓　161
꿩탕　81

내전　250
냉국　96, 159, 272
노루　81, 83
노인연　67
농경시대　120
농산물　326

다문화　116
단오쑥　216
닭 먹는 날　217
닭엿　154, 229
답례품　213
당골　125, 126, 135, 173
당굿　136
당일잔치　245
도감　184, 185, 285
돈부조　283
돌김　129
돌레떡　136, 146, 174
돌크레　214
돼지고기　142
돼지고기국　141, 222
돼지고기적　212
두부전　151

둠비전　303
떡　249
떡국　256
떡류　98
떡반　107

마농엿　229
마농지　226
마라도　117, 123
ᄆᆞ멀떡　216
마을제　215
ᄆᆞᆷ국　142, 196, 240
메밀가루음식　250
메밀묵　151
메밀수제비　193, 238
메밥　209
멜　224
멜국　224
멜젓　161, 289
멜젓국　260
명절　303
묘제　153
묵적　207
문어　264
문전제　139, 183, 250, 310
문학작품　104
문화보유자　6
문화유산　338
문화전달자　116
물김치　286
물산　54, 67, 69, 329

물회 223, 262
미역국 244, 259, 304, 312
미역귀 264
민간요법 165, 170, 187, 229, 297
민요시집 110

반지기밥 143
밥 156
밥공장 244, 246
밥류 258
백미 327
백반 165
뱃고사 138, 258
범벅 97, 103, 130, 163, 232
보리감주 208
보리떡 151
보리밥 128, 200, 219
보리칼국수 267
보릿가루 164, 284
보릿가리 252
보말 158
본향당 215
부엌 236
부조 167, 247, 302
비양도 135
빙떡 283, 292
뻿데기 228

산듸밥 219

산모음식 295
산방덕 122
산신제 257
산호수 175
삼신할망 193, 296
상왜떡 203, 204
상장례 음식 169
석주명 84, 85
설문대할망 122
섬사람 74
성게 108
세시음식 20, 169
세시풍속 92
소고기산적 248
소금 93
소라 248
소라적 125
속담 87, 90
수애 284
수제비 268
순대 142
쉰다리 227, 293, 305, 322
시루떡 124, 136, 149, 162, 177, 204, 213, 240, 301
식물 326
신당 125
신랑상 179
신부상 143, 179, 200, 245
신화 115, 117, 118, 119
쌀부조 237

찾아보기 345

쌀죽 195
쑥 154, 185
쑥범벅 251

아기구덕 304, 312
아기할망 192
안칠성 140
알보리밥 219
양에 291
양푼 105
양푼밥 324
여성 191, 236, 238
여성문화 5, 191
여행 330
연자매 166
엿 95
영등굿 138
오메기떡 162, 228
오사카 275, 276, 285, 315
요역 66, 68, 69
요왕 137
요왕제 127, 137, 176
용궁 175
우도 192, 242
유배지음식 70
윤달 297
음식 도구 323
음식공동체 321
음식문화 6, 18, 115, 171, 298, 336
음식용어 19, 21, 27, 93, 170, 189, 190, 242, 308
음식재료 33, 134, 319, 337
음식종류 133
의례음식 20, 26, 117, 165, 323
의례제물 205
이건 43
이방익 40
이원조 54
이원진 43
이형상 48
일상음식 20, 132, 169, 338
임제 47

자리 321
자리물회 279, 313
즈베기 163, 232, 304
자청비 148
잔치맹질 179, 201, 303
잔치밥 199
장군상 257
장군제 255
장어국 261
장한철 38
재일동포 296, 301, 336
저장음식 161
적 94, 124, 150, 206, 310
전복 158, 330
전복죽 82, 314
전설 115
전통음식 15, 16, 19, 28, 104, 278,

296, 319, 335, 337
전통음식용어 20, 21, 322
전통음식재료 84
젓갈 94, 161, 227, 242, 266
제관 258
제기 211
제물 119, 127, 183, 255, 256, 309
제물구덕 237, 238
제보자 338
제사 283
제사음식 93, 132, 140, 205, 207, 248, 282
제숙 207
제주(祭酒) 152
제주문화 168
제주방언 27, 28, 168, 275, 277, 320
제주섬 335
제주열녀 79, 80
제주음식 276, 277, 279, 281, 299
조기 265
조리법 242, 324
조상맹질 144, 311
조어법 240
조왕제 139
조정철 70
조침떡 177, 203
조밥 111
좁쌀술 327
주변섬 115
주식류 95

죽 96, 157
죽류 220
죽은 혼사 145, 214
지드림 176
지름밥 233
지신밟기 254
진공 51
진상품 33, 319
진주조개 330

차사본풀이 181
청묵 208
추렴 107
추자도 244
침떡 310

콩국 147, 157, 306, 313, 321
콩나물국 244
콩잎 298
콩잎쌈 29
콩자반 226
콩죽 292, 306, 314

탕쉬 151
토산물 42, 86
토속 63
토의 50
톳밥 110, 130, 163, 230, 293
통과의례 93, 123

특산물 42

파래 130
파래무침 263
프래밥 231
풋죽 146, 156, 239
표해록 40

할망당 127
할망상 193, 194, 312
해녀복 235

해삼 331
향토음식 16, 92
헌식굿 254
호박잎 287
호박잎국 222
호상옷 280
호칭 281
혼인의례 음식 169
홍세함 202

문 순 덕

- 제주대학교 국어국문학과 및 동 대학원 졸업(문학박사)
- 현재 제주발전연구원 책임연구원, 제주대학교 강사

주요 논문 제주도 방언의 형태소 '-서'에 관한 연구, 제주방언 부정표현 연구, 제주방언 높임말첨사의 담화기능, 제주방언의 간투 표현, 제주지역 신문광고에 나타난 여성대상어, 방언문법론의 현황과 과제, 제주여성문화의 현황과 과제, 제주도 문화정책의 현황과 과제, 제주방언 보전 전략 등

저서 제주방언문법 연구, 제주여성속담으로 바라본 통과의례, 역사 속에 각인된 제주여성 : 제주열녀들의 삶 등

공저 제주도세시풍속, 제주여성전승문화, 제주여성문화, 제주여성의 생애 : 살암시난 살앗주, 북제주군지명총람1/2, 제주여성의 삶과 공간, 한국의 가정신앙 : 제주도편, 제주여성문화유적, 제주여성문화유적100, 제주여성사 I 등

숭실대학교 한국문예연구소
학술총서 ㉑

섬사람들의 음식 연구

초판 1쇄 인쇄 2010년 09월 27일
초판 1쇄 발행 2010년 10월 07일
초판 2쇄 발행 2011년 09월 30일

글쓴이 | 문 순 덕
펴낸이 | 하 운 근
펴낸곳 | 學古房

주　　소 | 서울시 은평구 대조동 213-5 우편번호 122-843
전　　화 | (02)353-9907 편집부(02)356-9903
팩　　스 | (02)386-8308
전자우편 | hakgobang@chol.com
등록번호 | 제311-1994-000001호

ISBN 978-89-6071-178-5 94380
　　　 978-89-6071-160-0 (세트)

값 : 24,000원

※파본은 교환해 드립니다.